On Fire

ON FIRE

: The 7 Choices to Ignite a Radically Inspired Life by John O'Leary

On Fire

온파이어

열정의 불을 지피는 7가지 선택

존 **오리어리** 지음 · **백지선** 옮김

갤리온
GALLEON

나의 아내 베스에게 이 책을 바칩니다.

우리가 처음 만난 날, 당신은 용기를 내어

나의 손을 잡고 함께 춤을 추었습니다.

그날 이후, 우리는 우정을 쌓고, 데이트를 하고,

결혼을 하고, 아이를 낳고……

인생의 고난과 기쁨을 늘 함께했습니다.

나에게 끊임없이 용기를 북돋워주고,

아이들에게는 훌륭한 어머니가,

나에게는 멋진 아내이자, 가장 친한 친구가 되어주어 고맙습니다.

당신을 사랑합니다, 베스.

CHAPTER 3

[목표] 모든 것을 다 걸었는가? Are you all in?

CHAPTER 4

[긍정] 왜 아직도 갇혀 있는가? Why are you in jail?

CHAPTER 5

[믿음] 언제라도 '좋다'고 말할 수 있는가? Can you say yes?

CHAPTER 6

[열정] 무엇을 더 할 수 있겠는가? What more can you do?

CHAPTER 7

[용기] 준비 되었는가? Are you ready?

에필로그

이제 그만 눈을 뜨고 세상을 보아라

활활 타오르는 불길에 휩싸이다

지구상에서 가장 강력한 무기는
열정으로 불타오른 인간의 의지다.

– 페르디낭 포슈 장군

네.

나의 답변은 간단했다. 질문자가 기대한 답은 아니었지만 말이다.

상하이의 대형 강당에서 객석을 가득 메운 청중들 앞에서, 내 인생을 뒤바꾼 중요한 사건에 관한 이야기를 막 끝냈을 때였다. 한 시간에 걸친 강연 동안, 나는 끔찍한 화상을 입었던 바로 그날, 그리고 화상치료를 하며 병원에서 보낸 고통의 5개월, 그 후에도 끝나지 않은 엄청난 시련에 대해 이야기했다. 내 인생을 송두리째 바꾼, 충격적이고 비극적인 경험인 것은 확실했다. 어쩌면 이 남자는 답을 정해놓고 질문했을지도 모른다.

"만약 당신이 화상을 입기 전, 휘발유 통을 집어 들었던 바로 그 토요일 아침으로 돌아간다 해도, 다시 지금의 삶을 선택할 건가요?"

나는 그를 쳐다보며 내가 진정으로 원하는 것이 무엇인지 잠시 생각하고는, 솔직하게 대답했다.

네!

그가 어리둥절한 표정으로 나를 바라보았다. 그는 내게 이렇게 묻고 싶은 표정이었다.

죽을 뻔한 고비를 다시 겪겠다고요? 온몸에 화상을 또 입겠다고요? 죽음의 문턱에서 필사적인 사투를 벌이고, 지옥과 같던 5개월의 병원생활을 다시 보내겠다고요? 이후에도 아무것도 할 수 없는 산송장 같은 8개월을 보냈다면서요. 온몸이 화상 흉터에, 손가락은 모두 녹아 없어지고, 평생 사람들의 수군거리는 소리와 힐끔거리는 시선과 손가락질을 견뎌야 하는 이 삶을 다시 선택하겠다고요?

그럼요!

이렇게 말하는 데는 분명한 이유가 있기 때문이다.

확실히 그날의 화재로 나는 죽을 뻔했고, 삶은 피폐해졌으며, 평생 짊어지고 살아야 할 시련이 시작되었다. 하지만 중요한 것은 그 사건이 오늘의 나를 만들었다는 사실이다.

물론 그날 불이 나지 않았다면, 그때부터 시작된 온갖 고난을 겪지 않았을 것이다. 그러나 그런 어려움이 없었다면, 수많은 도전을 거치며 깨닫게 된 인생의 교훈들을 모르고 지나쳤을 것이다. 오늘날 내 인생을 아름답고 의미 있게 하는 것들은 모두 그날의 화염이 만든 비극을 통해 태어났다.

어린 나이에 화재의 잿더미를 딛고 일어서는 고통스러운 회복기를 보내면서 나는 더 성숙해졌고, 한층 담대해졌으며, 다른 사람의 상처에 더욱 깊이 공감할 수 있게 되었고, 신뢰의 무게를 알게 되었다. 무엇보다 정말 중요한 것이 무엇인지 알아보는 안목과 내가 할 수 있는 일에는 대담하게 도전하는 정신을 길렀다. 나는 더 이상 내 삶의 어떤 것도 당연하게 생각하지 않는다. 매일의 삶에 감사할 줄 알고, 내 인생 최고의 순간은 아직 오지 않았다고 확신하게 된 건 모두 그날의 화재 덕분이다.

그 일은 내가 다니던 초등학교의 친구들도 바꿔놓았다. 철부지 꼬마들은 특별한 도움이 필요하게 된 친구를 배려하고, 보살피고, 도울 줄 아는 아이들로 성장했다. 어느 고등학교를 가고 어느 대학을 갈지 결정할 때도, 베스라는 아름다운 여인을 우연히 만났을 때도, 아이를 낳고 행복한 아빠가 된 순간에도, 그날의 화재는 내 삶의 지침이 되었다.

지금 나는 누구보다 멋진 삶을 살고 있다. 후회 없을 만큼 최선을 다하는 삶을 살고 있다. 완전히 뒤바뀐 지금의 삶은, 무기력한 일상에서 벗어나 과거로부터의 교훈을 받아들이고, 매 순간 삶의 기적을 온몸으로 경험하며, 내일의 무한한 가능성에 불을 지피는 삶이다.

나의 이야기가 당신에게, 실패나 실수 따위는 존재하지 않는 완벽한 삶에 대해 말해줄 수는 없을 것이다. 하지만 당신이 이 책에 나오는 7가지 질문으로 삶의 의미를 되찾고, 한 순간도 후회 없이 적극적인 인생을 살게 된다면, 당신은 과거의 실수에서 무엇인가를 배울 수 있는 능력을 갖춘 것이다. 또한 고통을 딛고 일어나 한계를 벗어던질 수 있다는 뜻이며,

험난한 주변 환경에도 불구하고 의미 있고 가치 있는 삶을 살아갈 수 있다는 것을 의미한다. 만약 내게 그날의 화재 사건이 일어나지 않았다면, 아마도 나는 영원히 이런 삶을 살지 못했을 것이다.

내게 수많은 흉터가 생겼나?
물론이다. 온몸을 뒤덮었다.
손가락을 모두 잃었나?
그렇다.
가족들이 절망에 빠졌는가?
확실히.
그러나 우리는 극복했다.

더 이상 그날의 화재는 우리 가족에게 잊고 싶은 기억이 아니다. 오히려 감사하다고 말할 수 있다. 그 덕분에 우리는 훨씬 더 나은 사람이 되었으니까.

사실, 이런 일을 나 혼자만 겪는 것은 아니다. 누구나 살면서 화마를 만나고, 또 화상을 입는다. 당신도 내게 일어났던 화재 사건 만큼, 끔찍한 불행을 겪었을지도 모른다.

인생의 모든 일이 계획대로만 흘러간다면 삶은 어렵지 않다. 아이들이 건강하게 자라고, 사업은 번창하고, 당신의 꿈이 하나씩 이뤄지려고 하는 행복한 순간, 쾅! 폭발이 일어난다.

그 순간 삶은 완전히 뒤바뀐다.

아이가 아프거나, 소중한 사람이 갑자기 세상을 떠난다거나, 계약이 성사되지 않는다거나 하는 그런 때. 원인이 무엇이든 삶 전체가 흔들린다. 나는 이런 순간을 변곡점Inflection Points이라고 부른다. 살면서 누구나 한 번쯤은 그런 순간을 맞는다. 이후의 삶을 완전히 뒤바꿔놓는 특별한 순간. 변곡점을 지나면 한순간에 평범했던 일상, 사업, 인간관계의 궤도가 바뀐다.

긍정적으로 바뀔 때도 있다. 새로운 인간관계의 싹을 틔우거나, 직장에서 엄청난 기회를 잡거나, 인생에 대해 새로운 깨달음 혹은 새로운 관점을 얻기도 한다.

변곡점과 마주하는 순간보다 중요한 것은, 우리가 그 순간에 어떻게 반응하고 대처하느냐다. 그런 순간이 당신의 삶에 긍정적인 영향을 미칠지, 부정적인 영향을 미칠지는 결국 당신의 선택이다. 그 누구도 대신 해줄 수 없는 바로 당신의 선택 말이다. 이런 크고 작은 인생의 선택들이 모여서 지금의 나를 만들고, 또 미래의 내 모습을 결정한다.

나는 당신이 현실에 눈 뜨기를 바라는 마음에 이 책을 쓴다. 지금 우리가 사는 인생은 단 한 번뿐이라는 현실. 그리고 그 삶에 영향을 줄 수 있는 기회도 한 번이고, 누군가에게 우리가 영향을 미칠 기회도, 후대에 우리가 살아온 흔적을 남길 기회도 모두 한 번 뿐이라는 현실 말이다. 당신의 인생 이야기가 기념해야 마땅한 서사시가 될지, 슬퍼해야 할 비극이 될지는 당신에게 달려 있다. 삶에 놓인 수많은 도전과 시련을 모두 피해 갈 수는 없지만, 그런 사건들에 어떻게 반응하느냐는 전적으로 스스로의 몫이다.

세상을 탓하거나, 누군가를 탓하며, 수동적이고 되는대로 살아가며, 우연에 의지하는 삶을 살았다면, 이제는 달라져야 하는 순간이다.

당신의 인생을 운에 맡기지는 마라.

『온 파이어』는 인생의 길을 늘 선택할 수는 없지만, 그 길을 걷는 방식은 언제나 선택할 수 있다는 사실을 상기시킬 것이다. 그리고 당신이 매일 하는 선택의 영향력이 얼마나 큰지, 당신이 살아온 이야기가 얼마나 가치 있는지, 내면의 목적의식이 얼마나 강력한지 깨닫고 그것들의 힘을 활용하도록 도와줄 것이다.

과거의 상처에, 미래의 가능성에, 아깝게 흘려보냈던 삶의 기적과 같은 순간들에 당당히 "좋아!"라고 외칠 자유를 얻어라. 이 책이 당신의 인생이 열정으로 활활 타오를 수 있도록 불을 지펴줄 테니까!

◆ ◆ ◆

지금의 삶을 선택하겠느냐고? *물론이다!*

이 책을 읽으면 그 이유를 알게 되고, 내가 왜 이렇게 확신하는지를 이해할 것이며, 결국 당신도 나와 똑같이 대답하게 될 것이다.

정말 이대로 살고 싶은가?

Do you want to die?

인생은 죽음을 피하는 것이 아니다.
제대로 살 것인가 말 것인가를 선택하는 것이다.

▼

네 앞에 불과 물이 있으니,
손을 뻗어 원하는 대로 선택해라.
사람 앞에는 생명과 죽음이 놓여 있으니,
어느 것이나 네가 선택한 대로 받으리라.

－ 벤 시라의 잠언(기원전 200년)

차라리 죽을 수 있다면

간호사들이 겁에 질려 보인다.

다 괜찮을 거라고, 아무 일 없을 거라고, 자기들이 곁에 있을 테니 안심하라고 계속해서 말한다.

근데 왜 저렇게 뛰어다니지? 왜 저렇게 당황스러워 하지?

왜 자꾸 나를 만지고, 찌르고, 귓속말로 내 얘기를 하는 거야?

내 주위에서 웅성거리는 그들을 쳐다보다가, 문득 내 몸을 내려다봤다. 전혀 내 몸 같아 보이지 않아, 다시 한 번 손을 봤다. 역시 내 손 같아 보이지 않는다. 초록색 운동복 조각과 테니스 운동화의 잔해가 내 팔다리와 하나가 됐다. 너무 아프다. 오늘 아침에 일어난 화재 사건은 모든 것을 바꿔버렸다. 모든 것을.

간호사가 다시 괜찮을 거라고 말했다. *아니, 괜찮지 않을 거다.*

오늘 나는 정말 큰 잘못을 저질렀다. 우리 집 차고를 날려버렸으니까. 일부러 그런 것은 아니었다. 정말이다. 사실, 그건 내 잘못도 아니다. 며칠 전에 동네 형들이 불장난하는 걸 구경했을 뿐이다. 중학생 형 몇 명이 인도에 휘발유를 조금 붓고는 그 위로 불붙은 성냥 한 개비를 던졌다. 그러자 불꽃이 튀더니 살아 있는 것처럼 활활 타올랐다. 정말 멋졌다!

형들도 어른들 몰래 했으니 나도 할 수 있을 거라고 생각했다. 그래서 엄마 아빠 모두 집을 비운 토요일 아침, 나는 차고로 향했다. 작은 골판지 조각에 불을 붙인 다음 20리터짜리 휘발유 통을 들고 와서 골판지 위에 기울였다. 그런데 그 붉은색 휘발유 통은 너무 무거웠다.

나는 단지 그 형들처럼 불꽃이 춤추게 하고 싶었다. 그래서 무릎을 꿇은 채로 휘발유 통을 끌어안고는 조심스럽게 불꽃 쪽으로 통을 기울였다. 휘발유는 나오지 않았다. 조금 더 기울였다.

그다음 기억나는 일은 '쾅'하는 굉음이 들렸다는 것뿐. 폭발로 인해 나는 6미터를 날아올라 반대쪽 차고 벽에 부딪친 후, 떨어졌다. 귀가 윙윙 울리고 온몸이 아팠다. 옷은 휘발유에 흠뻑 젖어 있었고, 몸은 불타고 있었다. *내가 불타고 있었다!*

사방이 불길에 휩싸였고, 주변의 모든 것들이 불타올랐다. 차고를 벗어날 수 있는 유일한 방법은 다시 불속으로 뛰어 들어가, 불길을 뚫고 나가는 것뿐이었다.

나도 안다. 몸에 불이 붙으면 '멈추고, 엎드려서, 굴러라!'라고 배웠다. 하지만 나는 너무 어지럽고, 고통스러웠으며, 무서웠다. 누군가의 도움이 절실했다. 그래서 그냥 무작정 불길을 뚫고 달려가 두 계단을 뛰어올라, 문을 열고 집 안으로 들어갔다. 고통에 몸부림치고 울부짖으며 뛰어들어 갔다. 어찌할 바를 몰라 무작정 1층을 뛰어다니다가, 현관에 서서 계속 고통스러운 비명을 질렀다. 제발 누구라도 내 목소리를 듣고 와주기를 바라면서 계속해서 소리를 질렀다. 내 몸은 여전히 불타고 있었다.

에이미 누나와 여동생 수전이 2층에서 내려왔다. 그들은 내 모습을 보더니 얼굴을 감싸고 공포에 질린 표정으로 비명을 질렀다. 그때, 짐 형이 보였다. 형은 내 쪽으로 달려와 현관 매트를 집어 들고는 나를 매트로 때리기 시작했다. 한참을 내 몸에 매트를 휘두르더니, 나를 바닥에 눕히고 내 몸을 매트로 감싸 안아 집 밖으로 나왔다. 마침내 불이 꺼졌다. 하지만 이미 씻을 수 없는 상처를 입은 뒤였다.

몇 분 뒤, 요란한 사이렌 소리를 내며 구급차가 도착했다. 구급차로 뛰어가려 했지만, 좀처럼 다리가 움직이지 않았다. 겨우 발을 떼고 절뚝거리며 구급차로 향했다. 살갗과 옷이 새카맣게 타버렸다. 그 와중에 나는 사람들이 벌거벗은 나를 보는 게 창피했다. 보는 사람이 아무도 없기를 간절히 바랐다. 부끄럽고, 무서웠고, 추웠다. 그냥 빨리 차에 타고 싶었다.

내가 구급차에 오르자 형도 곧바로 올라타려 했다. "죄송하지만, 못 탑니다." 구급 요원이 한쪽 문을 닫으며 말했다. 형은 우리가 형제이며 함께 타겠다고 설득하려 했지만, 구급 요원은 딱 잘라 말했다. "죄송합니다." 그러고는 다른 쪽 문도 닫았다.

구급차가 움직이기 시작했다. 뒷 유리창으로 마당에 우두커니 서 있는 형과 누나, 동생, 그리고 그들 뒤로 피어오르는 연기가 보였다. 집이 점점 멀어졌다.

이 모든 것이 오늘 아침에 일어난 일이다. 지금 나는 어느 병원의 응급실에 누워 있다. 모든 게 달라졌다. 지독한 절망과 외로움이 밀려들 때쯤, 복도에서 익숙한 목소리가 들렸다. *엄마다! 드디어!*

엄마는 언제나 나의 해결사였다. 엄마는 항상 모든 일을 좋아지게 만들어줬으니까, 이번에도 엄마가 해결해줄 거다. 엄마의 발소리가 들리고, 내 자리를 둘러싼 커튼이 젖혀졌다.

"안녕, 아가." 엄마가 미소를 띠고 말했다. 그러고는 내 옆으로 다가와 불에 탄 내 손을 살며시 잡고, 머리카락과 피부가 벗겨져 아무것도 남지 않은 머리를 조심스럽게 쓰다듬었다. 엄마 얼굴을 보자마자 참고 있는지조차 몰랐던 눈물이 두 볼을 타고 흘러내리기 시작했다. "엄마……." 나는 공포에 질려 떨리는 목소리로 말했다. "나 이제 죽는 거야?"

상황이 매우 심각하다는 것은 직감했다. 그래도 엄마가 건네는 따뜻한 위로와 격려의 말이 너무나 듣고 싶었다. 엄마가 이 두려움과 불안을 모두 날려주면 좋겠다. 나를 품에 안고 희망차고 안심되는 말로 위로해주면 좋겠다. 다정한 입맞춤 한 번으로 이 모든 걱정을 사라지게 해주면 좋겠다. 이건 오로지 엄마만이 할 수 있는 것이었다. 내게 엄마는 그런 사람이었다. 나는 엄마가 걱정하지 말라고, 엄마가 다 알아서 해주겠다고 약속하길 기다렸다. 엄마는 늘 그랬으니까.

엄마가 살며시 내 손을 쥐고는 나와 눈을 맞췄다. 잠시 생각을 정리하는 것 같았다.

"존, 이대로 죽는 게 낫겠니? 그렇게 하고 싶으면 그래도 돼."

· · ·

화재 사건이 있기 3년 전, 어느 여름날 오후 동네 수영장에 놀러간 적이 있다. 그날은 수영하기 더없이 좋은, 미국 중서부의 흔한 7월 날씨였다. 진득한 습기, 찌는 듯한 열기, 내리쬐는 햇빛…… 그야말로 완벽했다!

물속은 아이들로 가득 찼고, 물 밖은 부모들로 가득했다. 나 역시 수영을 막 배우기 시작하면서, 새로 찾은 자유를 만끽하고 있었다. 일곱 살 생일을 몇 주 앞두고 있던 나는 더 이상 튜브를 두르고 물놀이를 하는 어린아이가 아니었다. *그래, 나도 이제 튜브 따위는 필요 없어!*

지나친 자신감이 화근이었다.

나는 자신만만하게 수심이 깊어지는 가장자리 쪽으로 향했다. 물 밖으로 간신히 머리를 내민 채 수영장 바닥을 딛고 점프하며 한 걸음씩 앞으로 나아갔다. 그러다 갑자기 얼음을 밟은 것처럼 발이 미끄러졌다. 완만하던 수영장 바닥의 경사가 가장자리에 가까워지자 급격히 꺼지면서 수심이 깊어진 것이다. 발에 닿는 게 아무것도 없어서 발을 허우적거리는 것밖에는 할 수 있는 일이 아무것도 없었다. 몸은 속절없이 가라앉고 있었다.

마침내 몸이 바닥까지 가라앉았다. 그런데도 나는 팔을 휘젓거나 발을 차려고 애쓰지 않았다. 그런 시도가 아무런 소용이 없다고 판단했는지, 아니면 누군가 나를 구하러 올 거라고 생각했는지 모르겠다. 어쨌든 나는 수영장 바닥에 우두커니 앉아 있었다.

위를 올려다보며 기다렸다. 뭔가를 기대하면서, 그리고 확신하면서.

그 순간 내 머리 위의 물살이 갈라지며 누군가가 물속으로 들어왔다. 그 사람은 재빨리 내 몸을 수면 위로 잡아당겨 수영장 밖으로 끄집어냈다. 드디어 물 밖으로 나온 것이다. 나는 햇빛에 눈이 부셔 실눈을 뜬 채로 내 생명의 은인이 누군지 보려고 고개를 들었다.

엄마였다.

엄마는 수영복도 입고 있지 않았다. 내가 허우적거리는 것을 보고, 옷을 입은 채 수영장에 뛰어들어 나를 끄집어낸 것이다. 그날 엄마는 내 목숨을 구했다.

엄마는 내 몸에 묻은 물기를 닦아주고 수건을 몸에 두르더니 내 손에 아이스바 하나를 쥐어줬다. 그러고는 대수롭지 않다는 듯 흠뻑 젖은 시계를 풀고 하던 일을 계속했다. 그날뿐만이 아니다. 그동안 비슷한 일들이 수도 없이 있었지만, 그때마다 엄마는 '짠' 하고 나타나 모든 문제를 해결해주었다. 나는 그저 손을 뻗어 엄마 손을 잡기만 하면 되는 것이었다.

화상을 입은 그날도 내 손을 잡을 엄마에게 내가 앞으로 괜찮은 거냐고 물었을 때, 나는 이미 엄마가 무슨 말을 할지 알고 있었다.

"아들, 괜찮아. 어서 집에 가자. 용감하게 잘 참으면 엄마가 집에 가는 길에 밀크셰이크 사줄게. 그러니까 지금은 초콜릿 맛과 바닐라 맛 중에 무엇을 먹을지, 이것만 생각하고 있어."

당연히 이렇게 말할 줄 알았는데, 엄마 입에서 전혀 다른 말이 튀어나왔다.

"존, 이대로 죽는 게 낫겠니? 그렇게 하고 싶으면 그래도 돼. 그건 누구의 선택도 아닌 네 선택이야."

잠깐만. 뭐라고요?

이게 겁에 질려서 응급실에 누워 있는 어린 아들에게 할 질문인가?

헤엄치지 않으면 가라앉는다

독자들은 우리 엄마가 감정도 없는 냉혈한이 아닌가 생각할지도 모르겠다. 그 순간에는 나도 그렇게 생각했다.

부모라면 당연히 병원 침대에 누워 죽어가는 어린 아들에게 따뜻한 말을 해야 하지 않나? 세상에 어떤 엄마가 이렇게 무심하고 냉담할 수 있을까? 혹시 엄마는 그 순간에 내가 지푸라기 같은 작은 희망이나마 간절히 원한다는 것을 몰랐던 걸까?

하지만 그 순간 나에게 정말 필요한 건 무엇이었을까?

돌이켜 생각하면 엄마는 나에게 가장 중요한 것을 일깨워줬다.

내가 엄마를 쳐다보면서 했던 말이 기억난다. *"엄마, 나 죽기 싫어. 살고 싶어."*

그러자 엄마가 말했다. "그런데 존, 살기 위해서는 정말 힘들게 싸워야 할 거야. 앞으로의 싸움은 네가 한 번도 경험해보지 못한 싸움이야. 하느님의 손길이 필요해. 너무 힘들고 긴 여행이라서 늘 하느님과 함께 해야만 해. 하루하루 살아가기 위해 네가 가진 모든 걸 다 걸어야 해. 엄마랑 아빠가 매 순간 함께할게. 존 엄마 말 듣고 있어? 꼭 이겨내야 한다."

'앞으로 하루하루를 살아내기 위해, 네가 가진 모든 걸 다 걸어야 해.'

그 전날까지만 해도, 나는 여느 아홉 살짜리 개구쟁이와 다르지 않았다. '책임감'이라고는 없었다. 내가 한 행동에 대해, 특히 그 행동에 결과에 대해 책임을 회피하기 일쑤였다. 아주 가끔 방청소나 숙제 같이 누군가 시켜서 하는 일만 했다. 그보다 더 가끔은 칭찬받기 위해 착한 일을 하기도 했다. 교회도 마찬가지. 하라고 해서 하고, 가라고 해서 갈 뿐이었다.

모든 책임은 부모님이 대신 져주었고, 나는 따랐을 뿐이다. 부모님은 내가 필요로 하는 모든 것을 주었고, 나는 그저 행복하게 받아들였다. 솔직히 조금은…… 특권의식에 젖어 있었다.

나는 커다랗고 멋진 집에 살았고, 좋은 학교에 다녔고, 깨가 쏟아지는 부모님의 넷째 아이로 태어났으며, 부모님은 우리 여섯 형제 모두를 소중히 여겼다. 직장에 다니는 아버지, 집안일을 돌보는 어머니, 정이 많고 따뜻한 이웃사람들, 사랑스러운 골든 리트리버까지 더할 나위 없었다. 매주 일요일 아침이면 온 가족이 함께 교회에 갔고, 저녁에는 할머니 집에서 블루베리 팬케이크와 프라이드 치킨을 먹었다.

우리는 남부러울 것 없이 모든 것을 가진 행복한 가족이었다. 부족한 게 없었다. 단 하나도! 그야말로 완벽한 인생이었다.

그러다 하루아침에 인생이 완전히 달라졌다. 언제나 그렇듯이.

이렇게 인생이 한 순간에 바뀔 때면, 우리는 다시 예전으로 돌아가게 해달라고 빌고 애원한다. 예전의 삶을 누릴 권리가 당연히 있는 것처럼, 누군가 나타나 마법의 지팡이를 휘둘러 모든 걸 정상으로, 원래 살던 그대로 되돌려주기를 바란다.

반면, 과거에서 벗어나 한 걸음 더 나아가는 사람들도 있다. 힘들더라도 지금 이 자리에 멈춰 있기보다는 앞으로 나아가기로 마음먹고, 자신의 삶에 모든 책임을 껴안고 삶의 주인이 되는 것이다.

네 삶의 주인은 너야, 존.
살고 싶으면 싸워. 죽을지 살지는 너에게 달렸어.
그 누구도 대신해줄 수 없어.

엄마는 내가 삶의 주인이 되어야 한다고 말한 것이다. 다른 누군가가 대신 책임져줄 수도 없고, 더 이상 상황을 피할 수도 없다. 엄마는 나를 위로하는 대신, 내게 진실을 마주하게 했다.

돌이켜보면 엄마가 그 질문을 했을 때가 내 인생의 첫 변곡점이었다.
내 삶을 완전히 뒤바꿔놓은, 바로 그런 순간이었다. 그날, 내 인생에서 가장 중요한 결정을 내린 순간, 나는 죽음의 벼랑 끝에 몰려 있었다. 엄마는 용감하게 벼랑 끝으로 걸어와 나와 함께 낭떠러지 아래를 내려다보았다. 내가 모든 것을 포기하고, 죽음의 심연으로 떨어지는 것은 그렇게 어려운 일이 아니었다.

그러나 벼랑 근처에는 다른 길도 열려 있었다. 저 멀리 향하는, 앞으로 나아가는 다른 길. 엄마는 벼랑 끝에서 바로 그 길을 가리키고 있었던 것이다. 하지만 그 길은 아주 거대한 산이 가로막고 있었다. 절대 오르지 못할 것 같은 산이었다. 그러나 엄마는 조용히 '너는 넘을 수 있다'고 속삭였던 것이다. 벼랑 끝에서 그 길을 향해 비틀거리더라도 조금씩 산 위로, 세상 속으로 발을 내딛으면 된다고 말이다.

우리는 모두 선택을 한다. 힘차게 삶을 향해 전진하고 매 순간 충실히 살기를, 담담하게 자신의 인생을 껴안기를, 축복받는 활기찬 인생을 선택할 수도 있고, 혹은 그렇지 않은 인생을 선택할 수도 있다. 어느 누구도 이런 선택을 대신해줄 수는 없다.

지금 이 순간, 우리는 삶을 택할 수도 죽음을 택할 수도 있다. 하지만 명심해야 한다.

인생은 단 한 번뿐이다.

변곡점, 인생이 뒤바뀌는 순간

그 누구도 내가 살아남을 거라고 생각하지 않았다.

몇 분 동안 불구덩이 속에서 빠져나오지 못했던 나는 몸의 100%, 말 그대로 전신에 화상을 입었다. 그중 87%는 3도 화상이었다. 그야말로 최악의 상황이었다.

화마가 할퀴고 간 상처는 생각보다 깊었다. 피부는 표피층, 진피층, 피하조직의 세 개의 층으로 되어 있는데, 내가 입은 화상은 피부의 세 개 층을 모두 태우고, 피부 밑의 근육과 뼈까지도 녹여버렸다. 한 번 화상을 입은 피부는 이식을 하지 않는 한 다시 재생되지 않는다. 아이러니하게도, 이식받을 피부는 본인의 피부여야 한다. 그런데 나는 온몸의 피부가 모두 불에 녹아버렸기 때문에 이식할 수 있는 피부가 그나마 화상이 덜 심한 두피뿐이었다. 심지어 이 치료법도 성공할 가능성이 거의 희박했다.

사고 당시 유독 가스를 흡입한 폐 역시 완전히 망가져 있었다. 피부가 기능을 하지 못하니 스스로 체온을 조절할 수도 없었다. 게다가 세균 감염의 위험도 컸다. 모든 상황이 말로 설명할 수 없을 만큼 끔찍했고 절망적이었다.

오늘날 화상 환자의 사망률은 화상 범위와 연령에 따라 계산할 수 있다. 지금은 화상 치료법이 크게 발전했지만 30년 전만 해도 전신 화상을 입은 9세 아이의 생존 확률은 0%였다. 그야말로 사망 선고를 받은 것이나 다름없었다.

엄마는 그날 아침 병실에 들어설 때까지 내가 어떤 상태인지 전혀 모르고 있었다. 화재가 어떻게 일어났는지도, 화상치료가 어떻게 진행되는지도, 그 이후의 삶이 어떨지에 대해서도 전혀 모르고 있었다. 병원 침대에서 아이를 재우며, 어린 아들이 오늘 밤을 넘기지 못할 수도 있다는 불안에 떨게 될 줄도 당연히 몰랐다. 밤마다 병원 복도를 서성이며 답답한 마음을 달래고, 어두컴컴한 복도 한구석에서 남몰래 눈물을 흘리게 될 줄 몰랐고, 아들의 생사가 걸린 수술이 수십 번 반복될 때마다 고통스럽게 기약 없는 결과를 기다리게 될 줄은 상상조차 하지 못했다. 엄마가 그때 알았던 거라고는 이제 살아남기 위한 전쟁이 시작되었다는 사실뿐이었다.

이쯤에서 여러분에게 비밀이자 좋은 소식을 전해야겠다.

※ 스포일러 주의: 반전을 느끼고 싶다면 다음 문장을 건너뛰기를 바란다.

소년은 살아남았다.

그렇다, 앞서 묘사한 병원에서 일어난 일은 부모라면 누구나 최악의 악몽으로 꼽을 만큼 가슴 아픈 순간들이다. 하지만 이 책은 해피엔딩이다. 확실히 말이다. 어쩌면 이 문장을 읽지 않은 독자들도 있을 테지만!

그러나 나의 이야기가 행복한 결말을 맺은 것은 절대 우연이 아니었다.

나는 기도의 힘을 믿는다. 그날 밤과 이후 병원에서 지낸 5개월 동안, 매일 수많은 사람이 나를 위해 기도해주었다. 하지만 기도는 꼭 하느님의 뜻을 바꾸기 위해서만 하는 것은 아니라고 믿는다. 기도의 더 큰 의미는 우리가 삶의 다음 순간에 할 일을 깨닫고, 마음의 준비를 할 수 있게 되는 것이다.

내가 살아남을 수 있었던 이유는 내 곁을 지켜준 훌륭한 사람들의 격려와 헌신 때문이었다. 그들은 내 삶의 고비마다 내게 삶에 대한 의지와 용기를 북돋아주었고, 고통에 맞설 수 있도록 나를 밀어주었고, 할 수 있다는 믿음을 주었고, 삶의 주인이 될 수 있는 힘을 주었다.

　그렇게 죽을 줄로만 알았던 어린 소년은 당당히 살아남았다. 사랑하는 아내 베스를 만나 결혼을 한 지도 12년째다. 베스와 나는 사랑스럽고 건강한, 때로는 미친 듯이 날뛰는 아들 셋과 딸 하나를 키우며 아주 행복한 가정을 꾸렸다. 한적한 시골 마을에서 신실한 사람들로 가득한 교회를 다니며 놀랍도록 멋진 삶을 살고 있다. 이렇게 놀라운 기적과도 같은 인생이 바로 단 하나의 대담한 질문에서 시작된 것이다.

　나는 정말 이대로 살고 싶은가?
　죽고 싶은가, 아니면 그래도 살아가고 싶은가?

　엄마의 용감한 질문은 내가 살아야겠다는 의지를 끌어올리는 계기가되었다.
　분명 우리는 인생에서 일어나는 모든 일을 마음대로 할 수는 없다. 하지만 우리가 그 일에 어떻게 대처하는지는 전적으로 우리에게 달려 있다.

　내가 저지른 불장난은 분명 내 인생을 뒤바꾼 내 삶의 '변곡점'이었다.
　당시 나는 철없는 어린아이일 뿐이었지만, 그건 분명 나의 선택이었다. 한 순간에 나와 가족의 삶을 완전히 뒤집은 단순하고 경솔한 선택……. 되돌릴 길은 없었다.
　그러나 우리 가족이 맞닥뜨린 변곡점은 그뿐만이 아니었다. 그 후로도 셀 수 없이 많은 변곡점과 마주했다. 단 한 번의 선택이 이후에 일어날 모든 것들을 바꾸는 순간. 그 선택들은 우리를 희망과 가능성의 삶으로 이끌기도 했고, 후회와 두려움의 삶으로 이끌기도 했다.

누구나 살면서 이런 선택을 한다.

나는 당신이 눈을 뜰 수 있기를 바란다. 그리고 당신이 걸어갈 길을 바라볼 때, 지금보다 더 먼 곳을 내다보도록 도와주고 싶다. 후회와 원망을 반복하는 그런 길이 아닌, 가능성으로 가득 찬 길을 걸어갈 수 있도록 말이다.

무미건조한 당신의 삶을 살아 숨 쉬게 하기 위해, 당신이 가장 먼저 해야 할 일은 삶의 주인이 되기를 선택하는 것이다. 지금의 삶을 당연시하는 특권의식을 버리고, 자신의 인생을 운이나 다른 누군가의 손에 맡기지 말고, 삶을 변화시키는 것은 오직 당신에게 달려 있다는 사실을 깨닫는 것이다.

핑계나 변명 따위는 그만둬라. 지금 이 순간은 당신의 인생이다.

죽고 싶은가? 아니라고?

좋다. 그렇다면 그 마음을 행동으로 옮겨라.

벼랑 끝에서도 나를 구할 사람은 나 자신뿐이다

내가 좋아하는 「굿 윌 헌팅」이라는 영화에는 아주 인상 깊은 장면이 있는

데, 무례하고 거만한 천재 젊은이가 정신과 의사와 함께 자신의 과거에 대해 진지한 대화를 나누는 장면이다. 긴 대화 끝에 괴로워하는 젊은이에게 의사는 이렇게 말한다.

"네 잘못이 아니야. 이건 네 잘못이 아니야. 결코 네 잘못이 아니야."

가슴이 먹먹해지는 이 장면은 영화의 전체 줄거리가 바뀌는 아주 중요한 순간이다.

'네 잘못이 아니야.'

이 한마디 말은 우리가 자책에서 벗어나, 해방감을 느낄 수 있도록 하는 등, 우리 삶에 아주 큰 도움을 준다. 하지만 내가 당신에게 전하고 싶은 격려는 이와는 조금 다르다.

나와 가족들은 우리 삶을 송두리째 바꾼 그날의 화재에 대해 이야기할 때, '존의 사고' 혹은 단순하게 '그 사고'라고 말한다. '사고'라는 말은 우리 엄마와 아빠가 그 일을 주제로 쓴 책, 『엄청난 역경Overwhelming Odds』에도 여러 차례 등장한다.

사고.

하나만 묻겠다. 휘발유 통에 불을 붙이면 무슨 일이 생길 것 같은가?

그렇다. 그건 사고가 아니라 자연의 법칙이었다. 불이 붙은 물체가 강력한 인화성 물체와 만났을 때의 결과일 뿐이었다.

물론, 나는 아직 어린아이였고, 어떤 일이 일어날지 전혀 알지 못했다. 그렇게 엄청난 폭발이 일어날 줄은 꿈에도 몰랐지만, 그렇다고 그날의 일을 '사고'라고 부른다면 내가 져야할 책임을 회피하는 꼴이다.

삶을 포기할 것인지, 그럼에도 불구하고 살아갈 것인지를 내게 선택하도록 했을 때, 엄마는 아주 중요한 것을 직감하고 있었던 것 같다. 엄마는 '선택'과 함께 내게 '책임'을 지라고 했다. 단지 일어난 일에 대한 책임이 아니라, 그것보다 훨씬 중요한 앞으로 일어날 일에 대한 책임을 말이다.

그 순간은 내 인생의 의미를 바꾼 결정적인 순간이었다. 내게는 두 가지 선택지가 있었다.

상처를 치료하고 그 뒤에 놓인 시련에 맞서 살아가기 위해 싸울 것인가, 아니면 다른 누군가가 나를 구해주리라 믿고 언제까지고 고통을 참고 기다릴 것인가.

엄마는 그 순간이 내가 벼랑 끝에 선, 나의 생사가 걸린 순간임을 알았다. 내가 직접 고삐를 잡지 않으면 바로 낭떠러지 밑으로 떨어져 죽으리라는 걸 알았다. 그렇다고 그 선택을 강요할 수는 없으며, 내가 스스로 선택과 행동에 책임을 져야 한다는 사실도 알았다.

요즘에는 책임진다는 말이 부정적으로 비칠 때가 많다. 책임이라는 말을 들으면 어떤 생각이 드는가? 아마 의무나 부담, 짊어져야 할 무게 같은 것들을 생각할지도 모른다. 어쩌면 사람들의 인생을 망가뜨려놓고, 그들의 잘못이라는 식으로 어깨를 으쓱거리고 마는 어떤 기업인의 모습이 떠오를 수도 있다.

안타깝게도 요즘 세상에는 책임지는 것이 두려워 선택을 회피하고, 누군가가 갑자기 나타나 곤경에 빠진 나를 구해주길 기다리는 사람이 많아진 것 같다. 그러나 스스로 책임을 지면, 살면서 뜻하지 않은 일로 잠시 미끄러지는 일을 피할 수 있을 뿐 아니라 자신의 의지대로 자유롭게 삶의 길을 헤쳐나갈 수 있다.

자기 삶의 주인이 되는 힘이 생기는 것이다.

변화의 열쇠는 당신 손에 쥐고 있지 않은가

책임감은 가치 있는 성취를 위해 반드시 필요한 요소다. 몇 년 전, 감사하게도 슈타우바흐 컴퍼니로부터 큰 장애를 딛고 일어선 나의 인생 이야기를 들려달라는 제안을 받았다. 슈타우바흐 컴퍼니는 전직 해군 장교이자 댈러스 카우보이스 팀의 쿼터백 출신, 로저 슈타우바흐가 세운 부동산 회사다. 창업 후 30년 만에 엄청난 성공을 거둔 로저는 2008년, 6억 달러(약 6,000억 원)가 넘는 금액에 회사를 매각했다.

나는 댈러스로 날아가 그 회사의 고위급 임원진이 모인 자리에서 강연을 하기로 했다. 공항에서 택시를 타고 본사에 도착하자, 행사를 준비한 젊은 여성이 정문에 나와 나를 맞이했다. 나는 웃으며 인사한 뒤, 출연자 대기실까지 걸어가며 그녀와 이런 저런 이야기를 나눴다. 회사 정보를 대략 살펴봤고 행사 관계자들 몇몇과 이야기를 나눠봤지만, 좋은 기회다 싶어 슈타우바흐 컴퍼니가 오랫동안 실적을 유지하는 가장 중요한 비결이 무엇인지, 그녀에게 물었다. 그녀는 내게 커피를 한 잔 따라주며 잠시 말을 생각에 잠겼다. 그러고는 커피잔을 건네며 이렇게 말했다. "글쎄요, 업계에서 전설처럼 전해지는 이야기가 하나 있긴 합니다."

그녀는 로저 슈타우바흐가 어떻게 모든 직원들을 책임감 있게 일할 수 있도록 만들었는지 설명해주었다. 그는 해군 장교 시절, 책임이 얼마나 중요한 역할을 하는지 깨달았다. 그리고 미식축구 선수로 활동하며 매 경기를 뛸 때마다 다시 한 번 책임의 중요성을 확인하면서, 책임감이야말로 사업뿐만 아니라 인생 전체에서 반드시 필요하다는 것을 알게 되었다.

그는 회사의 모든 직원들이 각자 맡은 거래를 자율적으로 주관하게 했으며, 그들끼리 서로 도움을 주고받도록 만들었고, 고객과의 관계에서나 팀 내에서 문제가 발생하면 그것이 무엇이든 스스로 책임감 있게 처리하도록 했다.

물론 늘 순조롭지만은 않았다.

어느 날, 수수료 1만 6,000달러(약 1,600만 원)를 나누는 문제에 대해 합의를 보지 못한 두 직원이 슈타우바흐를 찾아왔다. 그들은 각자 자신이 수수료 전액을 가져가야 한다고 주장했다. 며칠 동안 이 문제로 서로 다투었지만 도저히 결론이 나지 않자, 결국 포기하고 상사를 찾아온 것이다.

"도저히 답이 안 나옵니다. 대신 해결해주실 수 있나요?"

슈타우바흐는 몇 가지 질문을 했다. 그러고는 문제를 알려줘서 고맙다고 말했다.

그는 각자의 불만을 내려놓고 상대의 입장에서 생각해보았을 때, 모두가 이익을 볼 수 있는 방법이 정말 없는지 물었다. 없다는 답이 돌아왔다.

다음으로, 두 사람 모두 거래를 성사시키는 데 중요한 역할을 했음을 인정하고 수수료를 반으로 나눌 의향이 있는지 물었다. 역시 불가능하다는 대답이 돌아왔다.

슈타우바흐는 자리에서 일어났다. 그는 그들과 차례로 악수를 하고, 일을 잘해줘서 고맙고, 그들의 너그러운 마음에 감탄한다는 말을 건넸다. 그런 다음 믿기 어렵겠지만 *수수료 전액을 자선 단체에 기부했다!* 성공이든 실패든, 두 사람 모두에게 책임이 있다는 사실을 알려주기 위해서였다. 그런 결과를 만든 건 그들의 선택이었다.

그 후로는 어떤 직원도 슈타우바흐에게 그와 비슷한 불평을 하지 않았다. 문제가 일어나면 그들이 책임질 수 있는 일은 각자 알아서 해결했다.

나는 이야기를 들려준 담당자에게 고맙다고 인사했다. 덕분에 회사의 문화를 이해할 수 있었고, 리더십에 관해 어떤 조언을 해야 할지도 알 수 있었다. 이 이야기의 교훈은 직장인뿐만 아니라 우리 모두에게 유효하다.

지금까지 살면서 당신은 두 직원과 같은 마음을 가진 적이 있는가?

누군가와 갈등이 생겼는데 도저히 해결할 수가 없어서 손을 떼버리고는 대신 문제를 해결해줄 사람을 찾을 때가 종종 있지 않은가? 일이 잘 안 풀리거나 너무 곤란한 문제에 직면했을 때, 부담스러운 책임을 다른 사람에게 떠넘기고 싶어지는 것은 충분히 이해할 수 있다. 통제할 수 없는 일이 터졌을 때, 그 책임을 다른 무엇인가에 돌리는 일은 사실 아주 자연스러운 일이다.

누군가는 상황을 탓한다. "차가 막혔어. 경기가 나빠. 세상이 엉망진창이야."

또 누군가는 남을 탓한다. "이건 내 잘못이 아니야. 그 여자는 너무 까다로워. 직원들이 멍청해. 우리집은 너무 가난해. 수수료는 다 내 것이야. 그 사람은 수수료를 받을 자격이 없어."

그런데 이렇게 핑계를 찾아봤자, 아무런 도움이 안 된다.

이렇게 해보자. '내 잘못이 아니야'라는 말은 머릿속에서 지워버리고, 그 말을 하고 싶어서 혀가 간질간질해도 절대 내뱉지 마라. 그 대신에 이렇게 말해보자.

나는 이 일에 책임이 있어. 이건 내 인생이니까.

이렇게 말하는 순간 모든 것이 달라진다.

당신의 인생을 대신 살아줄 사람은 아무도 없다.

그 누구도 당신을 구해주지 않는다.

책임을 진다는 것은 인생의 주인으로 산다는 것을 의미한다.

인생을 바꾸고, 삶을 변화시키고, 차이를 만들어줄 '변화의 열쇠'는 지금 당신 손에 들려 있다는 사실을 깨달아야 한다. 어떤 특별한 행동을 해야 한다거나 잘못된 것을 고쳐야 한다는 뜻이 아니다. 책임감은 당신이 바꿀 수 없는 일에 대한 집착을 버리고, 부담을 내려놓는 용기를 주고, 과거에 나를 괴롭혔던 일이나 사람을 용서할 수 있는 힘을 준다.

더 이상 쿨한 척은 그만해라. 인생은 쿨한 것과는 거리가 멀다. 그 어떤 것보다 언제나 뜨겁게 타오르는 것이다. 의욕을 잃고, 아무것도 할 수 없다는 좌절감에 스스로의 인생에 손을 놓아버리지 마라.

인생은 매일이 변곡점이다.

스스로를 변화시킬 기회가 매 순간 주어지고 있는데, 당신은 왜 다른 사람만 쳐다보며 나를 바꿔주길 기다리고 있는가? 더는 누군가를 기다리지 않아도 된다. 지금 이 순간이 당신이 제대로 살기를 선택한 순간이다. 진짜 내 인생을 말이다.

스스로 삶의 주인이 되어라.

배고픈 사람이 스스로 방법을 찾을 수밖에

어려운 일을 마침내 해냈을 때의 기쁨을 기억하는가?

학교를 졸업했다거나, 취업에 성공한 순간이라거나, 결혼을 했을 때 일 수도 있다. 있는 힘을 다해 노력하고, 고군분투하고, 애쓰고, 공들여, 고생 끝에 목표를 이뤄낸 순간의 기쁨을 만끽했을 것이다. 그렇게 고생해서 뭔가를 이뤘는데, 알고 보니 진짜 고생은 그때부터 시작이라는 사실을 깨달은 순간은 없는가?

내 경우에는 화상 치료를 끝내고 퇴원해 집에 돌아왔을 때가 그랬다. 나는 겨우 아홉 살이었고, 지난 5개월 동안 수십 번의 이식 수술을 버텼고, 손가락을 잃었다. 끝도 없이 반복되는 고통스러운 치료 과정과, 육체적인 고통도 모자라 가족과 떨어져 외롭기까지 했던 병원 생활이 드디어 끝난 것이다. 이제는 힘든 일을 끝내고 축하할 일만 남은 순간이었다.

입원할 때만 해도 생존 가능성이 전혀 없었던 내가 가족의 품으로 돌아왔다. 온몸에 화상 흉터가 남았고 여전히 붕대를 감은 채 휠체어에 의존해야 했지만 나는 살아남았고, 우리 가족은 그 사실에 감사했다.

병원 주차장을 빠져나와 5분 거리에 있는 우리 동네로 들어섰다. 거리를 가득 메운 자동차와 소방차, 풍선, 그리고 친구들의 모습에 나는 넋을 잃었다. 도로를 따라 길게 늘어선 가족과 친구들, 우리 반 아이들, 이웃들, 구조 요원, 주민들이 우리를 환영해주었다. 음악을 연주하고, 눈물을 흘리는 사람들도 있었다.

기적이 일어났다. 소년이 살아남은 것이다.

그날 밤, 사람도 자동차도 모두 떠나고, 대문이 닫히고, 우리 가족만 남아 삶의 방향을 결정하는 시간이 찾아왔다. 엄마는 내가 제일 좋아하는 감자 그라탱을 만들어주었다. (지금껏 눈치채지 못한 독자들도 이젠 확실히 알았을 것이다. 그렇다. 나는 별난 아이였다!) 우리 가족은 불이 나기 전날 밤 이후 처음으로 새로 지은 집의 식탁에 둘러앉았다.

아빠와 엄마는 테이블 양쪽 끝에 앉았다. 케이디 누나와 여동생 로라, 수전은 한쪽 옆에, 짐 형과 에이미 누나, 그리고 내가 그 맞은편에 나란히 앉았다. 우리 가족은 지난 몇 달 동안 상상조차 하기 어려운 시련을 겪었다.

화재로 집을 잃었고, 나의 형제자매는 부모님이 24시간 동안 병원에서 나를 간호하는 바람에 부모의 손길을 잃었다. 태어난 지 18개월 된 막내부터 열일곱 살인 첫째까지, 모든 형제자매가 집을 다시 짓는 동안 뿔뿔이 흩어져 친구들 집과 친척 집을 전전했다.

부모님은 아들을 잃을 뻔했다. 나는 온몸의 피부와 손가락을 잃었고, 걸을 수 없게 되었으며, 목에서 발가락까지 흉터로 뒤덮였다. 그렇지만 우리는 모두 함께 우리 집, 이 자리로 돌아왔고, 온 가족이 다시 모였다. 마침내 우리가 해냈다. 나는 흉터가 남고, 몸이 변형되어 조금 달라졌지만 그래도 살아남았다.

우리는 함께 식사하고, 흘린 우유를 닦고 식탁에 팔꿈치를 올리지 말라는 잔소리가 오가는 일상으로 돌아왔다. 삶이 정상적으로 돌아온 것이다. 누가 봐도 놀랄 만한 이 기적을 그냥 넘길 수가 없어, 그날 밤 우리는 다함께 축하하기로 했다.

감자 그라탱이 정말 맛있어 보였다. 나는 눈을 감고 환상적인 치즈 향을 듬뿍 들이마셨다. 그리고 음식을 먹으려고 눈을 떴는데…… 그제야 나는 깨달았다. *내가 먹을 수 없다는 사실을.*

부목을 대고 깁스를 하는 바람에 포크를 집을 수가 없었다. 아니, 포크를 집을 손가락도 없었다. 내가 돌아온 걸 축하하는 음식인데도 먹을 수가 없었다. 나는 어찌할 바를 몰라 내 앞의 접시를 멍하니 바라보았다. 내가 도대체 뭘 해야 할지 생각이 나지 않았다. 내가 고전하는 걸 본 에이미 누나가 친절하게도 내 포크를 집어 감자 몇 조각을 입에 넣어주려 했다.

그때 엄마의 말이 들렸다.

"포크 내려놔, 에이미. 배고프면 자기가 직접 먹을 거야."

나는 엄마를 향해 고개를 돌렸다. 방금 뭐라고 했지? 포크를 내려놓으라고? 자기가 직접 먹을 거라고? 뭐라고요, 엄마? 지금까지 내가 병원에서 얼마나 고생했는지 몰라요? 나는 지금 배가 고파서 죽을 지경인데, 포크를 집을 수조차 없다고요!

나는 식탁에 앉아 엉엉 울었다. 엄마에게 고래고래 소리를 지르며 화를 냈다. 포크도 집을 수 없는데 알아서 밥을 먹으라고 하는 건 너무 한 거 아니냐고, 이런 건 불공평하다고, 원망의 말을 쉼 없이 쏟아냈다. 축하의 밤은 저주의 밤으로 바뀌었고, 흥겨움과 웃음소리가 가득하던 저녁 식사 자리는 울부짖는 소리로 가득했다. 파티는 끝났다. 엄마가 모든 걸 망쳐버렸다.

그러나 그날 밤은 아홉 살 소년에게 또 하나의 변곡점이 되었다. 형, 누나, 동생들이 다 먹고 난 빈 접시를 치우고 있을 때 나는 굶주림과 분노로 가득 차 있었다. 나는 오기로 손가락이 없는 뭉툭한 두 손 사이에 포크를 끼웠다. 내 손은 손가락 아랫마디 바로 위까지 절단되어 거의 손바닥만 남아 있었다. 게다가 피부가 아직 완전히 아물지 않아, 붕대를 두껍게 감아놓은 상태였다. 나는 글러브를 낀 권투 선수처럼 붕대가 칭칭 감긴 두 손으로 포크를 잡기 위해 사투를 벌였다.

포크 하나를 집기 위해 고통스러울 정도로 오래 걸렸다. 포크는 계속 탁자 위로 떨어졌고, 떨어진 포크를 집어 올리는 것도 쉽지 않았다. 그러다 결국 서툴고 이상한 모양으로 감자를 찔러 입에 넣는 데 성공했다. 그리고 이글거리는 눈빛으로 엄마를 쏘아보며 감자를 씹었다. 손은 욱신거렸고 너무 화가 났다. 엄마가 내가 돌아온, 내 인생의 역사적인 날을 모두 망쳐버렸다. 엄마가 정말 미웠다. *하지만 나는 스스로 먹고 있었다.*

물론 지금은 그날 엄마가 얼마나 큰 용기를 냈는지 안다. 온 가족이 보는 앞에서 어린 아들에게 그토록 매몰찬 말을 해야 했던 엄마의 마음은 얼마나 고통스러웠겠는가. 아들이 이렇게 다른 모습이 되어 다시는 과거로 돌아갈 수 없다는 현실. 돌이킬 수 없는 이 현실이 가슴 찢어지게 아팠을 것이다. 아들이 먹기 편하게 감자를 잘라서 입에 넣어주고, 다 먹은 후에는 아이스크림도 떠줬으면 그나마 마음이 편했을 것이다. 그렇게 다정하게 대해주는 건 훨씬 쉬운 일이니까.

인생에서 어렵지만 해야 할 무엇인가를 하지 않는 것, 혹은 그런 일을 다른 사람에게 맡기는 것은 얼마나 쉬운 일인가.

온 가족이 식탁에 모여 앉아 맛있는 음식을 먹으며 웃는 모습으로 사진을 찍고, 그 사진을 "일상으로 복귀했습니다! 모두 집에 돌아와 즐거운 시간을 보내고 있답니다!"라는 글과 함께 페이스북에 올리는 일은 전혀 어려운 일이 아니다. 하지만 엄마는 다른 사람들이 어떻게 생각하는지는 전혀 신경 쓰지 않았다. 그 순간을 그럴듯한 사진으로 포장하고 싶어 하지도 않았다. 대신, 그 순간을 나에게 진실을 깨우쳐줄 기회로 삼았다.

나에게 용기를 주고, 도움의 손길과 사랑을 나눠줄 사람들이 늘 곁에 있겠지만, 결국 이 싸움은 내가 해야만 하는, 내 인생의 문제라는 진실 말이다. 또한 엄마는 내게 살면서 수없이 많은 시련에 부딪힐 수 있지만, 극복하지 못할 시련은 어디에도 없다는 사실을 함께 알려주고 싶어 했다.

그 순간은 내가 스스로 방법을 찾아야 할 수많은 날들의 시작일 뿐이었다. 엄마는 기어코 내가 포크를 쥐게 만들었다. 장담하건대 엄마가 그렇게 하지 않았다면 나는 지금의 삶을 살지 못했을 것이다.

엄마는 내가 화상을 입은 날, 고통과 두려움에 떨던 내가 죽음 대신 삶을 선택할 용기를 주었다.

그리고 집에 돌아온 날, 내게 진정한 삶을 선택할 자유를 주었다.

자격을 얻을 것인가 VS 주인이 될 것인가

우연이 아닌 선택이 운명을 결정한다

– 진 니데치

당신은 정말 살아 있는가? 아니다.
단순히 심장이 뛰고, 숨을 쉬고 있는지 묻는 것이 아니다.
진정으로 살아 있다고 느끼는지 묻고 있는 것이다.
혹시 아직까지 지겹도록 반복되는 매일을 견디며,
'뭔가 재밌는 일 없을까'라는 말을 입에 달고 살지는 않는가?
그렇다면 이제는 삶의 주인으로 살아가는 짜릿함을 맛볼 시간이다.

'삶의 주인이 된다는 것'은 당신 앞에 놓인 기회를 재빨리 끌어안고
인생에서 마주할 도전과 시련을 감당해낼 자신감을 가지며
단 한 순간도 후회 없는 삶을 살아가는 것이다.
우리가 바꿀 수 없는 것을 인정하는 힘,
우리가 바꿀 수 있는 것을 싸워서 얻어내는 용기,
인생이라는 긴 여행에서 만날 모든 도전을 받아들이는 선택이다.

더는 세상을 탓하고, 남을 탓하며, 핑계대지 마라.
"내 잘못이 아니야"라고 말하기보다,
"이건 내 인생이야"라는 마법의 주문으로
모든 일을 스스로 선택하는 자유를 누려라.
당신의 인생, 당신의 시간, 당신의 순간이다.

삶의 주인이 되기를 선택해라.

무엇을 감추고 있는가?

What are you hiding?

가면을 벗고, 삶의 기적을 보아라.

▼

나의 상처가 타인에게는
삶의 원천이 될 수 있다.

– 헨리 나우웬

내가 다시 웃을 수 있을까?

또 시작이다.

나는 목욕을 매우 좋아했었다. 하지만 이제 목욕이 하루 중 가장 끔찍한 순간이 되었다.

매일 아침 간호사 두 명이 나를 들어올려 바퀴 달린 침대로 옮긴 뒤, 긴 복도를 지나 커다란 철제 욕조가 있는 덥고 퀴퀴한 냄새가 나는 방으로 데려간다. 그러고는 내 몸을 일으켜 세워 천천히 물속에 담근다. 온몸에 붕대가 칭칭 감겨 있고, 그 밑에는 거즈 패드가 있다. 거즈 패드 밑에는 크고 빨갛고 속살이 그대로 드러난 상처가 있다.

물이 닿는 모든 곳이, 아프다.

붕대를 하나씩 벗길 때마다, 아프다.

상처를 문질러 씻을 때마다, 아프다.

내 몸에는 피부가 하나도 남아 있지 않아서, 온몸이 아프다.

그들은 이 과정이 모두 필요하다고 했다. 그래야만 감염이 되지 않는단다. 그래야만 내가 살 수 있단다. 알았어요. 좋아요. 하세요……. 그래도 정말 싫은 건 어쩔 수 없다.

목욕이 끝난 다음에는 머리를 민다. 이게 정말 최악이다.

자가 피부 이식을 하려면 멀쩡한 피부가 필요한데, 내 몸에서 멀쩡한 부분은 두피밖에 없었다. 그러니까 의사가 내 두피를 아주 얇게 떼어내 피부가 없는 다른 곳에다가 붙여야 한다는 말이다. 간호사들의 말에 따르면, 머리카락은 기름기가 끼고 오염되어 있기 때문에 세균이 살기 쉽다고 했다. 그래서 머리를 밀어야만 한다는 것이다.

이걸 하루도 거르지 않고 매일 했다. 실제로는 몇 분밖에 안 걸린다고 해도, 내게는 몇 시간처럼 느껴졌다. 짜증나게도 늘 같은 곳을 면도하고 피부 조직을 떼어갔다. 면도와 목욕이 끝나면 나를 욕조에서 꺼내서 다시 차가운 이동식 철제 침대로 옮긴다.

춥고, 벌거벗은 몸이 창피했고, 겁이 났다. 게다가 아직 끝이 아니다.

물기를 말린 다음, 실바딘이라고 하는 바닐라 맛 소프트아이스크림처럼 생긴 하얀 연고를 바른다. 보통 선크림을 바르는 장면을 생각하면 비슷하다. 하지만 실바딘을 바를 때는 비명이 절로 나올 만큼 아프다. 연고가 닿는 부위마다 타는 듯이 뜨거운데, 그 크림을 내 몸 구석구석 한 곳도 빠트리지 않고 바른다. 그런 다음 그 위를 붕대로 칭칭 감고 나면, 나는 마치 크고 하얀 미라가 된 것 같다. 이런 과정을 다 끝내는 데 2시간이 걸린다. 몇 주 동안 매일 이런 작업을 반복했다. 하지만 그런 육체적인 고통은 오늘 내가 소독실에서 느낀 고통에 비하면 아무것도 아니었다.

간호사들이 붕대를 풀어 벗은 몸이 드러난 순간, 거즈 밑에 있던 내 피부가 눈에 들어왔다. 거즈 밑에 실제로 무엇이 있는지를 드디어 보게 된 것이다. 화상은 내 모든 피부를 태워버렸다. 말 그대로 피부가 하나도 남지 않고 몽땅 다 사라진 것이다.

남은 거라고는 피부 밑의 속살뿐이다. 손과 팔, 다리, 가슴, 배…… 온몸이 보기 싫은 붉은색 살덩이의 흉측한 모습으로 다 드러나 있었다. 아주 엉망진창이다.

한 번도 자세하게 내 상처를 들여다본 적이 없었다. 상태는 생각보다 심각했고, 그 모습을 제대로 보니 속이 메슥거렸다. 나는 이제야 예전의 나로는 절대 돌아갈 수 없다는 걸 깨달았다. 이제 절대로 원래 내 모습을 되찾을 수는 없다.

곧이어 더욱 끔찍한 사실이 떠올랐다. 나는 몸도 녹아버렸고, 얼굴도 불에 타버렸다는 사실 말이다. 분명 지금 내 얼굴은 살갗이 다 벗겨진 빨갛고 흉측한 괴물 같을 거라는 생각에 구역질이 더 심해졌다.

내 인생은 이제 끝났다.

그러나 간호사들이 붕대를 다 감을 때까지 이런 비참한 마음을 털어놓을 수도 없었다. 목에 구멍이 났기 때문에 아무 말도 할 수 없었다. 의사들은 그걸 기관 절개술이라고 했다. 화재로 망가져버린 폐가 작동하지 않기 때문에 숨을 쉬기 위해서 목에 구멍을 뚫어 기도를 확보한 것이다. 대신에 나는 아무런 말도 할 수 없었다.

그래서 그냥 울었다.

간호사들이 나를 병실에 데려다주었을 때, 엄마가 내 뺨을 타고 흐르는 눈물을 발견하고는 "아가, 왜 그러니? 많이 아파? 진통제 더 달라고 할까?"라고 말했다.

나는 고개를 저었다. *아니야 엄마, 아파서 우는 게 아니야.*

엄마는 내가 왜 우는지 몰랐다. 엄마가 알 리가 없었다.

"아가, 왜 그러니. 글자판 가져올까?"

고개를 끄덕였다. 글자판이 필요했다.

'글자판'은 A부터 Z까지 알파벳이 적혀 있는 판이다. 그 글자판으로 나는 하고 싶은 이야기를 했다. 엄마가 문자들을 차례로 가리키면, 원하는 문자가 나올 때 내가 혀를 찬다. 그러면 엄마가 그 문자를 받아 적고 다시 같은 방식으로 다음 글자를 찾는다. 엄마가 단어를 금방 맞히지 못해 문장 하나를 완성하는 데 아주 오랜 시간이 걸렸다. 그래도 말은 통하기 때문에 어쩔 수 없다. 나에게는 유일한 소통 방법이었으니까.

엄마가 글자판을 들고 말했다. "존, 천천히 해보자. 왜 그러는지 말해주렴."

ABCDEFGHI

JKLMNOPQR

STUVWXYZ

엄마가 첫 번째 줄을 가리킨다. *아니야.*

엄마는 두 번째 줄을 가리켰다. *맞다.* 나는 혀를 찼다.

엄마가 두 번째 줄을 따라 손가락을 움직였다.

J······K······L······M······ 쯧!

M

다시 첫 번째 줄을 가리키고 두 번째, 세 번째 줄에 왔을 때… 쯧!

그다음 세 번째 줄의 글자를 차례로 짚는다.

S······T······U······W······X······Y······ 쯧!

MY

길고 긴 시간이 지나고 드디어 엄마가 처음 두 단어를 알아낸다.

MY FACE(내 얼굴).

고맙게도 엄마는 이 두 단어만으로도 내가 왜 울고 있었는지 알아차렸다. "걱정 마, 존. 살아남은 것만도 기적이잖니. 그리고 네 얼굴, 괜찮아. 걱정할 거 없어. 예전 모습 그대로야. 그냥 붕대를 많이 감았을 뿐이야."

하지만 나는 엄마 말을 믿지 않았다. 내가 전신에 화상을 입었다고 수군거리는 걸 들었기 때문이다. 100% 화상이라는 말을 분명하게 들었다. 거기에는 얼굴도 포함된다는 것을 잘 알고 있다.

나는 눈을 꾹 감았다. 발자국 소리와 소곤거리는 소리가 들렸다. 엄마가 내 옆으로 다가와 섰다. 나는 눈을 뜨고 엄마를 쳐다봤다. 엄마 손에는 거울이 들려 있었다. 엄마는 내게 거울을 좀 보라는 시늉을 했다.

나는 다시 눈을 감았다. 눈을 뜨고 싶다는 생각이 들지 않았다. 아까 본

것만으로도 내 얼굴이 어떤 모습일지 상상이 간다.

"존, 정말 괜찮아. 눈 좀 떠봐. 우리 아들 예쁜 얼굴은 괜찮아. 여전히 너무 잘생겼는걸." 엄마 말을 듣고 기분이 조금 풀려서, 초조한 마음으로 조용히 눈을 떴다.

하얀 플라스틱 테두리의 작고 둥근 거울이 있었다. 거울 속에는 가운데만 조금 남겨두고 붕대로 칭칭 감은 얼굴이 보였다. 코에는 초록색 플라스틱 튜브가 연결돼 있고 살갗이 조금 벗겨졌지만 없어지지 않고 그 자리에 잘 붙어 있었다. 입술도 가뭄에 논처럼 갈라지고 바싹 말랐지만 역시나 제자리에 있었다. 두 뺨은 붕대에 가려 거의 안 보였지만 보이는 부분은 붉고 피부가 조금 벗겨졌을 뿐 멀쩡했다. 눈썹과 눈꺼풀도 조금 그슬리긴 했지만 그 자리에 붙어 있었다. 붕대에 가려진 부분이 너무 많아 다른 부분은 보이지 않았지만 이 정도면 충분했다.

엄마 말이 맞았다. 얼굴은 괜찮다. 아주 작은 부분일지도 모르지만, 어쩌면 가장 중요한 부분일 수도 있는 얼굴은 그나마 괜찮았다. 내 몸은 예전 모습이 모두 사라졌지만, 얼굴은 그래도 예전 모습을 간직하고 있었다. *나는 아직 괜찮다. 여전히 나다.*

고개를 돌려 엄마를 바라봤다. 엄마 옆에는 아빠가 서 있었다. 나는 고개를 끄덕이고 혀 차는 소리로 감사의 뜻을 전했다. 그때 부모님은 내 얼굴에서 한동안 보지 못했던 무언가를 찾았다고 했다. 바로 '미소'다.

◆　◆　◆

한때 우리 엄마, 아빠는 다시는 내 얼굴에서 웃음을 볼 수 없을지도 모른다고 걱정했었다. 화재 사건이 있던 그날 아침, 부모님과 함께 있었던 시간은 응급실에서의 고작 몇 분이 전부였다. 하지만 그 짧은 순간에 우리는 함께 이 위기를 헤쳐나가기로 결심을 굳혔다. 곧이어 부모님은 안내를 따라 응급실 밖으로 나와 대기실로 자리를 옮겨야 했다. 담당자가 입원 수속을 하고, 의료진이 나의 상태를 안정시킨 뒤 앞으로의 치료 과정을 견딜 수 있도록 내 몸의 화상을 수습하는 동안 부모님은 초조한 마음으로 하염없이 기다렸다. 잠시 후 의사들이 현재 상황을 부모님에게 전달했다. 그들은 온몸에 3도 화상을 입은 환자가 어떤 위험에 처할 수 있는지 자세하게 설명했다. 아들의 몸에 큰 변형이 왔고, 피부를 전부 잃게 됐으며, 외부 노출을 막기 위해 온몸에 붕대를 감아야 하고, 상처는 크게 부풀어 오를 것이며, 생존 가능성도 매우 낮다는 사실을 말이다.

그날 오후가 돼서야 면회가 허락되었다. 앞서 그렇게 충분한 설명을 들었지만, 부모님은 치료를 마친 내 모습을 보자마자 머릿속이 하애졌다고 한다. 그 어떠한 설명도 아들의 참담한 모습을 마주했을 때의 충격을 줄여주지는 못했다.

응급실에서 본 아들은 많이 놀란 상태였지만 말을 하고 이것저것 궁금해하며 희망에 차 있었다. 눈을 크게 뜨고 목소리가 쉬긴 했어도 알아들을 수 있었다. 몸을 덮고 있는 건 얇은 시트 한 장 뿐이었다.

그러나 몇 시간 뒤 모든 것이 달라졌다. 모든 것이.

얼굴의 일부를 제외한 온몸에 붕대가 감겼다. 여러 기계가 내 생체 반응을 보여주기 위해 '삐삐' 소리를 규칙적으로 내고 있었다. 의료진은 어떻게든 나를 살리려고 병실을 바쁘게 움직였다. 혈관 주사로 바싹 마른 피부와 피부 조직에 수분을 공급했다. 수액이 몸으로 들어오자, 몸이 부어올랐다. 머리는 멜론 크기로 부풀어올랐고 눈꺼풀이 퉁퉁 부어 눈을 뜰 수 없을 정도였다. 팔다리는 조금이라도 움직이지 않도록 X자 모양으로 침대에 묶였다. 폐가 심각하게 손상되어 숨을 쉬기 위한 호흡관을 삽입해야만 했다. 목에 구멍을 뚫고 화재 연기로 손상된 폐 대신 주입된 관을 통해 산소를 공급했다. 그 때문에 아무런 말도 할 수 없었다. 이것이 부모님이 병실에 들어와 처음 본 아들의 모습이었다. 나는 진정제를 맞고 잠들어 있었다. 미라가 되어 끈으로 단단히 고정된 채 자고 있는 아들의 모습. 이것이 우리 가족이 받아들여야 하는 새로운 현실이었다.

현재 상황과 예후, 생존 가능성은 이미 들어서 알고 있었지만, 병실에서 마주한 내 모습은 부모님에게 너무나 충격적이었다. 엄마와 아빠는 몇 분 동안이나 붕대로 칭칭 감긴 내 머리를 쓰다듬으며 사랑한다고, 힘내라고 말해주었다. 하지만 들어온 지 얼마 되지도 않아 의료진들의 손에 이끌려 다시 밖으로 나갔다. 내가 수술을 받으러 가야 했기 때문이다.

상황의 심각성이 부모님을 짓눌렀다. 엄마는 병원 부속 예배실로 가서 절박한 심정으로 기도를 했다. 아빠는 병원 밖으로 나가 남몰래 눈물을 흘렸다. 앞으로 살아갈 날들이 지독하게 암울해 보였다.

하지만 그날 내 몸을 꽁꽁 감싼 붕대는 이후 5개월간의 재활 치료를 가능하게 해주었다.

신속하게 붕대를 감싼 덕분에 감염되지 않았고, 그 붕대는 치료 기간 내내 안전한 보호막이 되어주었다. 그 덕분에 나는 입원해 있는 동안 누울 수 있었고, 수십 차례에 걸친 수술을 받을 기회가 생겼고, 새로운 살이 서서히 돋아나기 시작했다. 나를 아프게만 하는 것 같던 그 붕대는 죽음의 문턱에 서 있던 나를 서서히 삶의 영역으로 인도해주었다. 퇴원한 이후에도 붕대는 아물지 않고 여전히 쓰라린 상처를 덮고 있었다.

붕대를 감은 지 8개월이 지나서야 마침내 붕대를 풀 수 있었다. 마지막 상처가 아물자, 붕대를 모두 풀었다. 더는 실바딘을 바를 필요도, 붕대로 몸을 꽁꽁 싸맬 필요도 없다. 이제 몸을 가리지 않아도 됐다. 건강을 위해서라도 이제는 피부에 바람을 쐬어야 했다. 상처가 빛을 볼 때가 된 것이다. 그러나 붕대를 모두 푼 뒤에도 나는 계속 몸을 가렸다. 상처를 보호하는 붕대는 풀었지만, 대신 고통스러운 과거와 힘겨운 현재, 불확실한 미래를 감추는 붕대를 감았다.

엄마가 건넨 거울을 보고 내 얼굴이 괜찮다는 사실을 깨달았던 순간, 그때가 바로 내 삶의 변곡점이었다. 나는 상처를 드러내 내가 살아남았다는 기적을 보여주기보다는, 내게 이런 일이 일어나지 않았던 것처럼, 괜찮은 척을 하며 살기로 결심했다.

일 년 내내 긴 팔과 긴바지를 입고 다니며 아무에게도 화상 흉터를 보이지 않으려 했다. 다른 아이들처럼 평범한 피부와 평범한 손을 가지고, 평범한 삶을 살고 싶었다. 나는 휠체어를 타고 싶지도 않았고, 좀처럼 구부러지지도 않는 발목과 펴지지도 않는 관절이 싫었다. 근육과 살이 녹아 버려 뼈대만 앙상하게 남은 팔다리도 싫었다. 그래서 나는 나 자신을 감추었다. 스스로 감은 붕대 속에 갇혀 살았다. 그해 여름만 그랬던 것은 아니다. 그날 이후 무려 20년을 그랬다.

평범함이라는 가면을 쓰다

제모를 하고, 파운데이션을 바르고, 속눈썹을 말아 올리고, 눈썹을 정리하고, 치아를 미백하고…… 우리는 매주 몇 시간씩 거울을 보며 출근이나 데이트를 위해 스스로를 꾸민다. 사실 타고난 아름다움을 조금 더 돋보이게 하기 위해, 자신을 꾸미는 것은 아무런 문제가 없다. 하지만 우리는 거울에 비치는 모습을 꾸미는 것에 그치지 않고, 세상 사람들이 싫어할 것 같은 내 모습을 감추기 위해 훨씬 더 진하고 두껍게 화장을 한다. 서커스 배우처럼 완전히 다른 사람이 되는 가면을 쓰는 것이다. 립글로스를 조금 바르거나 머리카락을 염색하는 수준을 넘어 자신의 진짜 모습을 감추는 가면을 쓴다. 이 가면은 내가 어떻게 살아왔는지, 내게 중요한 것이 무엇인지, 나의 진짜 모습이 어떤지를 가리고, 남들에게 털어놓기 두려운 모든 것을 감춘다. 나의 상처와 나만 알고 있는 이야기, 후회, 꿈, 부끄럽고 보잘 것 없는 모습 등을 숨기는 것이다.

가면은 나의 잠재력을 억누른다.

가장 나다운 것을 감춰버리고, 내가 가진 최고의 장점을 볼 수 없게 만든다.

반짝거리는 나의 이야기가 어두운 세상을 비추지 못하게 한다.

남과 다른 나를 만들어줄 나만의 독특한 경험과 이야기를 검열하여 입을 막는다.

나의 가면은 퇴원 후 뿐만 아니라 초등학교, 중학교, 그리고 그 이후까지 내 생각과 행동에 영향을 미쳤다.

엄마, 아빠. 다음 몇 문장은 건너뛰었으면 좋겠어요. 제발요.

이 부분부터는 아마 읽지 않으시겠지. 이제 됐다. 부모님이 읽지 않으니 하는 말인데, 고등학교와 대학교를 다닐 때 나는 미술이나 음악, 공부, 스포츠에 딱히 재능이 없었다. 아르바이트도 여자친구와 데이트도 하지 않았고, 종교적으로 크게 은혜를 받은 느낌도 없었고, 스스로에 대해 자신감도 없었다. 내가 잘하는 게 뭔지, 내가 원하는 게 뭔지 스스로 절박하게 알고 싶었다.

그래서 새로운 가면을 골라 썼다.

새로운 가면을 쓰니, 상처를 숨긴 채 사람들과 어울리고 뭔가에 뛰어난 재능을 얻은 것처럼 어떤 일이든 자유롭게 할 수 있었다. 그 가면의 이름은 바로 '술'이었다.

나는 오로지 주말만 보고 살았다. 대학 시절 나에게 '주말'은 수요일부터 일요일까지를 뜻했다. 연애를 한 것도 아니고, 일을 한 것도 아니고,

그렇다고 공부를 열심히 한 것도 아니었다. 나 자신보다 훨씬 중요한 대단한 무언가에 몰두한 것도 아니면서, 그저 누구보다 더 자주 놀러 다니고, 더 빨리 술을 마시고, 더 많은 돈을 쓰고, 더 늦게까지 놀기 위해 노력했다. 노력만 한 것도 아니고, 아주 잘 놀았다.

철없던 시절이었다. 유치했고, 무모했으며, 어리석었다. 음주는 열등감에 대처하는 나만의 전략이었다. 그러나 내가 정말로 중독된 건 술 그 자체보다 누군가의 관심을 받는다는 것, 어딘가에 소속되어 있다는 것, 다른 이에게 받아들여진다는 그런 느낌이었다. 나도 남들과 다르지 않다는 느낌, 그리고 사랑받는다는 그런 느낌 말이다.

타인의 시선에 갇혀 날려버린 기회들

평범한 아이처럼 보이려고 발버둥친 어린 시절, 나는 나의 가치가 타인의 시각에 따라 결정된다고 믿었다. 말도 안 되는 소리라는 거 안다.

하지만 잠시 생각해보자. 정도의 차이는 있지만 누구나 이런 믿음을 갖고 있지 않나?

어릴 때는 아주 쉽게 친구들에게 휘둘리며, 친구들이 나를 어떻게 생각하는지가 무척 중요하다. 중학교 조회 시간에 또래 집단의 영향력이 얼마나 대단했는지 기억하는가? 나는 확실히 친구들과 붙어 앉아 잘근잘근 씹어 뭉친 종이를 던지고, 발표자의 말을 무시하면서 멋진 척 폼을 잡았다. 한마디로 어른들이 하지 말라는 행동만 했다. 그게 멋진 건 줄 알았다.

또래 집단의 압력이 존재한다는 사실을 모르는 사람은 없다. 누구나 학창 시절에 친구들의 눈치에 굴복했던 경험을 대수롭지 않게 털어놓는다. 내가 누구고, 어떤 무리가 나와 가장 잘 어울리는지 이리저리 재보려고 애쓴 기억이 떠오르지 않는가. 운동선수, 고스족(고스 록goth rock 등 고스 문화에 심취한 사람 – 옮긴이), 록 밴드, 연극부 등 온갖 종류의 가면을 썼던 그 시절을 회상하면 웃음만 나온다. 하지만 우리가 미처 모르는 것이 하나 있다. *우리가 여전히 그런 가면 놀이에서 벗어나지 못하고 있다는 사실이다.*

생각해보자. 어른이 되어도 우리는 여전히 내가 누구고, 어떤 집단엔 가장 잘 어울리는지 알고 싶어 한다. 대단한 사람과 같이 앉고, SNS 게시글에 '좋아요'를 갈구하고, 잘나가는 무리에 소속되고, 근사한 파티에 초대되고, 돈을 많이 벌고, 멋진 사람들과 어울리는 모습을 보여주길 간절히 바란다.

고등학교는 졸업했지만, 우리는 여전히 그때처럼 집단의 압력에서 벗어나지는 못했다. 심지어 이런 집단의 압력을 부추기는 데 온 힘을 쏟는 산업도 있다. 바로 온갖 광고들이다. 광고를 보다 보면 문득 궁금해진다. 나는 뒤처지지 않았나? 사람들과 잘 어울리고 있나? 진짜로 인정받으려면 어떻게 해야 하지?

물론 광고는 물건을 팔기 위해 존재한다. 그러나 광고 산업의 목표이자 그들의 존재 이유는 우리 마음속에 불만의 씨앗을 심는 것이다. 그리고 그 불만에 대한 해결책으로 상품을 홍보하는 것이다.

왜 수많은 사람들이 카드빚에 허덕인다고 생각하는가? 그것은 앞서 말한 수많은 가면에 대한 대가인 것이다. 무언가를 사는 건 가면을 쓰기 위해서다. 남들이 보기에 좋은 행동을 하고, 좋은 모습을 보이기 위해. 내가 가진 것이 부끄러워서가 아니다. 가지지 못한 것을 들키지 않기 위해서다. 그러다 보면 내가 생각하는 '최고의 나'는 어떤 모습인지 알지 못한 채, 남이 보고 생각하기에 가장 가치 있는 사람이 되기 위해 애쓸 뿐이다. 그러나 우리는 아무리 애를 써도 여전히 너무 뚱뚱하고, 너무 늙고, 너무 가난하고, 너무 주름이 많고, SNS 친구도 너무 없고, 너무 우울하다. 결국 잡지 표지 모델이나 이상적인 삶, 완벽한 이웃과 나를 비교하며 끝없는 패배감에 빠진다. 백전백패다.

다행히도 나는 이제 모든 사람이 하느님을 본따 완벽하게 만들어졌다고 믿는다. 보조개도, 여드름도, 흉터도, 모두 신의 모습이다. 내가 비교해야 할 대상은 지금의 나와 과거의 나, 미래의 나뿐이다.

30년 전, 나는 거울 속에 비친 내 모습을 쳐다보는 게 너무나 두려웠다. 내가 남들과 다른 모습이라는 것이 너무 무서웠다.

"어, 저기 화상 입은 애 지나간다. 몸이 다 녹았어. 징그러워."

이미 내 귓가에는 그런 수군거림이 들리는 듯했다. 그래서 나에게 일어난 일을 부정했다. 내가 살아난 기적과 삶의 경이로움을 세상에 알리고, 우리가 지닌 놀라운 잠재력에 대해 말할 기회를 스스로 날려버렸다.

"존, 자네의 이야기는 뭔가?"

나는 스물일곱 살에 병원 부속 교회의 목사가 되는 교육을 받았다. 처음부터 계획한 일은 아니었지만, 한번 시작한 일은 포기하지 않는 성미라 그냥 끝까지 했다.

그때 나는 부동산 개발업자로 잘나가고 있었지만, 늘 대학교 캠퍼스 안에서 일하는 꿈을 가지고 있었다. 나는 세인트루이스 대학교에 다니던 시절을 사랑했고, 그때의 즐거운 추억을 떠올리며 때때로 대학에 돌아가 학생들과 함께 일할 방법이 없을까 생각했다.

그러던 어느 날 밤 대학 웹사이트를 돌아다니다가 세인트루이스 대학교 목회자 과정에 대한 페이지를 봤다. '바로 이거다!'라는 생각이 들었다. 학생들과 함께하며, 내게 맞는 전공을 택하고, 대학에 온 이유와 역경을 극복할 방법을 스스로 알아내고, 인생에서 정말 중요한 것을 위해 살도록 도울 수 있겠어. 최고야! 이런 저런 고민할 것 없이 그날 저녁 바로 지원서를 작성해 '제출' 버튼을 눌렀다. 다른 문제는 깊이 생각하지 않았다. 그리고 2주 뒤, 합격했다는 전화를 받았다.

학생들의 인생을 바꾸는 일을 하게 되다니, 완벽했다.

이제 제대로 살아보는 거야. 드디어 내가 원하는 삶을 사는 거야!

그런데 생각지도 못한 문제가 있었다. 안내문에서 작은 글씨로 쓰인 부분을 제대로 읽지 않은 게 화근이었다. 이 프로그램은 대학이 아니라 대학병원 부속 교회의 목사가 되는 과정이었다. 학생들에게 격려와 도움을 주는 법이 아니라, 병원에서 가장 두렵고 암울한 순간을 보내고 있는 환자들을 달래고 위로하는 법을 가르치는 프로그램이었다. 아뿔싸!

장점과 약점은 동전의 양면과 같다. 나의 장점은 쉽게 포기하지 않는 것이다. 그 말은 곧 이 프로그램이 내가 원하던 내용과 다르다고 해도, 일단 시작하면 생각해보지도 않았던 길로 들어서게 된다고 해도, 이 프로그램을 이수하기까지 적어도 1년이라는 시간을 바쳐야 한다는 걸 알면서도 지원을 취소하지 않았다는 말이다.

나는 수업에 열심히 참여했다. 낮에는 일하고 밤에는 공부하는 이중생활을 했다. 해야 할 일이 너무나 많았지만 모든 과정을 마쳤다.

병원 목회자 과정을 듣는 동안의 경험과, 이후 시간제 병원 목사로 일한 3년의 시간은 내 인생의 큰 축복과 변화를 불러왔다. 그때의 결정은 실수가 아니라 놀라운 성장과 발견의 시간을 맛보게 한 계기가 되었다.

이렇게 살면서 가장 큰 실수라고 믿었던 선택이 가장 큰 축복이었던 경험을 종종 하게 된다.

초보 목회자로서 병원에서 환자와 상담을 하고 나면, 지도 목회자와 만나서 상담 내용과 결과를 공유하는 시간을 갖는다. 선배 목회자들과의 대화를 통해 우리가 무엇에 더 집중해야 하는지, 무엇을 놓쳤는지, 환자와의 대화를 어떤 식으로 끌어가는 게 더 좋은지, 그리고 우리가 그들의 감정과 생각에 어떤 영향을 미치는지를 좀 더 분명히 알기 위한 시간이었다.

슬프거나, 아프거나, 불안하거나, 외롭거나, 때로는 죽어가는 환자의 이야기를 듣고 대화를 나누는 일은 굉장히 영광스러운 일이자, 한없이 겸

손한 마음을 갖게 하는 값진 경험이었다. 그러나 한편으로는 그들과 함께 하는 시간 자체가 큰 도전이며, 어렵고 고된 일이기도 했다.

아주 힘들고 지난한 사연을 가진 환자와 상담을 마친 뒤, 지도 목회자인 데이비스 박사와 면담을 할 때였다. 데이비스 박사는 차분히 앉아 내가 하는 말에 귀를 기울였다. 의자 등받이에 기대 앉아 두 손을 머리에 올린 채로 중간 중간 좀 더 알고 싶은 것에 대해 질문을 했다. 그러다가 내게 이렇게 물었다.

"존, 자네의 이야기는 뭔가?"

나는 어리둥절한 표정으로 그를 바라보았다.

"지금 제 이야기를 할 때가 아니잖아요. 오늘 제가 만난 환자 이야기를 해야죠!"

그가 나를 빤히 쳐다봤다. 게다가 지난 몇 달 동안 다 말하지 않았는가. 내가 세인트루이스에서 자랐고, 세인트루이스 대학에 다녔다는 사실을 그는 이미 알고 있었다.

"난 진심이네. 자네 이야기를 좀 해봐."

"음, 그게…… 저는 세인트루이스에서 자랐어요. 부동산 개발업자로 일하고 있고……"

그가 내 말을 끊었다. "아니, 그런 거 말고. 존, 자네의 이야기 말일세."

나는 잠시 말을 멈췄다. 도대체 그가 어떤 답을 원하는지 감이 오지 않았다.

"알겠어요, 처음부터 이야기할게요. 저는 여섯 남매 중 넷째로 태어났고 부모님은 고등학교 때 만나 지금까지……"

여기까지 말했을 때, 데이비스 박사가 의자에서 벌떡 일어나는 바람에 하던 이야기를 멈췄다. 그는 캐비닛으로 걸어가 서류를 뒤적거렸다. 나는 약간 짜증이 나서 팔짱을 끼고 그를 쳐다봤다. 데이비스 박사가 찾던 서류를 드디어 찾았는지 종이 한 장을 꺼내 내게 건넸다. "읽어보게."

나는 마지못해 종이를 받아들고 읽기 시작했다. 10년이 넘었지만 나는 아직도 그때 읽은 이야기를 생생하게 기억한다. 종이에는 '메리'라는 이름의 아이에 관한 이야기가 적혀 있었다. 메리는 교실에 들어와 입고 있던 새빨간 재킷을 벗어 바닥에 던지고는 자기 자리에 앉았다. 그 모습을 본 선생님이 그녀에게 재킷을 옷걸이에 걸어두면 좋겠다고 말했다. 메리는 재킷을 흘깃 본 뒤, 다시 선생님을 향해 말했다. "제 재킷이 아니에요."

선생님은 그렇게 중요한 문제는 아니고 혼내지도 않겠다며, 네가 재킷을 바닥에 던지는 걸 봤으니 그 옷을 다시 주워들어 교실 뒤에 있는 옷걸이에 걸어두라고 말했다.

그녀가 다시 선생님에게 말했다. "제 재킷이 아니라니까요. 아까 말씀드렸잖아요."

그러자 반 친구 하나가 끼어들었다. "네가 바닥에 던졌잖아. 그리고 메리 너, 저 재킷 매일 입고 다니잖아."

메리는 팔짱을 끼고 발을 쿵 구르며 소리쳤다. "내 재킷 아니야. 내 재킷이 아니라고!"

나는 글을 다 읽고 데이비스 박사를 멍하니 쳐다보았다.

"이 이야기가 전하려는 메시지가 뭘까?"

음, 이 아이가 망할 재킷을 걸어야 한다는 거요?

데이비스 박사가 고개를 저었다. "존, 누구에게나 이야기가 있다네. 나를 나답게 만드는 자신만의 경험이 있지. 그 경험들은 다른 누구도 아닌 오직 나만이 줄 수 있는 선물이 된다네." 박사는 잠시 말을 멈췄다.

"존, 나는 자네가 왜 목회자 과정을 시작했는지, 자네가 갖고 있는 선물이 무엇인지 모른다네. 다만 이거 하나는 확실히 알지. 자네가 지금까지 어떤 일을 겪었는지, 자네에게 가장 중요한 것이 무엇인지 스스로 알지 못한다면, 절대로 병원 침대에 누워 고통 받는 저 환자들을 도와줄 수 없을걸세. 자신의 이야기를 모르는 목사는 환자들에게 삶에서 가장 중요한 걸 일깨워줄 수 없으니 말이네."

목회자 과정을 수료한 뒤에도 나는 여전히 그 빨간 재킷이 무엇을 의미하는지, 이 아이가 나와 무슨 상관이 있는지 알지 못했다.

나는 원래 배우는 속도가 조금 느리다. 그런데 운이 좋게도 나를 제일 잘 아는 사람들이 더는 팔짱을 끼고 쿨한 척 두고 볼 수 없는 곳에 나의 빨간 재킷을 놓아둠으로써 나의 세상을 흔들어놓았다. 내가 좋든 싫든, 나는 빨간 재킷을 입고 지퍼를 단단히 잠근 채로 절대 벗을 수 없었으며, 교실뿐만 아니라 온 세상에 이 빨간 재킷의 주인이 나라는 사실을 널리 알려야 했다.

가면을 벗고 세상을 마주해라

한때 우리 가족은 그날의 화재를 절대 입에 올리지 않았다.

우리는 견뎌냈고, 살아남았고, 잘 극복했다. 그 사건에 어떤 영향도 받지 않으려고 언급 자체를 피했다. 2003년 11월 22일, 우리 부모님이 교회 좌석의 맨 앞줄에 앉기 전까지는 그랬다.

턱시도 차림의 훤칠한 큰아들 짐이, 그 못지않게 잘생긴 둘째 아들 존의 들러리로 단상에 올랐다. 두 아들과 신부의 들러리로 선 네 명의 딸, 새하얀 드레스를 입고 곧 한 가족이 될 베스라는 아름다운 여인을 바라보며 부모님은 깨달았다. 수십 년 전 우리 가족을 덮진 그 끔찍한 비극이 드디어 행복한 결말을 맞았다는 사실을 말이다.

그날의 화재는 어린 아들의 삶을 바꿔놓았지만 빼앗아가지는 못했다. 아들은 그의 삶을 스스로 만들어나갔다. 오히려 너무나도 완벽한 이날, 이곳, 이 교회, 이 단상에서의 해피엔딩으로 이끌어주었다. 수차례의 치료와 수술, 절단, 흉터, 고된 시련들이 마침내 화려한 축제의 시간이 되어 정점을 찍었다. 하나의 기적이 다른 기적으로, 그리고 또 다른 기적으로 이어졌다. 독자들도 내 아내를 만나보면 왜 이것이 기적인지 알게 될 것이다. 화상을 입은 소년은 그로 인해 더 큰 축복을 받았다. 내 아내는 내면도 외면도 아름다운, 끝내주는 미인이기 때문이다.

예식이 끝나고 베스와 내가 단상에서 걸어나올 때 부모님은 감사함으로 마음이 벅차올랐다고 한다. 그동안 나를 치료해주신 의사 선생님, 함께 눈물 흘리고 걱정하며 기도해주었던 가족과 친구들, 그리고 무엇보다 이 기적을 가능하게 해준 하느님께 한없이 감사했다.

결혼식이 끝나고 일주일도 안 되어 부모님은 그동안의 일을 책으로 쓰기 시작했다. 책에는 어린 아들이 죽을 만큼의 화상을 입었다는 충격적인 소식과 마주했던 부모님의 이야기가 실렸다. 아들이 수술을 받을 동안 대기실에서 초조하게 결과를 기다려야만 했던 수개월의 시간과 이웃과 가족들의 위로와 도움, 그리고 이제 건강을 되찾은 아들의 기적에 대한 부모님의 이야기였다.

그렇다, 부모님의 이야기……. 그런데도 두 분은 책 표지에 내 사진을 넣기로 결정했다.

그 사진은 내가 퇴원한 직후에 찍은 사진이었다. 야구 모자를 눌러쓰고 얼굴과 목에 새빨간 흉터가 있는 모습이었다. 목에는 두껍고 하얀 목 보호대를 하고 있었고, 최근에 받은 기관절개술의 흔적이 아직 남아 있으며 팔에는 여전히 부목을 대고 있었다.

그 사진을 볼 때마다 내가 남과 다르다는 사실이 뼈저리게 느껴졌다. 그날의 화재가 내 모습을 어떻게 일그러뜨렸는지, 그리고 그 후 20년 동안 평범하게 보이고 싶어서 얼마나 애를 썼는지 모든 것이 생생하게 떠올랐다. 그 사진은 남들처럼 보이고 싶고, 행동하고 싶고, 생각하고 싶어 괴로워했던 지난날을 생각나게 했다. 하지만 결코 보통 사람이 될 수 없었고, 사람들 사이에 자연스럽게 섞이지 못한다는 사실을 되새기게 했다.

나는 그 사진이 정말 싫었다.

부모님이 책을 쓰기 시작한 지 얼마 되지 않았을 때, 나는 부모님이 책을 쓴다는 게 마음에 들지 않았다. 남들에게 들려줄 이야기 따위는 없으니 제발 과거를 들추지 말라고 했다. 그래서 고작 한다는 말이, "그 책을 누가 읽겠어요, 누가 그런 얘기에 신경이나 쓸 것 같아요? 아니, 컴퓨터도 켤 줄 모르는 분들이 무슨 책이에요?"라며 비아냥거렸다. 그러고는 그냥 이 이야기는 가슴속에 묻어두는 편이 낫겠다고 부모님을 설득했다.

하지만 결국 부모님은 책을 썼다. 『엄청난 역경』이라는 제목도 붙였다. 내가 하는 말을 완전히 무시해버린 거다. 젠장.

그런데 그 책이 내 인생을 완전히 바꿔놓았다.

상상해보아라. 공들여 만든 가면을 쓰고 평생 그 뒤에 숨어 살았는데, 그 가면이 한순간에 사라진 것이다. 그때까지 나는 가면을 쓰고 '나는 괜찮아', '아무 문제없어', '나는 무엇에도 중독되지 않았어', '나는 걱정이 없어', '나는 상처가 없어'라고 되뇌고 있었다. 그런데 부모님이 그 가면을 벗겨 조심스럽게 탁자 위에 내려놓고는 거대한 망치로 때려 부순 것이다.

이제 온 세상이 내 진짜 모습, 망가진 나의 모습과 이야기를 보고 읽을 수 있게 되었다. 정말 벌거벗은 채로 시내 한가운데 서 있는 기분이었다. 그러나 부모님이 쓴 책을 읽으며 나는 새로운 사실을 깨달았다. 그때 처음으로, 그날의 화재로 화상을 입은 사람이 나뿐만이 아니라는 것을 알았다. 형도 몸과 마음의 상처를 입었다. 누나들과 여동생들도 눈앞에서 내가 불타는 걸 목격한 충격에 수면제와 안정제를 먹어야만 잠이 들 수 있었고, 내가 죽을지도 모른다는 생각 때문에 매일매일 불안함과 두려움에 시달려야 했다. 부모님은 말할 것도 없었다. 부모님, 불쌍한 우리 부모님. 내가 몸으로 느꼈던 그 아픔보다 그들이 느꼈던 정신적인 고통은 여러 면에서 훨씬 더 가혹한 것이었다.

나의 이야기가 지역 사회를 움직였다는 사실도 깨달았다. 이웃들은 불에 타버린 우리 집이 복구될 때까지 나의 형제 자매들을 돌봐주었다. 우리 가족을 위해 성금을 모으고, 헌혈을 하고, 기도를 하며 음식을 가져다주었다. 그때까지 나는 이 기적이 오로지 내 것이라고 생각했었다. 이렇게 많은 사람들의 진심어린 도움과 간절한 기도가 모여, 기적을 이루어냈다는 사실을 미처 생각하지 못했던 것이다.

책의 마지막 페이지를 덮으며 내가 알던 모든 것이 달라 보였고, 또 내가 기적이라고 생각했던 사건의 의미가 처음으로 분명해졌다. 나의 이야기가 마치 안개가 걷힌 것처럼 분명하고 또렷하게 보였다.

아, 이 모든 것이 선물이었구나.

화재. 병원. 수술. 통증. 흉터. 그리고 두려움과 고통까지……. 그게 다 선물이었다. 전부 다.

그날의 화재가 오늘의 나를 만들었다. 그간의 시련은 나의 생각과 행동, 인격을 만드는 중요한 선물이었고, 나를 인도하는 믿음이 되었으며, 지금의 내 삶과 그리고 내 앞에 놓인 가능성의 문을 열어주었다. 물론 언제나 완벽하지는 않았다. 늘 내가 원하는 대로 풀리지도 않았고, 내가 간절히 원했던 그런 삶도 아니다. 하지만 어쨌든 이것이 내 인생이었다. 나의 이야기, 나의 빨간 재킷이다. 그리고 지금이 바로 내가 이 빨간 재킷의 주인이라고 당당히 말할 순간이다.

다만, 이것을 명심해야 한다. 빨간 재킷을 입는 건 동정을 얻기 위해서가 아니라, 동정을 갈구하는 욕망에서 벗어나기 위해서다. 중요한 문장이니 다시 읽어봐도 좋다. 빨간 재킷을 입는다는 건 가혹한 어린 시절이나, 형편없는 결혼 생활, 초라한 환경, 시원찮은 직장, 보잘 것 없는 인생을 떠올리게 하는 것이 아니다. 웅덩이에 고여 매일매일 썩어가는 현재의 삶에 정당성을 부여하기 위한 것도 아니다. 빨간 재킷을 당당히 입는 건 과거의 시련에서 교훈을 얻고, 그로 인해 생긴 흉터를 자랑스럽게 여기고, 시련을 원동력으로 삼아 보다 훌륭한 미래를 개척하기 위해서다.

그래서 나는 나의 빨간 재킷을 입기로 했다. 끔찍한 과거를 떠올리게 하는 흉터가 남아 있어도 괜찮다. 부모님이 쓴 책을 읽고 나서, 20년 동안 꽁꽁 싸매두었던 나의 흉터는 영광의 훈장으로 바뀌었다. 흉터가 사라진 것은 아니다. 하지만 상처가 아물고 난 자리에 남은 흉터는 상처가 다 나았다는 기적의 증거다. 흉터를 감춘다는 것은 세상 사람들이 그 증거를 볼 기회를 빼앗은 것이다. 질문할 기회, 소통할 기회, 공유할 기회, 성장할 기회, 살아나갈 기회, 빛날 기회. 이 모든 것을 빼앗는 것이다.

책장을 덮어 표지에 나온 사진을 다시 바라보았다.

사진 속에는 여전히 흉터가 있고, 부목을 댄 소년이 있었다. 그러나 책을 읽고 보니 그전에는 보이지 않던 것이 보였다. 고통의 굴레를 벗은 희망이 보였다. 몸은 다소 망가졌지만 그에 굴하지 않기로 결심한 소년이 보였다. 환한 미소와 기쁨이 흘러넘치는 눈빛이 보였다. 죽음의 문턱에서 살아남아 고된 여행의 끝자락에 서 있는 소년이 아니라, 기대와 흥분을 안고 설레는 마음으로 이제 막 인생의 출발선에 선 소년이 보였다.

저마다의 황금을 찾아라

'프라 푸타 마하 수완 파티마콘Phra Phuttha Maha Suwan Patimakon'이라는 불상에 대해 들어본 적이 있는가? 나도 없었다. 최근까지는 그랬다. 얼마 전 강연 일정으로 방콕을 방문했을 때 어느 택시 운전사 덕분에 그게 무엇이고, 왜 중요하며, 어째서 내가 그 불상을 꼭 보아야 하는지를 알게 됐다.

운전사의 설명에 따르면 700년 전 거대한 황금 불상이 있었다고 한다. 높이가 3미터에 달하고, 무게가 5,000킬로그램에 이르는 당시 세계에서 가장 큰 황금 조각상이었다. 그리 크지 않은 사원에 세워진 이 불상은 수백 년 동안 많은 사람들에게 경배와 공양의 대상이었다. 그런데 1700년대 중반, 미얀마가 태국을 침략하면서 불상이 있던 사원도 위기에 빠졌다. 사원의 수도승들은 소중한 황금 불상을 지킬 묘책을 궁리했다. 침략자들이 그 불상을 발견하면 훔쳐갈 것이 뻔했기 때문에, 수도승들은 불상 전체에 석고를 두껍게 바르고 색유리 조각을 군데군데 박아 넣기로 했다. 엄청난 존재감이 느껴졌던 불상은 순식간에 평범한 조각상의 모습으로 바뀌었다.

침략자들은 이 불상의 진정한 가치를 알아보지 못했다. 두꺼운 석고칠 안에 무엇이 숨어 있는지 상상도 하지 못했다. 조각상에 숨겨진 진짜 아름다움은 그렇게 감춰진 채 전 세계 사람들의 기억 속에서 잊혀졌다. 무려 200년 동안!

1954년, 사람들은 이 거대하고 아주 오래되었지만 그다지 인상적이지는 않은 석고 조각상을 새로운 장소로 옮기기로 했다. 기록에 따르면 불상을 옮기는 건 그때가 처음이었다. 사원만큼이나 오랫동안 그 자리에 있던 불상을 인부들이 천천히 들어올렸다. 그런데 밧줄이 불상의 무게를 이기지 못하고 끊어져버렸다. 불상은 땅에 떨어졌고 그 바람에 표면에는 작은 금이 생겼다. 갈라진 틈 사이로 희미한 빛이 반짝였다. 그걸 본 인부들이 그 주변을 조금 벗겨냈다. 그러자 생각지도 못했던 황금 불상의 아름다운 자태가 드러났다. 200년 동안 감춰두었던 숨 막히도록 화려한 광채가 드러나는 순간이었다.

인적 드문 사원의 비 새는 양철 지붕 아래, 방치되어 있던 불상은 방콕에서 가장 유명하고 번화한 장소로 옮겨졌다. 두꺼운 장막이 걷히고, 가면 아래 숨겨져 있던 찬란한 아름다움이 다시 온 세상에 공개된 것이다.

이 놀라운 이야기는 우리 각자의 이야기가 얼마나 중요한 진실을 숨기고 있는지 보여준다. 우리의 이야기는 저마다 엄청난 가치와 아름다움을 지니고 있을 뿐 아니라, 영감에 목마른 세상은 당신의 이야기를 간절히 듣고 싶어 한다. 이제 그만 우리를 덮고 있는 석고 껍데기 같은 붕대와 가면을 벗어던지고 우리 삶의 기적이 환하게 빛날 수 있도록 해야 할 시간이다. 정말로 충만하고 행복한 인생을 살기 원한다면, 자신의 이야기를 끌어안고 놀라운 삶의 기적을 축복해야 한다.

나는 당신이 어떤 이야기를 가지고 있는지 잘 모른다. 하지만 누구나 인생에서 큰 상처를 입고, 가혹한 시련에 맞서고, 휘몰아치는 폭풍을 견뎌내야 한다는 것은 알고 있다. 누군가는 부모님이나 자녀, 또는 친구를 잃을 수도 있고, 사업이나 결혼에 실패하거나, 오랫동안 간직했던 꿈을 포기해야 했을지도 모른다. 우리는 모두 정신적으로, 육체적으로, 또 경제적으로 비틀거리기 마련이다. 그러나 실패에서 교훈을 얻는 사람에게, 실패가 남긴 흉터는 숨겨야 할 약점이 아니라 축하받아야 마땅할 힘의 상징이 된다. 약점이 아닌 강점이 되는 것이다.

흉터는 감추면 보이지도 않고, 빛이 바래 쓸모가 없어진다.

그러나 드러내면 비로소 밝게 빛나 온 세상에 감동을 줄 수 있다.

가장 어두운 곳에서 시작된 빛이 온 세상을 밝힌다

나는 기업가를 대상으로 워크숍을 진행할 때 늘 간단한 자기소개를 시킨다. 그러면 참가자들은 보통 자신의 이름과 운영하는 회사, 하는 일, 직원 수 같은 피상적이고 깊이가 없는 정보만 말한다. 진정한 소통을 하려고 하지도 않고, 속마음을 드러내지도 않는다.

그래서 나는 항상 자기소개를 한 번 더 시킨다. 첫 번째 자기소개와 달리 사람들에게 가면을 벗어달라고 요청한다. 좀 더 깊은 내용을 담을 수 있게, 조금 더 친밀해지도록 분위기를 바꾸는 두 번째 자기소개는 다음과 같다.

　"네, 네, 모두 만나서 반갑습니다. 그런데 소개를 듣기 전보다 여러분에 대해 더 모르겠네요. 다시 해봅시다. 돌아가면서 소개를 하는데요, 이번에는 조금 다른 얘기를 해보겠습니다. 우리가 진짜 친한 친구 사이라면 어떨까요? 함께 사는 가족이라면 어떨까요? 오늘 이 시간을 정말 의미 있는 시간으로 만들기 위해, 이렇게 해봅시다. 자기소개의 첫 문장을 이렇게 시작하는 거예요. 나를 정말 잘 아는 사람이라면 알겠지만, 사실 나는……"

　누구에게나 자신만의 이야기가 있지만, 보통은 세상에 알리고 싶어 하지 않는다. 그래서 나는 이런 자기소개를 통해 참가자들이 내면으로 들어가, 더 많은 감정을 느끼고 깊은 이야기를 나누고 이 시간 이후 자신의 삶을 조금 더 충실히 살아갈 수 있도록 이끈다.

　이 훈련을 처음 시도한 워크숍이 아직도 생생히 기억난다. 플로리다 주 마이애미에서 열두 명의 사업가를 대상으로 열린 워크숍이었다. 내 왼쪽에 앉은 남자를 시작으로 한 명씩 돌아가며 '진짜' 자기소개를 시작했다. 그가 자리에서 일어나 나를 한 번 보고는 조심스럽게 입을 열었다.

　"저는 겉으로는 근사한 양복을 빼입고 늘 당당하게 행동하지만, 사실 지금 사업에서 앞으로 어떻게 해야 할지 완전 헤매고 있고, 열다섯 살 된 아들을 어떻게 대할지는 더더욱 모르겠습니다." 남자가 자리에 앉았다.

그 순간 분위기가 달라졌다. 방에 있던 모든 사람들이 느낄 수 있을 정도였다.

팔짱을 끼고 있던 몇몇 사람들이 팔짱을 풀었고, 다리를 꼬고 엉덩이를 의자 끝에 걸치고 비스듬히 앉아 있던 사람들이 자세를 바로 잡았다. 마음이 열리기 시작했다는 뜻이었다. 방 안이 뭔가 가능성과 희망으로 채워졌고, 환한 불빛이 비추기 시작한 것 같았다.

다음 사람이 일어섰다. "저는 저희 애들이나, 친구들, 직원들이 저를 어떻게 대하는지에 대해 아주 병적으로 예민해요. 제가 어렸을 때 그런 일로 상처를 입었거든요."

드디어 시작됐다! 피상적인 대화가 서서히 진짜 속마음을 드러내는 대화로 바뀌고 있었다. 이제 방 안에 모임 사람들은 한 사람씩 돌아가며 진실하고 생기 넘기는 자신의 이야기를 털어놓기 시작했다.

어느 여성 참가자가 말했다. "내 삶은 공허합니다. 제가 아이를 가질 수 없거든요."

또 다른 여성이 말했다. "저는 4년 전 오빠 부부가 자동차 사고로 죽은 뒤로 조카를 키우기 시작했어요. 지금은 다섯 살짜리 아이의 엄마가 되었고요."

누군가는 이렇게 말했다. "저는 원래 재미있는 사람인데요, 아무도 몰라요. 제가 너무 낯을 가려서 사람들 앞에 나서기를 꺼리거든요."

마지막으로 어느 남성 참가자에게 순서가 돌아갔다. 그가 자리에서 일어나 방 안에 있던 모든 참가자와 눈을 맞추고는 아주 천천히 입을 열었다. "제가 일곱 살 때 아버지가 살해당했습니다. 어머니와 저는…… 감사했습니다. 그 살인자에게요."

누구도 예상하지 못한 이야기에 나도 충격을 받았다. 이런 엄청난 이야기를 털어놓았다는 데 놀라기도 했지만 무엇보다 자신이 느꼈던 감정을 그대로 인정할 수 있는 용기가 더 놀라웠다. 남자는 조심스럽게 가면을 벗고, 그가 인생에서 겪은 이야기를 솔직하게 나누었다. 그가 가면을 벗은 것이 그때가 처음이었는지 아닌지는 알 수 없다. 그러나 그 순간 진실의 빛이 온 방 안을 밝게 비춘 것만은 분명했다.

내가 제일 좋아하는 작가 헨리 나우웬은 이런 말을 했다. "사람들은 사적인 삶과 공적인 삶을 구분하면서 '내가 사적으로 무엇을 하든 남들은 상관할 바가 아니야'라고 말하고 싶어 한다. 하지만 영적으로 충만한 삶을 살려고 노력하는 사람이라면 가장 개인적인 이야기가 가장 보편적인 이야기이며, 가장 깊은 곳에 숨겨둔 이야기가 누구나 가장 공감할 만한 이야기라는 사실을 곧 깨달을 것이다."

내면의 가장 어둡고 깊숙한 빛을 비추는 빛은 온 세상을 밝힐 수 있다.

우리가 상처를 받고, 그 상처가 치유되는 순간에 우리는 다른 사람들과 연결된다. 자라는 곳과 다니는 학교는 다를 수 있다. 직업과 가족도 다르다. 그러나 사무치게 저린 외로움의 무게와, 쓰라린 인생의 고통, 사랑받지 못하는 것에 대한 두려움을 우리는 모두 똑같이 알고 있다.

외로움과 두려움은 우리 모두를 하나로 묶어준다. 우리는 자주 사람들을 밀어낸다. 그들에게 가장 아픈 곳을 들킬지도 모른다는 두려움에, 다시 상처받지 않기 위해. 그러나 당신의 아픈 곳이야말로 우리가 함께 나눠야 할 이야기다. 그런 아픔이 우리가 같은 사람이라는 것을 의미하고, 그 각자의 아픔으로 인해 우리는 서로를 이해하며 함께할 수 있다.

의식하든 의식하지 못하든 지금 이 순간은 당신 인생의 변곡점이다. 모든 순간이 그렇다. 매 순간 인간은 누구나 힘든 일을 겪고 있다는 사실, 그러니 인생의 가장 어려운 순간을 지나고 있는 당신이 외로워할 필요가 없다는 사실을 깨달아야 한다. 직장에서 힘든 하루를 보내고 지칠 대로 지쳐 사표를 내고 싶었던 적이 있는가? 계속 가면을 쓰고 홀로 고통스러워 할 수도 있겠지만, 가면을 벗고 가장 가까이에 있는 누군가에게 지금 당신의 감정이나 마음을 솔직히 털어놓을 수도 있다.

아이들 때문에 머리를 쥐어뜯고 있는가? 답답한 마음에 가슴이 터질 것 같은가? 마음 같지 않은 아이들 때문에 속이 상하고 밥도 잘 넘어가지 않는가? 실망과 분노로 얼룩진 미칠 것 같은 감정을 아이들에게 화풀이하듯 쏟아낼 수도 있지만, 가까운 이웃을 만나 지금의 어려움과 나의 심정을 토로하며 공감을 얻을 수도 있다.

너무 많은 일이 한꺼번에 터져서 도저히 감당할 수 없는 상황에 처해 있는가? 스트레스로 죽을 것만 같은가? 모든 에너지가 소진되고 완전히 지쳤는데도, 내색하지 않고 계속 끙끙거리며 지낼 수도 있다. 하지만 친구들에게 문자로라도 지금 내가 얼마나 힘든지, 얼마나 큰 부담감을 안고 있는지 털어놓은 뒤 어쩌면 그 친구도 나와 다르지 않다는 사실을 깨달을 수도 있다.

이것이야말로 진짜 인생을 사는 것이다. 테이블을 사이에 두고 차를 한잔 마시면서 이야기를 나누는 순간, 일과를 마치고 사랑하는 이와 침대에 누워 대화를 나누는 순간, 경계심을 늦추고 나의 세상살이와 진심을 공개하는 순간이 모여 진정한 삶을 이룬다. 내가 먼저 나의 가면을 내리고 우리를 빛나게 하면, 다른 이들이 느끼는 어둠을 환한 빛으로 밝힐 수 있다. 그리고 나도 경험했지만, 가면을 벗어던지고 마음속 가장 깊은 곳을 드러내면 사람들은 보통 밀어내기는커녕 이런 멋진 말로 화답한다. "당신도 그래요?"

아직까지도 진정한 나를 감추는 가면을 골라 쓰고, 인스타그램과 페이스북에 찍어 올릴 사진을 위한 완벽한 삶을 사는 연기를 하고 있다면, 이런 순간은 절대 오지 않을 것이다. 충만하고 행복한 삶을 사는 사람은 자신의 가치를 알고, 그 이야기의 주인공으로 사는 것을 두려워하지 않는다. 험난한 인생의 길을 걷다가 얻게 된 수많은 흉터를 자랑스러워하자. 거짓 없는 인생을 살 능력과 의지가 생길 것이다.

흉터를 숨기는 사람은 자신이 어떤 삶의 선물을 받았는지 영원히 깨닫지 못한다.

자신이 가진 흉터를 인정하지 못한 채 그 흉터를 결코 아름답게 볼 수 없을 것이고, 어두운 세상을 자신의 이야기로 환하게 밝힐 기회조차 갖지 못할 것이다. 그런 사람은 자신을 기다리는 세상도 절대 발견할 수 없다.

흉터, 상처가 잘 아물었다는 증거

때로는 타인의 눈을 통해 나의 흉터가 얼마나 아름다운지 새삼 깨달을 때가 있다.

어느 날 아침 욕실에서 면도를 하며 출근 준비를 할 때였다. 변기 시트에 앉아 내가 면도하는 모습을 구경하는 아들 잭에게 플라스틱 덮개를 씌운 면도기 하나를 가지고 놀도록 건네주었다. 잭은 면도기를 들고 내 행동을 그대로 따라했다. 오른쪽을 밀면 잭도 오른쪽을 밀고, 왼쪽을 밀면 그도 왼쪽을 미는 시늉을 했다. 그러다 잭이 멈췄다. 면도 놀이를 멈추고 내 몸을 쳐다보는 것이었다. 나는 온몸에 흉터가 있지만 특히 배 부분에 있는 흉터가 가장 크고 징그러웠다.

모른 척 계속 면도를 하고 있었지만 잭의 머릿속이 바삐 움직이는 게 보였다. 그가 변기에서 내려와 내 쪽으로 걸어와서는 나를 올려다보았다. 그리고 손을 뻗어 집게손가락으로 흉터를 만지면서 말했다. "아빠?"

왜, 아들. 무슨 할 말 있니?

나는 곧 나누게 될 어색한 질문과 대화를 상상하며 마음을 단단히 먹었다. 아들의 질문에 어떤 식으로 대답할지 미리 머릿속으로 이야기를 만들어봤다. 그날의 화재 사건을 어디까지 자세하게 설명할지, 화상에 대해서는 어떻게 이야기할지, 친구들한테는 아빠가 겪은 일에 대해서 어떻게 이야기할지……. 잭이 당황하거나 겁먹지 않도록 말하려면 어떻게 해야 할지 고민했다. 한참 동안 내 배를 만지던 잭이 말했다.

"아빠, 아빠 배가 빨갛고 울퉁불퉁하고 산마루 같아요."

그리고 덧붙였다. "진짜 멋져요!"

잭, 고마워. 아빠도 멋지다고 생각한단다.

거부할 것인가 VS 받아들일 것인가

폐허가 있는 곳에는 보물을 찾을 기회가 있다

– 루미

자, 이제 당신의 이야기를 꺼내보아라.
아직도 SNS 프로필에 올릴 만한 이야기나,
이력서에 적을 만한 이야기를 꺼내려고 했다면
지금 당장 거울 앞에 서서 당신의 가면을 벗어라.
거울 속에 빨갛고 쭈글쭈글한 상처나 흉터가 보일지라도,
이제는 그 모든 것을 끌어안고, 받아들여라.

상처는 감추면 감출수록 덧날 뿐이고,
흉터는 상처가 아물고 남은 자국일 뿐이다.
과거의 힘겨운 시련에 맞서 싸운 훈장을 자랑스러워해라.
그리고 거울에 비친 바로 그 모습을 사랑해라.
당신과 당신의 이야기가 지닌 가치와 힘을 깨달아라.
똑같은 상처, 똑같은 흉터, 똑같은 지혜를 가진 사람은 없다.
오직 당신뿐이다.

울퉁불퉁한 흉터를 가진 내 진짜 모습을 사랑해라.
그 흉터가 오늘의 당신을 만들었고,
미래에 대한 가능성의 문을 열어줄 것이다.

나의 모든 흉터까지 끌어안는 삶을 선택해라.

모든 것을 다 걸었는가?

Are you all in?

무관심의 불을 끄고, 잠재력에 불을 붙여라.
그리고 목적의식의 힘을 깨달아라.

▼

믿음은 빛 속에서 경험한 일을
어둠 속에서 떠올리는 것이다.

– 리처드 로어

일상 속에 숨어 있던 영웅들

괜찮아질 거야.

엄마와 아빠가 계속 하는 말이다. 목에 꽂힌 튜브를 곧 뺄 수 있을 거라고, 그러면 다시 말할 수 있을 거라고 말한다. 곧 몸 상태가 좋아져 더 많은 친구들이 병문안을 올 거라고, 그러면 심심하지 않을 거라고 말한다. 점점 좋아지고 있고, 그러면 집에 갈 수 있을 거라고 말한다. 하지만 시간이 지나도 나는 여전히 침대에 묶여 아무것도 할 수 없고 지독한 통증에 시달린다. 그런 날은 내가 정말 좋아지고 있는지 의심이 든다. 오늘이 바로 그런 날이다.

엄마가 힘내라며 우편으로 온 카드를 읽어주었다. 하루 중 이 순간이 제일 좋다. 매일 카드가 한 상자씩 왔다. 지금까지도 세계 곳곳에서 보내온 카드를 받고 있다. 정말 멋진 일이다.

학교에 다니는 어린아이부터 교회에 다니는 할아버지와 할머니까지. 도대체 이 분들이 내 이야기를 어떻게 알았는지 모르지만, 카드를 보면 전 세계의 수많은 사람들이 우리 가족을 응원해주고, 우리를 위해 기도

해주는 것 같다. 심지어 로널드 레이건 대통령이 서명한, 백악관에서 보낸 편지도 받았다. 바티칸 교황청에서 보낸 편지도 받았다. 이런 편지를 받는다고 해서 고통이 줄어들지는 않지만, 사방의 벽이 자신을 위한 쾌유 기원 카드로 도배된 병실에 입원한 아이가 세상에 얼마나 되겠는가? 교황에게 편지를 받는 아이는 또 얼마나 되겠는가?

엄마가 편지를 읽기 시작하자, 아빠가 내게 다가와 이마에 뽀뽀를 해주었다. 그러고는 곧 돌아오겠다며 병실을 나섰다. 엄마는 병실에 남아 계속해서 큰 소리로 카드를 읽어주었다. 몇 분 뒤 병실의 커다란 미닫이 유리문을 열고 아빠가 다시 돌아왔다.

"존, 널 꼭 만나고 싶어 하는 특별한 손님이 왔단다."

아빠 뒤로 노란색 병원 가운과 노란색 부츠, 노란색 마스크, 노란색 모자, 노란색 고무장갑 차림의 한 남자가 들어오는 게 보였다. 엄마와 아빠는 항상 이 복장으로 나를 만나러 왔다. 의사와 간호사도 그랬다. 감염을 막으려면 어쩔 수 없었다. 노란 사람들이 내 방을 들락날락하는 것에는 익숙해져 있었다. 그런데 지금 방으로 들어온 사람은 뭔가 달랐다. 그냥 한 눈에 보기에도 달라 보였다. 눈만 빼고 몸 전체가 노란색 보호 장비로 덮여 있었다. 언뜻 보면 노란 옷을 입은 덩치 큰 도둑 같았다. 그가 점점 내 쪽으로 다가왔다.

그가 누구인지 전혀 감이 오지 않았다. 그의 목소리를 듣기 전까지는.

"안녕, 몸은 좀 어때? 땅꼬마야."

이런 맙소사.

나를 땅꼬마라고 부르는 사람은 세상에 한 명 뿐이다.

어렸을 때 형이 붙여준 별명. 나는 그 별명이 정말 싫었다. 그렇게 부르지 말라고 수없이 얘기했는데도 형은 내 말을 듣지 않았다. 그래서 형이 나를 그렇게 부를 때마다 싸웠다. 그럴수록 바보 같은 형은 그 별명으로 아예 노래를 만들어 불렀다. 하지만 오늘은 그토록 듣기 싫은 별명을 들어도 화가 나지 않았다. 형을 때리고 싶은 생각도 들지 않았고, 싸우고 싶지도 않았고, 전혀 밉지 않았다. 할 수만 있다면 침대에서 일어나 그를 안아주고 싶었다. 내 목소리로 그에게 고맙다고 말하고 싶었다.

형을 마지막으로 본 건 불이 난 그날이었다.

형은 나와 함께 구급차를 타고 병원에 가려 했지만 탈 수 없었다. 구급대원이 구급차의 한쪽 문을 닫고 함께 갈 수 없다고 했다. 나는 겨우 힘을 짜내서 형을 태워달라고 애원했다. 형이니 같이 가야 한다고 말했다. 혼자 있기에는 너무 무섭고 두려웠다. 그래도 구급대원은 안 된다고 했다. 그러고는 나머지 문을 마저 닫고 "출발하세요"라고 외쳤다. 구급차는 요란한 사이렌 소리와 함께 급하게 출발했다.

아, 내 평생 그렇게 외로웠던 적은 처음이었다. 구급차의 뒷문으로 뚫린 작은 창문 너머로 형이 보였다. 난생 처음 보는 구급대원에게 이런저런 질문을 받으며, 창문을 통해 도로 한가운데에 서서 얼빠진 표정으로 구급차가 떠나는 걸 지켜보는 형을 바라보았다. 그 순간 나는 정말이지 너무 무서웠다. 그때부터 줄곧 형에게 하고 싶은 말이 있었다. 몇 주가 지

난 지금도 형에게 그 말을 꼭 전하고 싶었다.

나는 아빠에게 글자판을 가져다달라는 신호를 보냈다.

아빠가 글자판을 집어, 첫 번째 줄을 가리킨 다음, 내 신호에 따라 두 번째, 세 번째 줄을 차례로 가리켰다.

A B C D E F G H I

J K L M N O P Q R

S T U V W X Y Z

혀를 찼다. 그러자 아빠가 세 번째 줄의 글자를 하나씩 짚는다.

S······ T······ U······ W······ X······ Y······ 쯧!

Y. 아빠는 Y를 받아 적은 다음, 다시 시작했다.

첫 번째 줄을 가리킨 다음, 두 번째 줄을 가리킨다. 쯧!

J······ K······ L······ M······ N······ O······ 쯧!

YO.

다시 첫 번째 줄, 두 번째 줄, 세 번째 줄을 차례로 가리킨다. 쯧!

S······ T······ U······ 쯧!

첫 번째 단어가 완성된다. YOU(형은).

글자판에서 얼굴을 돌려 형의 눈을 바라보았다. 눈 말고는 얼굴 전체가 마스크에 가려져 있었지만, 형의 눈이 웃고 있었다. 다시 글자판을 보며 아빠의 도움을 받아 두 번째 단어를 만들었다. SAVED(살렸어).

나는 항상 형이 나를 싫어한다고 생각했다. 나보다 여덟 살이나 많으면서 형은 가끔씩 정말 못되게 굴었다. 내가 자기 친구들과 놀지 못하게 하고, 고약한 욕도 하고, 잔디를 깎고 나서 냄새나는 자기 양말을 내 코에 갖다 대기도 했다. 하지만 병원 침대에 누운 채, 형을 바라보며 그동안 형이 나를 위해 했던 일을 돌이켜 생각해보니 한 가지 사실이 확실해졌다.

형은 나를 좋아했다. 아니, 사랑했다. 게다가 형은 이제 나의 영웅이다.

드디어 마지막 단어를 완성했다. ME(나를).

YOU SAVED ME(형은 나를 살렸어).

형이 고개를 가로저었다. "아니. 내가 살린 게 아니야, 존. 진짜 영웅은 너야. 정말 힘든 일을 견뎌내고 있구나. 이제 점점 좋아질 거야. 얼른 나아라, 땅꼬마."

아니야. 형은 나를 살렸어.

◆　◆　◆

'영웅'이라는 단어를 들으면 무엇이 떠오르는가? 아마도 영화에 나오는 슈퍼 영웅이 떠오를 것이다. 슈퍼맨? 배트맨? 원더우먼? 아니면 위험한 상황에서 무사히 항공기를 허드슨강에 불시착시켜 승객 모두를 살린 체슬리 설렌버거 기장과 같은 뉴스에 나오는 영웅을 떠올릴 수도 있다.

또 누가 떠오르는가? 소방관이나, 경찰관, 군인이 떠오르는가? 물론 누군가의 생명을 구하기 위해 자신의 목숨을 거는 사람은 분명 영웅이다.

누구나 두려워하는 상황에서 외면하지 않고 용감하게 나서서 자신을 돌보는 대신 다른 사람을 위해 앞장서는 사람도 당연히 영웅이다. 남들이 모두 도망칠 때 계속 앞으로 나아가는 사람 역시 영웅이다. 그러나 이런 영웅들이 항상 대단한 능력을 발휘하는 것은 아니다. 대다수의 영웅은 만화책이나 뉴스에 등장하는 것처럼 화려하지 않다.

일상 속에 숨어 있는 영웅들은 대개 아주 인간적이고, 유명하지도 않다. 지구 멸망을 막기 위해 싸우는 슈퍼맨의 모습보다는, 변신 전의 평범한 샐러리맨 클라크 켄트와 비슷하다. 여러분과 나처럼 아주 평범하다. 그리고 내가 화상을 입은 그날처럼, 믿을 수 없는 순간에 숨어 있던 영웅들이 등장한다.

퇴역 군인이 말하는 전쟁보다 힘든 일

샘퍼 피델리스^{Semper Fidelis}.

'언제나 충성을 다하여!'라는 뜻의 미국 해병대 구호다.

나는 분기마다 '포커스 해병대 재단'의 행사에서 강연을 한 뒤, 몇 시간 동안 해병대의 영웅들을 개인적으로 만나는 영광을 누린다. 한 해의 강연 일정 중 가장 짜릿한 순간이다. 지난 5년 동안 그들과 함께하면서 나는 해병대의 '샘퍼 피델리스'는 단순한 구호가 아닌, 그들 삶의 방식이라는 걸 느낄 수 있었다.

포커스 해병대 재단은 전쟁터에서 돌아온 군인들을 지원하기 위한 소수의 퇴역 해병대원들이 설립한 단체다. 그들은 많은 참전용사가 집에 돌아온 뒤에도 끝나지 않는 전쟁을 치르고 있다는 사실을 깨달았다. 외상성 뇌손상, 외상 후 스트레스 장애, 살아남았다는 죄책감, 실업, 중독, 절망감 등의 전쟁 후유증은 수십만 명의 재향 군인이 직면하는 문제들이다.

일 년에 네 번, 근근이 입에 풀칠하며 살아가는 데 지쳐버린 용감한 재향군인 수십 명이 집을 떠나 미주리 주의 외딴 곳에 모인다. 바쁜 일상에서 벗어나 아름다운 자연에 모인 영웅들은 전문가와 함께 슬픔을 극복하고, 억눌렸던 감정을 표현하는 아주 중요한 인생의 기술을 배운다. 전쟁은 끝났지만, 가장 중요한 싸움은 아직 끝나지 않았다는 사실도 함께.

최근 모임에서 나는 앨라배마에서 온 한 남성에게, 지난 일주일 동안 가장 좋았던 일이 무엇인지 물었다. 그는 다시 살아난 기분을 느끼는 지금이 제일 좋다고 말했다.

"다시 살아난 것 같다는 게 무슨 의미죠?"

그가 대답했다. "전쟁터에서는 언제 일어나야 하는지, 어디에서 아침을 먹어야 하는지 알았습니다. 매일매일이 바쁘고 위험한 하루였지만, 나를 지켜주고 내가 지켜내야 하는 동료들이 있었어요. 그땐 내가 무엇을 해야 하는지 또 내가 하는 일이 얼마나 중요한지를 확실하게 알고 있었습니다.

그런데 군 복무를 마치고 '진짜' 삶으로 복귀하니 그 모든 게 사라졌죠. 사람이든 일이든 무엇에도 모두 관심 없어졌어요. 내가 무엇을 위해 싸우고 있는지 알 수 없었죠. 내 인생을 잃어버린 기분이었습니다. 그런데 오늘 제 인생을 다시 찾았습니다! 저는 다시 살아났어요, 다시 살아났다고요! 기분이 정말 끝내줍니다."

현역 시절 이 훌륭한 해병들은 투철한 사명감을 그들 인생의 강력한 동력원으로 삼았다. '언제나 충성을'의 가치를 알았고 매일 그 가치를 실천하며 살아갔다. 그러나 고향에 돌아온 뒤에는 *끈끈한 전우애와 강력한 인생의 목표가 사라져 길을 잃고 갈팡질팡했다*. 임무가 사라진 탓에 닻을 내릴 곳이 없어 이리저리 헤매는 삶을 살았다.

싸울 가치가 있다는 사실을 일깨우기에 새로운 임무가 주어지는 것만큼 효과적인 게 없다. 나는 새로운 임무가 이 용감한 해병들을 어떻게 바꿔놓는지 직접 경험했다. 그리고 새로운 임무는 이들뿐만이 아니라 우리 형의 인생도 완전히 바꿔놓았다.

열일곱 살의 짐 형은 자기밖에 모르는 전형적인 십대 소년이었다. 여느 또래 친구들처럼 어떤 자동차를 살지, 어떤 여자친구와 학교 무도회에 갈지, 어떻게 하면 일곱 명의 친구들과 나눠 마실 여섯 개 들이 맥주 한 상자를 손에 넣을 수 있을지 고민하는 게 일상이었다. 십대들은 대부분 이기적이고, 반항적이며, 불평불만이 많다. 무언가에 몰두하여 최선을 다하는 건 쿨하지 못하다고 생각해, 늘 한 걸음 물러나 있다. 그러고는 이 세상에 무관심한 척, 자기 방과 헤드폰, 전자기기, 자기만의 세상으로 도피해버린다.

그럴 만도 하다. 세상에 홀로 서는 법을 배우려면 그런 연습도 필요하니까. 가족에게 의지하지 않고 살아야 할 미래를 대비해 가족을 밀어내는 연습을 하는 것이다. 그러나 이 연습은 어깨를 으쓱하고는 세상일에 무관심해지는 결과를 낳는다. "그래서 뭐? 뭐든 상관없어." "방이 지저분하면 뭐? 어쩌라고." "부모님이 화내면 뭐? 그러든지 말든지, 알 게 뭐야. 난 내가 제일 중요해."

그러나 짐 형은 내가 불길에 휩싸인 날 이런 태도를 버렸다. 그 순간 형에게는 임무가 생겼다. 동생이 불에 타고 있었고, 그는 선택을 해야만 했다.

동생을 구하거나, 동생이 죽는 걸 지켜보거나.

그날의 선택으로 형의 인생은 완전히 달라졌다. 그리고 내 인생도 달라졌다. 나는 내가 불길에 휩싸인 순간을 생생하게 기억한다.

휘발유가 폭발했던 순간을 기억한다. 휘발유 통이 두 동강 나며 내 몸이 차고 반대편 벽까지 날아가 부딪치고, 차고의 창문이 완전히 박살난 것은 물론이고 몇 블록 떨어진 이웃집의 창문까지 덜컹거렸다. 귀가 윙윙 울리고, 화재경보기는 날카로운 비명을 지르고 있었으며, 이상하게도 벽난로의 불꽃처럼 치직거리고 낮게 으르렁대는 기묘한 소리가 들렸다. 딱딱거리고 쉭쉭거리는 소리가 사방에서 들리며 내 온몸을 휘감았다.

불길을 뚫고 달려 뒷문을 통해 집 안으로 들어갔던 순간을 기억한다. 불이 붙은 채로 뛰어다니며 주방과 거실을 지나 현관에 멈춰 섰다. 죽을 만큼 아팠다. 무서웠다. 누구든 제발 나를 좀 살려달라고 기도하며 비명을 질렀다.

그리고 짐 형이 내게 달려왔던 그 순간을 기억한다.

짐 형은 내가 진짜 싫어하는 별명을 자꾸 불러대고, 내가 먹을 땅콩버터 젤리 샌드위치에 몰래 매운 타바스코 소스를 뿌려놓는 그런 형이었다. 내가 근처에서 얼쩡거리는 걸 엄청 싫어하는, 그런 전형적인 형. 솔직히 불길에 휩싸인 채 나를 살려줄 영웅을 보내달라고 애원하며 기도할 때, 내가 떠올린 사람은 형이 아니었다. 소방관이든 아빠든 이웃 사람이든 나를 정말로 도와줄 수 있는 영웅이 오길 원했다. 항상 나를 괴롭히는 형 말고!

그러나 이때가 형 인생의 변곡점이었다. 그의 인생을 바꿔줄 중요한 순간. 한걸음 나아가 앞으로의 삶을 바꾸고, 재빠르고 용감하게 움직여 자신의 목숨을 걸고 동생의 목숨을 구해낼 기회였다. 형은 내 몸에서 솟아오르는 불길을 피해, 한 손으로 얼굴을 가린 채 내 뒤쪽으로 뛰어갔다. 그리고 곧바로 현관 바닥 매트를 들고 내 쪽으로 다가와서는 내 몸을 매트로 때리기 시작했다. 너무 심하다 싶을 정도로 세게, 아프게, 가차 없이 때렸다. 계속해서 매트를 휘두르던 형이 뒤로 물러나 더는 매트를 휘두르지 않고 내려놨다.

불 속에 뛰어들거나, 가만히 지켜보거나

형은 그날 아침, 선택의 기로에 섰다.

뜨거운 불길을 피해 뒤로 물러서서 내가 불에 타는 모습을 지켜보거나, 자신이 불에 타더라도 불 속으로 뛰어들어 나를 구해내거나.

형은 대다수의 사람들이 할 선택을 했다. 불길을 피해 뒤로 물러섰다.

생각해봐라. 어쩌다 뜨거운 물건을 만진 적이 있지 않나? 그때 본능적으로 어떻게 행동했는가? 아마 대부분은 뒤로 물러설 것이다. 뭐라고? 아아……. 내 눈치 볼 필요 없다. 솔직하게 말해봐라. 사람은 위험을 느끼면 뒤로 물러서기 마련이다. 그리고 뜨거운 불길이 사방에서 타오르며 우리를 덮쳐올 때, 우리가 할 수 있는 행동은 두 가지다.

첫째, 뒤로 물러나 불길이 모든 것을 파괴하고 마는 걸 지켜본다.

둘째, 다시 불 속으로 뛰어들어 위협적인 불길이 우리의 소중한 일, 즐거움, 인생을 망치는 걸 막아낸다.

말이 쉽지, 중요한 건 행동이다. 인생에서 훨씬 중요한 건 언제나 말보다는 행동이니 말이다. 불길 속에 뛰어들기를 선택한다면, 즉 싸움에 다시 뛰어든다는 것은 그 싸움을 하는 확실한 이유를 반드시 알아야만 한다.

내가 좋아하는 명언 중에 인도의 철학자 파탄잘리가 남긴 말이 있다.

확실한 목표와 계획이 있는 사람은 생각의 굴레에서 벗어나게 된다.

평범한 것을 넘어서 정신이 한계를 극복하고,

의식이 사방으로 확장되어,

새롭고 놀라운 멋진 세상에 다다를지니.

잠들어 있던 힘과 능력 그리고 재능이 살아나,

꿈꿔온 것보다 훨씬 더 훌륭한 사람이 될 것이다.

참으로 훌륭한 글이다. 모든 단어가 아름답고, 모든 문장이 시적이며, 마디마디 진실하다.

하지만 가장 중요한 핵심은 이 글의 첫 번째 줄에 담겨있다.

"확실한 목표와 계획이 있는 사람은……"

누구나 첫째 줄 이후의 내용처럼 인생이 잘 풀리기를 바란다.

굴레에서 벗어나 놀라운 아이디어로 열정적이고, 협력적이며, 새롭고, 창의적인 사람이 되길 원한다. 너무나도 멋지고 신나는 그런 삶을 살아가기를 간절히 원한다. 그러나 이 중에서 하나라도 이루기 위해서는 '확실한 목표와 계획'이 있어야 한다.

나를 진정으로 살아 있게 만드는 인생의 목표는 무엇인가? 싸워서라도 얻어낼 만한 가치가 있는 목적이나 이상, 사람이 없다면 "그래서, 뭐? 어쩌라고?"라는 말만 반복하게 될 뿐이다.

목적, 이상, 사람.

미치도록 흥미진진하고, 기쁨으로 가득한 삶을 위해서는 때로는 나 자신보다 중요한 인생의 목표를 위해 매 순간 모든 것을 다 걸어야 한다.

형이 매트를 내려놓은 뒤에도, 나를 집어삼킨 불길은 계속해서 솟구쳤다. 그걸 본 형은 다시 바닥에 있는 매트를 들어 싸움에 뛰어들었다. 내 몸 위에서 춤추는 불꽃을 잠재우기 위해 매트를 휘둘렀다. 휘두르고, 또 휘두르고, 계속해서 휘둘렀다. 불길이 다소 잠잠해지자, 형은 휘두르던 매트로 나를 감싸 안고 밖으로 뛰쳐나갔다. 눈이 쌓여 물기가 서려 있던 땅 위에 나를 눕히고 내 위를 데굴데굴 구르며 그렇게 불을 껐다. 양손과 팔에 1도 화상을 입은 형은 다시 연기가 가득한 집으로 들어가 911에 신고하고 가족 모두가 집 밖으로 나왔는지 확인했다. 그날 아침, 형은 자신이 꿈꿔오던 것보다 훨씬 더 멋진 사람이 되었다.

내 목숨을 구하고, 그는 영웅이 되었다.

끝까지 믿음을 갖고 싸워

형뿐만이 아니었다. 자고 있던 열한 살의 에이미 누나와 여덟 살인 여동생 수전은 폭발음에 놀라 잠에서 깼다. 침실에서 나와 계단을 뛰어 내려가다 내가 불길에 휩싸인 채 현관에서 비명을 지르고 있는 모습을 발견했다. 그 뒤로 형이 불길을 잡으려고 가차 없이 내 몸을 매트로 두들겨 패는 모습도 보았다. 나를 들어 집 밖으로 옮긴 형을 따라 나온 그들은 내가 옷과 피부가 너덜너덜 떨어져 나간 채로 앞마당에 구부정하게 서 있는 모습까지 보았다.

잠깐, 설마 바로 다음 문장으로 넘어갈 생각인가?

다시 한 번 상상해봐라. 집에서 곤히 자고 있는데 갑자기 천둥소리 같은 폭발음이 들리더니 창문이 깨지고 화재경보기가 요란하게 울리기 시작했다. 깜짝 놀라 계단을 내려오는데 당신의 눈앞에 횃불처럼 활활 불타고 있는 남동생의 모습이 보인다면 어떻겠는가. 집 안을 가득 메운 연기를 뚫고 숨을 헐떡이며 간신히 현관문을 찾아, 맨발에 잠옷 차림으로 달려 나가 눈밭에 섰다. 지난 밤, 함께 놀기도 하고 싸우기도 했던 남동생이 몇 발자국 떨어진 곳에서 구부정하게 서서 화상의 고통으로 몸부림치고 있다면 어떻겠는가.

여러분이라면 어떻게 했겠는가? 어떤 반응을 할 수 있었겠는가?

여러분은 어떨지 모르지만, 나라면 너무 무서워서 아무것도 하지 못하고 반대 방향으로 냅다 도망쳤을 것이다. 그게 나다.

아니면 도움을 청하러 다른 누군가에게 달려갔을 것이다. 어릴 때의 나는 항상 그렇게 문제를 해결했다. 솔직히 말하면 지금도 가끔 그렇게 하기도 하지만⋯⋯. 누구나 그렇지 않나?

뒤로 물러서는 것. 이것도 시련에 대처하는 한 가지 방법이 될 수 있다.

그러나 더 나은 방법도 있다.

더 나은 길은 도망치지 않고, 한발 더 다가가서, 문제를 껴안고 맞서 싸우는 것이다. 다행히 에이미 누나는 나를 위해 그 길을 택했다. 누나는 망설이지 않고 곧장 나에게 다가와 두 팔로 나를 꼭 안으며 말했다. "괜찮아. 괜찮아, 존. 괜찮을 거야. 믿음을 갖고 싸워."

솔직히 나는 누나에게 이런 말을 기대하지 않았다. 열한 살짜리 아이가 할 만한 말이 아니지 않은가. 지금 와서 생각해보면, 그날 아침 누나가 내게 건넨 그 말은 신에 대한 강한 믿음과 엄청난 용기가 필요했던 말이라는 것을 느낀다. 그러나 그때는 그 말을 받아들일 준비가 되어 있지 않았다. 누나가 틀렸다고 생각했다.

누나의 말을 듣고 아래를 내려다보았다. 두 손은 손가락이 모두 녹아내려 오그라들어 있었는데 온통 빨갛고 사람의 손이 아닌 것 같았다. 물론 손가락을 움직일 수도 없었다. 두 팔은 피부가 벗겨지고 새빨갛고 거무튀튀한 색이 뒤섞여 있었다. 입고 있던 옷은 피부와 하나가 돼버렸다. 누나 품에 기대 서 있을 때도 몸이 서서히 구부러지고 굳어지고 있는 게 느껴졌다.

나는 괜찮지 않았다.

고개를 들고 우리 집을 바라봤다. 내 어린 시절의 기억 속 거의 모든 장면에 등장하는 아름다운 이층집이 있었다. 온 식구가 함께 모여 아침을 먹고, 추수감사절 기념 만찬을 즐기고, 크리스마스 아침을 맞고, 서로의 생일을 축하하고, 저녁을 먹은 뒤에는 잠자리 전쟁을 벌이던 집. 이 집은 나의 인생이었다. 나는 우리 집이 정말 좋았다.

차고 지붕에서 불길이 치솟아 올랐다. 창문과 현관문으로는 연기가 쏟아져나왔다. 내가 붙인 불길, 내가 피운 연기였다.

이 모든 것을 감당할 수가 없었다. 내 손으로 내 몸을 이 꼴로 만들었고, 집을 통째로 날려버렸으며, 나의 전부인 가족을 실망시켰다. 자책감과 화상의 고통 사이에 괴로워하며 에이미 누나를 향해 눈길을 돌렸다. 그리고 누나에게 소리쳤다. "누나, 날 위해 해줄 일이 있어. 집으로 다시 들어가. 불이 났든 말든 상관없어. 주방에 가서 칼 좀 가져다줘. 가져와서 나 좀 죽여줘. 제발. 누나, 제발 나 좀 죽여줘!"

지금에서야 고백하지만, 나에게는 타자로 입력하는 것조차 힘든 말이다. 나는 지금의 내 삶이 좋다. 하루하루가 즐겁고 모든 것이 사랑스럽다. 나는 내가 아는 그 누구보다 운이 좋고 행복한 사람이다. 그러나 그때는 엄청난 절망에 사로잡혀 그 무게에 짓눌린 채 어찌할 바를 몰랐다. 정말 죽고 싶었는지 기억이 나지 않지만 살아야겠다는 확신이 없었던 것만은 분명하다. 앞이 보이지 않았고, 아무런 희망도 없었다.

　나처럼 이런 극단적인 경험을 하지 않아도, 우리는 살면서 절망의 나락에 빠진 기분을 종종 느끼고는 한다. 인간관계가 삐걱거리거나, 믿었던 친구에게 실망하거나, 갑자기 건강이 나빠지거나, 순식간에 빈털터리가 될 때도 그렇다. 누구나 인생에서 가장 소중하게 붙들고 있던 무언가가 불에 타버리는 경험을 한다.

　알다시피 인생은 힘들다. 여러분도 이미 충분히 겪어봐서 알 것이다.

　인생은 흥망성쇠와 불확실성, 애매모호함의 연속이다.

　피할 수 없는 고통스러운 순간에 어떤 사람은 고통을 원동력으로 삼아 앞으로 나아가고, 어떤 사람은 뒤로 물러선다. 고통의 순간은 앞으로 살아갈 인생을 좌우하는 당신의 터닝 포인트다.

　그리고 고통의 순간에 내 손을 놓지 않고 진실을 말해주는 누군가가 한 명이라도 있다면, 그 순간 인생은 완전히 달라진다.

　나에게는 그런 사람이 에이미 누나였다. 내가 죽고 싶다고 하자, 누나는 나를 더욱 꼭 끌어안았다. 그런 다음 내게 소리쳤다. "입 다물어, 존. 말 같지도 않은 소리 하지 마. 정신 차려, 괜찮을 거야. 믿음을 갖고 계속 싸워."

멋진 조언이다. 따르기는 어렵지만 말이다.

그럼에도 내가 살아가는 이유

삶이 힘들 때면 포기하고 싶은 마음이 들기도 한다.

힘든 하루, 힘든 일주일, 힘든 한 해를 수도 없이 버틴 사람으로서 비법을 하나 알려주겠다. 내가 살아가는 이유를 분명히 알고 있다면, 삶이 어떤 식으로 흘러가도 견딜 수 있다.

내가 한 말이면 좋겠지만, 이 말을 한 사람은 따로 있다.

2차 세계대전 당시 나치 강제수용소에 3년 동안 갇혀 있던 빅터 프랭클이 한 말인데, 그는 수용소 네 곳을 전전하며 비참하고 비인간적인 대우를 견뎌냈다. 그 3년 사이에 그가 사랑하는 모든 사람이 죽었다. 이웃과 친구들, 부모와 형제, 임신한 아내마저도, 전부 다. 끝없는 굶주림과 매일 반복되는 폭행과 온갖 수모를 견뎌야 했던 그는 내가 가늠할 수조차 없는 고통을 겪었다. 그러나 수용소에서 풀려난 그는 정신과 의사라는 본업으로 돌아가, 사람들이 삶의 의미를 찾도록 돕는 일을 계속했다. 극단의 고통 속에서 삶의 의미와 목적을 찾는 이야기를 주제로 『죽음의 수용소에서』라는 책도 출간했다. 이 책의 제목은 원래 '그럼에도 삶을 긍정하라: 어느 심리학자의 강제수용소 회고록'이었다. 혹시 알고 있었는가? 지금의 제목도 좋지만 나는 원래 제목이 내용과 딱 맞는 것 같다. 이 책은 심리학의 발전에 혁신적인 기여를 했으며, 대다수의 생존자가 입에 담기조차 꺼려했던 홀로코스트의 비극을 자세하게 밝혀냈다. 대학에 다닐 때 처음 접한 이후 몇 번이고 다시 읽은 이 책은 내 인생에 엄청난 영향을 미쳤다.

빅터 프랭클은 '살아가는 이유를 분명히 알고 있다면, 삶이 어떤 식으로 흘러가도 견딜 수 있다'는 믿음으로, 인간 이하의 대우와 굶주림, 나치의 학대, 소중한 사람의 죽음, 그리고 매일 아침 눈을 뜨면 악몽같은 하루가 다시 시작된다는 두려움까지 견뎌냈다.

나치에게 생포된 날 아침, 그의 주머니에는 그동안 쓴 책의 원고가 들어 있었다. 그러나 그는 수용소에 도착하자마자 발가벗겨졌고, 소중한 원고도 빼앗기고 말았다. 힘들게 쓴 원고지만 되찾을 길이 없었다. 압수된 원고는 몇 분 안에 한 줌의 재가 되어버릴 것이 뻔했다. 하지만 그는 좌절하지 않고 다시 책을 쓰기로 결심했다. 수용소에 갇혀 지내는 내내 종잇조각을 모아 그 위에 글을 썼다. 머릿속에도 매일 빼곡하게 글을 채워나갔다. 책을 쓴다는 것은 그에게 살아가는 이유이자, 끔찍한 환경에서도 포기하지 않고 버틸 수 있는 삶의 원동력이었다.

놀랍게도 그는 살아남았다. 그리고 더욱 놀랍게도 풀려난 뒤에도 삶을 부정하지 않았다. 그는 세상의 가장 어두운 단면을 보았다. 진정한 악과 입에 담을 수조차 없는 잔혹함을 보고 느꼈다. 그럼에도 그는 삶을 긍정하는 길을 택했다. 삶의 의미를 찾는, 모든 것을 털고 일어나 앞으로 나아갈 방법을 찾는, 믿음을 갖고 계속해서 싸워나가는 그런 길 말이다.

우리는 살면서 엄청나게 많은 시간과 노력을 '어떻게 살아갈지'를 고민하는 데 쏟는다. 살아가는 '방법'은 인생에 있어서 해야 할 일이나, 의무, 주어진 과제나 업무와 같은 일에 대한 것이다. 비용을 줄이기 위해 카풀을 하거나, 인맥을 위한 사교 행사 참여하기, 더 나은 연봉을 위한 이직, 세금이나 공과금 납부, 하다못해 수많은 디저트 중에 완벽한 것을 골라 사가는 일까지 모두 전략이고, 경쟁이고, 계획이다. 세상은 해야 할 일 투성이다. 그리고 이런 것들은 늘 우리를 피곤하고 지치게 만든다.

게다가 우리는 살아가는 '방법'에 대해 고민하느라, 정작 살아가는 '이유'를 잊어버리고 만다. 왜 이토록 치열하게 일하고, 아이를 키우고, 참아내고, 사랑하고, 때로는 위험을 감수하기도 하는지를 잊어버린다. 살아가는 이유를 잊어버린 채, 인생의 대부분을 따분한 일상과 매일 처리해야하는 일거리로 가득하기만 한 삶을 살아간다.

그러나 이 책의 핵심은 '방법'이 아니다. 물론 하기 싫은 일을 해야 할 때도 있다. 주어진 일을 처리하고, 때로는 허드렛일을 하더라도 이유를 찾아내면 마음가짐이 달라진다.

내가 살아가는 이유, 내게 가장 중요한 것이 무엇인지 찾아낸다면, 매일 매일이 달라진다.

단순하지만 명확한 빅터 프랭클의 이 말은 목적의식으로 불타는 삶이 얼마나 중요한지 일깨워준다.

내가 살아가는 이유는 어떤 시련이 닥쳐와도 내게 힘을 주는 인생의 원동력이며, 내가 살아가는 목적은 세상에서 가장 어두운 터널도 통과할 수 있게 해주는 빛이다.

불에 탈 때도, 지독하게 외로울 때도, 미치도록 아플 때도, 삶을 포기하지 않게 나를 꼭 붙잡아주었다. 나를 살아 있게 해주었다.

나의 형제자매들은 불이 난 그날, 내게 이 진리를 몸소 보여주었다. 구급차가 떠나고 이웃집에서 기다리고 있던 그들은, 그날 오후 늦게야 부모님을 만나기 위해 병원을 찾았다. 에이미 누나를 비롯한 다섯 아이가 의료진들의 안내를 받아, 미로와 같은 병원 복도를 지나 승강기를 잡아타고 4층 버튼을 눌렀다. 승강기에서 내리자, 바로 앞에 대기실이 보였다. 대기실에는 우리 부모님을 격려하고, 함께 울어주고 기도하기 위해 모인 친구들과 가족들이 가득했다. 대기실을 둘러보다 아빠를 발견한 에이미 누나가 아빠에게 달려가 품에 안겼다. 누나는 걷잡을 수 없는 눈물을 쏟았다. 아빠는 누나를 꼭 안아주며 누나가 흐느끼며 속삭이듯 털어놓는 그날 아침의 이야기를 가만히 들어주었다.

누나는 폭발음에 잠이 깼고, 현관에서 나를 발견하고, 내 몸 위에서 춤추듯 너울거리는 불꽃을 보고, 집 밖으로 나갔다가, 춥고 무서웠지만 나에게 자신이 필요하단 걸 알고 나를 꼭 안고 있었던 이야기를 했다.

"아빠, 아까는 존이 금방이라도 부서져 재가 되는 줄 알았어요. 존을 안았는데 너무 뜨거워 내 팔이 다 타버릴 것 같았단 말이에요. 아빠, 그래도 나는 존을 놓지 않았어요. 절대 놓지 않았어요."

내가 죽고 싶다고 말하는 위기의 순간에 누나는 나를 꼭 안았다. 외면

하지 않았고, 나를 놓지 않았다. 아직 불씨가 남은 내 몸을 안았을 때 누나도 엄청나게 고통스러웠을 것이다. 하지만 그녀는 자신이 이 고통을 참아야 하는 이유를 분명하게 알고 있었다. 자신의 고통은 나의 고통에 비하면 아무것도 아니며, 조금이라도 내게 도움이 된다면 어떤 고통도 참아낼 만한 가치가 있다는 걸 알았다.

살아가는 이유를 분명히 알고 있다면, 삶이 어떤 식으로 흘러가도 견딜 수 있다.

이유를 알고 있다면, 그 어떤 고통도 참을 수 있다. 누나는 고통을 참는 이유를 알았다. 그리고 우리도, 그 이유를 알아야 한다.

물론 이렇게 심각한 상황에서 무조건 고통을 견뎌야만 한다는 건 아니다. 불타고 있는 동생을 마주하게 되는 비극에 맞서 용감하게 나서야 하는 순간은 극히 드문 경우니까. 하지만 엄청나게 충격적인 순간이 아니더라도, 살면서 매번 마주치는 일상적이고 평범한 순간에도 우리에게 '목적의식'은 반드시 필요하다.

월급보다 소중한 것

나는 5개월 내내 화상 병동에 갇혀 살았다. 4층 404호. 주차장이 훤히 보이는 전망 좋은 병실이었다. 모든 병원이 그렇듯 이 병원도 매일 아침 의사들이 레지던트들과 직원 몇 명을 데리고 회진을 돌았다. 주치의였던 아이베지언 선생님은 매일 흰 가운을 입은 의사들을 이끌고 병실로 와서 치료 계획을 설명하고 몇 가지 질문을 했다. 어린 시절 나는 내게 관심이 집중되는 걸 싫어해서 선생님이 올 때면 자는 척을 하곤 했다. 비밀을 하나 털어놓자면, 지금도 나는 아내가 잠자리에서 어려운 질문을 던질 때 이 전략을 쓴다.

형광등 언제 갈 거야? 드르렁……

크리스마스에 어머님 댁에 갈 거야, 우리 집에 갈 거야? 드르렁……

오늘 미용실 다녀왔는데 지금 머리가 나아, 예전 머리가 나아? 드르렁……

어쨌든 회진을 온 아이베지언 선생님이 무리 중 한 사람을 앞으로 나오게 했다. 병원 청소부인 라벨이었다. 그는 아침 일찍 라디오를 틀고 병원을 청소해주는 남자였다. 어릴 때부터 나는 방청소에는 별로 관심이 없었지만, 그냥 라벨이 멋진 사람이라 좋았다. 그는 음악에도 조예가 깊었다.

그날 아이베지언 선생님은 라벨을 내 침대 옆에 세우고, 그의 눈을 바라보며 말했다. "이 소년을 잘 보세요. 여기 누워 있는 이 아이 말이에요. *라벨, 이 아이는 당신 덕분에 살아 있는 겁니다. 당신 덕분에요. 당신이 열심히 청소해준 덕분입니다. 감사합니다.*"

그때는 선생님의 말이 무슨 뜻인지 몰랐다. 화상 환자의 사망 원인 1위가 감염이라는 사실을. 많은 입원 환자들이 감염으로 목숨을 잃는다. 게다가 피부가 없는 나는 감염으로 죽을 확률이 굉장히 높았다. 부모님과 형이 나를 만날 때 머리끝부터 발끝까지 온몸을 노란 옷으로 가리는 건 그래서였다. 내 몸에 세균이 침투하는 걸 막기 위해 노란 사람이 된 것이다.

의사들 역시 감염을 방지하기 위해 온 힘을 다했지만, 감염의 확률을 낮추는 일등공신은 의사도, 간호사도, 부모님이나 형도 아니었다.

청소부였다. 그들이 만들어준 깨끗한 병실은 곧 안전한 병실이었다.

나의 주치의는 이 사실을 알고 있었다. 사실은 그보다, 목적의식의 중요성을 알고 있었다. 라벨은 많은 병실을 청소하느라 바빴지만, 그날 아이베지언 선생님은 굳이 일하고 있는 그를 회진에 대동했다. 그에게 가장 중요한 사실을 일깨우기 위해서였다.

우리는 흔히 쉴 새 없이 쏟아지는 일상의 일들이 단조롭고, 지루하고, 무료한 일이라고 생각한다. 그리고 그런 일을 하면서, 우리가 더 많은 일을 해내기 위해 고군분투하는 노력의 가치를 너무 쉽게 잊어버린다. 하지만 우리가 매일 떠맡는다고 생각하는 재미없는 일이나, 일상적으로 처리하는 따분한 업무는 사실 그 어떤 일이든 모두 중요하다.

이 말을 믿을 수 있는가?

당신이 하는 일이 중요하다고 믿는가?

아이를 키우는 일이, 배우자에게 사랑을 표현하는 일이, 길에서 만난 낯선 이를 대하는 방법이 중요하다고 생각하는가? 우리가 하는 일은 모두 중요하다. 그 누구도, 그 어떤 일도 하찮은 것은 없다.

나를 담당한 의료진은 매우 뛰어난 사람들이었다. 관련 분야에서 세계 최고라고 널리 인정받는 의사가 팀을 이끌었다. 간호사와 호흡기 장애 치료사, 약사, 영양사, 의료 기술자 등 모든 팀원이 완벽했다. 자원봉사자들이 찾아와 나를 도와줬고, 이웃들이 우리 가족을 위해 기도했지만, 내가 살아남는 데 가장 큰 역할을 한 사람은 일하는 방법뿐만 아니라 일하는 '이유'를 알고 있던 병실의 청소부였다. 그는 월급을 받기 위해서만이 아니라 어린 소년의 생명을 구하기 위해 일했다.

나를 도운 수많은 사람들의 노력이 수포로 돌아가지 않은 건 평범한 청소부가 타인에게 관심을 갖기로 마음먹었기 때문이었다. 무관심이 수많은 것을 끝장낸다. 사람의 목숨을 앗아가고, 관계를 망치고, 지역사회를 병들게 한다.

그러나 분명한 목적의식은 우리의 일, 우리의 관계, 우리의 삶에 숨을 불어넣고, 우리를 살아가게 한다.

열정선언문, 삶의 목적을 되새기는 마법의 주문

자녀가 있는가? 없다고? 그럼 가족이나 친척 중에 아이가 있었던 적은?

그럼 그 아이가 세 살이었을 때를 떠올려보자. 아니, 아이가 몇 살이든 상관없다. 그 아이가 처음 말을 시작했을 때, 가장 많이 했던 질문이 무엇이었는가?

"왜요?"

"잘 시간이야", "채소 먹어", "외투 입어" 등 부모가 무슨 말을 하든 아이들은 꼭 "왜요?"를 덧붙인다. 잠깐은 귀엽지만 질문에 일일이 답하다 보면 어떤 부모나 지치기 마련이다. 답하기 곤란한 질문은 더욱 그렇다. "아빠, 아기는 어떻게 생겨요?"

그러나 아이들의 질문에는 중요한 진리가 숨어 있다.

어떤 일을 하든 그 목적을 알면 '이것이 가치 있는 일인가?', 혹은 '이렇게 어려운 일을 내가 왜 해야 하지?'와 같은 부정적인 생각 없이 확신을 갖고 임할 수 있다. *우리는 하는 일의 목표를 알 때, 비로소 목표에 집중하고 계속해서 목표를 바라보며 앞으로 나아갈 수 있다.*

그렇다면 어떻게 의미 없이 흘러가는 인생에, 열정이라는 강렬한 불을 붙일 수 있을까?

지금처럼 하루하루가 지루하기만 하고, 하는 일은 힘들고, 조용히 있는 듯 없는 듯 살아가는 게 편하다고 느껴질 때 말이다. 더 이상 무관심한 척, 세상일이 어떻게 돌아가도 상관없는 척 살아가지 않기 위해서는 어떻게 해야 할까?

바로 지금 당장, 당신이 살아가는 이유를 찾아야 한다.

몇 년 전부터 나는 무슨 일은 하든지 매일, 매 순간 끊임없이 나 자신에게 삶의 이유를 일깨우는 글을 작성하기 시작했다. 나는 이 글을 '열정선언문'이라 부른다.

많은 단체에서 작성하는 사명선언문처럼, 열정선언문은 상황이 좋든 나쁘든 어떤 상황에서라도 분명한 내 삶의 목적을 떠올리게 한다. 목적의식은 자동차로 치면 연료와도 같다. 계속해서 앞으로 나아가게 만드는 원동력이다. 연료가 부족한 상태로 출발한 차는 얼마 가지 못하고 곧 멈추게 될 것이다. 열정선언문은 가정에서든, 회사에서든, 사회에서든, 내가 무엇을 위해 이토록 열심히 살아가는지를 끊임없이 깨닫게 한다. 내 삶의 원동력을 계속해서 채워주는 것이다.

나는 직업상 1년에 100일 이상 출장을 다닌다. 그래서 기업의 성장을 돕고, 더 많은 사람들의 삶에 긍정적 영향을 주고 싶은 욕구와, 집에 머물며 내 능력이 닿는 한 최고의 남편, 좋은 아빠, 착한 아들이 되고 싶은 욕구 사이에서 갈등할 때가 많다. 그러나 열정선언문을 쓴 뒤로는 이런 고민을 하는 시간이 상당히 줄어들었다. 출장지나 집은 물론이고 어떤 곳에 있든 열정선언문을 되새기면 내가 살아가는 이유와, 내가 지금 해야 하는 일이 분명해지기 때문이다.

열정선언문은 "왜 내가 지금 이 상황에 최선을 다해야 하고, 내 모든 것을 쏟아 부어야 하는가?"라는 질문에 대한 해답이다. 고민할 시간을 줄여주고 후회 없는 선택을 할 수 있게 도와줄 마법의 주문이다.

나의 열정선언문은 간단하다. 다듬는 데 몇 년이 걸렸지만, 지금은 줄줄 외워 망설이지 않고 곧바로 행동에 옮긴다.

하느님의 뜻이자, 우리 가족을 위한 일이며, 세상에 꼭 필요한 일이기 때문이다.

나는 이 문장을 떠올리기만 해도 열정이 샘솟는다. 공항의 보안 검색대를 통과할 때, 새로운 도시에서 택시를 타며 운전사와 인사할 때, 강연을 할 때, 호텔 직원과 담소를 나눌 때, 다시 급하게 공항에 갈 때, 비행기에 올라타 승무원과 대화할 때, 집에 돌아와 아름다운 아내와 아이들에게 온전히 집중할 때, 나는 나의 선언문을 떠올리며 열정을 매 순간을 최선을 다해 불태운다.

존, 피곤한 적 없어요? 있다.

몸이 아파 힘든 날은요? 물론 있다.

그냥 하고 싶지 않은 날은요? 당연히 있다.

그런 날은 어떻게 해요? 간단하다. 선언문을 떠올린다.

그럼 이제, 당신에게 묻겠다.

당신은 왜 살아가는가? 왜 이렇게 고군분투하며 열심히 살고 있는가?

지금 하는 일에 집중하고, 전력을 다해 당신의 모든 것을 쏟아붓는 이유는 무엇인가?

위의 질문에 답하다보면 자연스레 당신의 열정선언문이 튀어나올 것이다.

열정선언문은 간결하고, 명쾌하며, 정확한 목적의식이 담긴 표현이어야 한다. 예를 들자면 다음과 같은 문장 말이다.

나 자신이 가장 중요하기 때문이다.

이 일이 내게 소중하기 때문이다.

아이들에게 내가 필요하기 때문이다.

내가 그녀를 사랑한다는 걸, 그녀가 느낄 수 있어야 하기 때문이다.

나는 건강하고 살아 있으며, 누군가를 미소 짓게 하고 싶기 때문이다.

가치 있는 일이기 때문이다.

인생이 아름답기 때문이다.

한 가지만 확실히 해두겠다. 열정선언문은 포기하고 싶고, 언젠가부터 의욕을 잃어버린 일상생활에 다시 활기를 불어넣기 위한 것이다. 가끔 떠나는 선교 여행이나 고가의 가족 여행을 앞두고 되새기는 문장이 아니다. 30년 남은 은퇴 걱정이나, 내년 풋볼 정기 입장권을 사기 위한 기도도 아니다. 열정선언문은 일상생활 속에서 나 자신과 타인에게 계속해서 관심을 기울이고, 목적의식을 원동력으로 삼아 앞으로 나아가기 위한 것이다. 잠시 꺼져 있던 열정을 끌어내, 당신 인생에 강렬한 불을 붙여줄 마법의 문장이다.

물론 멀리 떠나는 여행도 중요하다. 내일을 계획하는 것도 중요하다. 그러나 진정한 삶은 기저귀를 갈고, 직장에서 스프레드시트와 씨름하고, 빡빡한 일정을 소화하고, 통근 시간에 꽉 막힌 도로에 갇히고, 퇴근해 조용히 저녁 시간을 보낼 때 이어진다. 알고 보면, 재미없는 일상이 가장 중요하다.

열정선언문은 선언문대로 행동할 것을 촉구하는 독촉장이다.

무엇을 위해 모든 것을 걸 수 있는가

2001년 9월 11일, 세계가 달라졌다. 만약 그때 당신이 살아 있었다면, 세계무역센터와 펜타곤, 펜실베이니아주 생크스빌의 들판을 향해 비행기가 돌진할 때 본인이 어디에 있었는지 기억날 것이다.

나는 집에서 몇 킬로미터 떨어진 곳에서 일하던 중에 소식을 듣고 급히 귀가해 부모님과 뉴스를 봤다. 엄마와 나는 소파에 앉아 건물에서 연기가 피어오르는 모습을 보며 말을 잇지 못했다. 뉴욕의 소방 부대가 연이어 출동해 방화복을 입고 장비를 챙겨 세계무역센터로 진입하는 모습이 생중계됐다. 건물 안에 있던 사람들은 살기 위해 건물을 탈출하려고 전력을 다했다. 그러나 이 영웅들은 자진해서 위험 속으로 걸어 들어갔다.

영웅이 되기 위해서가 아니었다. 아침에 눈을 뜨며 오늘 순교자가 되겠다고 각오하지도 않았다. 그 반대였다. 사랑과 의무, 희망, 사명…… 각각의 삶의 이유가 그들을 움직였다. 자신의 안전은 돌보지 않고, 목숨을 걸고 타인의 생명을 구하기 위해 지옥으로 뛰어들어갔다.

그들은 진정 그들의 모든 것을 다 걸었다.

진정한 영웅이 되기 위해서는 모든 것을 다 잃을 각오를 해야 한다.

당신은 무엇을 위해 모든 것을 다 걸 수 있는가? 사회적 지위, 건강, 우정, 안전은 물론 목숨까지 걸 수 있을 정도로 당신에게 가장 소중한 것은 무엇인가?

열정적인 삶을 사는 사람들은 이 질문의 답을 안다.

명확한 삶의 목적을 알면, 평범한 사람도 하루아침에 영웅이 된다. 앞서 말한 나의 형과 누나, 청소부 라벨, 소방관과 군인들이 그랬다. 남들은 다 도망칠 때, 용감하게 불길 속으로 뛰어든 영웅을 한 사람 더 소개하겠다.

내가 불길에 휩싸인 날, 물러서지 않고 앞으로 나서 내 인생을 바꾼 작은 영웅이 있다. 집을 덮친 불꽃이 멈추지 않고 치솟아 오를 때, 에이미 누나는 계속해서 나를 껴안고 용기를 주었다. 다 괜찮을 거라고, 아무 일 없을 거라고 말하는 누나에게 나는 계속 소리쳤다.

"집에 가서 칼 가져와, 나 좀 죽여달라고! 괜찮지 않아, 하나도 괜찮지 않아. 내가 한 짓을 좀 봐!"

그때 옆에 있던 여동생 수전이 생사를 다투는 우리의 대화를 들었다. 머리카락이 칠흑같이 까맣고 볼이 통통한 여덟 살 소녀 수전은 얼굴에 늘 미소가 어려 있는 개구쟁이였다. 나는 수전의 오빠였다. 형과 누나들에게 배운 고약한 장난(타바스코 소스를 뿌린 샌드위치를 기억하는가?)을 수전에게 똑같이 쳤다. 대가족의 작동 방식은 수도관과 아주 비슷하다. 뭐든 다 위에서 아래로 흐른다.

"수전, 이리 와봐. 너 주려고 땅콩버터 젤리 샌드위치 만들었어. 진짜 맛있을 거야!"

사실 수전에게 칼을 가져오라고 했으면, 이렇게 여러 번 말할 필요도 없었다. 내가 수전한테 한 장난들을 생각하면 충분히 그럴 만하다. 나라면 이때다 싶어 당장 갖다 줬을지도 모른다.

어쨌든 수전은 안전하고 공기가 깨끗한 앞마당을 떠나, 불타는 집을 향해 곧장 뛰어갔다. 창문과 문에서 연기가 솟아올라 활활 타고 있는 집으로 들어갔다. 더듬더듬 현관과 거실을 지나 결국 주방에 도착했다. 앞도 잘 보이지 않고, 숨쉬기도 어려웠지만 수전은 가는 길을 알았다. 가야 하는 이유도 알고 있었다.

수전은 내가 부탁한 칼을 들고 다시 밖으로 뛰쳐나왔다. 앞마당에서 이미 누나의 품에 안겨 불타는 집을 바라보던 내 눈에 현관문으로 뛰어나오는 동생의 모습이 보였다. 마치 영화 속의 한 장면 같은, 평생 잊지 못할 순간이었다. 눈물과 검댕으로 얼룩진 얼굴을 찡그리며 수전이 나에게 달려와 두 발자국 정도 떨어진 곳에 멈춰 섰다. 거친 숨을 몰아쉬던 그녀는 칼을 쥐고 있었다. 수전은 나에게 칼을 내밀면서 다른 손으로 들고 있던 컵 속의 물을 내 얼굴에 뿌렸다. 나는 죽고 싶었는데…… *수전은 물 한 컵에 목숨을 걸었다.* 내가 죽지 않기를 간절히 바라면서. 빈 컵을 들고 수전은 다시 불타는 집으로 뛰어 들어갔다. 주방으로 곧장 달려 컵에 물을 채운 뒤 밖으로 달려나와, 내 얼굴에 뿌렸다. 그런 다음 다시 뒤를 돌아 집으로 달려갔다. 세 번째였다.

예수님은 말씀하셨다. "사람이 친구를 위하여 자기 목숨을 버리면, 이보다 더 큰 사랑이 없나니."

1987년 1월 17일, 수전은 여덟 살의 나이에 이 말씀을 실천했다. 수전이 내 얼굴에 뿌린 세 컵의 물은 기적이었다. 내가 그 물 덕분에 살아남았으니 말이다. 앞서 말했듯 나는 목부터 발끝까지 온몸에 3도 화상을 입었다. 그러나 얼굴과 두피는 무사했다. 수전이 뿌린 물로 얼굴과 두피의 열기가 식은 덕분이었다. 물론 화상을 피할 수는 없었지만, 그 덕분에 얼굴과 두피만은 3도 화상을 입지 않았다. 수전은 대단한 일을 해냈다. 나의 얼굴뿐만 아니라, 수개월에 걸친 피부이식술에서 유일하게 수술 가능한 공여 부위, 즉 두피를 살렸다. 그리고 나를 살렸다.

수전의 이야기는 목적의식이 얼마나 강력한 힘을 발휘하는지 명백히 보여주는 놀라운 방증이다. '이유를 알면, 방법은 무엇이든 견딜 수 있다'는 사실을 다시 한 번 일깨우는 감동적인 사례다. 그리고 이 모든 이야기는 인생에서 진정으로 중요한 게 무엇인지 깨닫고, 거기에 모든 것을 다 걸라는 당신을 위한 초대장이다.

쿨한 인생을 살 것인가 VS 뜨거운 인생을 살 것인가

영웅은 엄청난 역경에 부딪칠 때,
인내심을 발휘하는 평범한 사람이다.
— 크리스토퍼 리브

당신은 지금 이 순간 최선을 다해 살고 있는가?
모든 것을 다 걸고, 후회 없는 삶을 살고 있는지 묻는 것이다.
아니면 아직도 자조적이고 냉소적인 삶이 쿨한 줄 알고
열정적이고 치열하게 살아가는 사람들은 비웃고 있는가?

쿨한 척, 무관심한 인생을 사는 사람은 이렇게 말한다.
"그래서 뭐? 신경 안 써. 나보고 어쩌라는 거야?"
뜨거운 삶을 선택한 사람은 이렇게 말한다.
"그러다 불에 좀 데면 어때? 그만큼 가치 있는 일이잖아."
"상처받으면 좀 어때? 누군가에게 용기가 될 수도 있잖아."
"힘들면 좀 어때? 한 번뿐인 인생을 그냥 흘려보낼 순 없잖아!"

목적의식이 없는 인생만큼 재미없는 것은 없다.
명확한 목표가 없으면, 당신이 느끼기에 사소하고 지루한
일상만 반복하다, 결국 그 일상의 노예가 되고 말 것이다.
무관심이 서서히 삶의 기쁨을 갉아먹도록 내버려두지 마라.
'재미없어', '따분해', '귀찮아'라는 말 따위는 이제 그만둬라.
세상의 일에 적극적으로 참여하고, 능동적으로 삶의 목적을 찾으며,
그 목표를 이루기 위해 최선을 다하는, 뜨겁고 빛나는 삶을 살아라.

목적의식이 있는, 뜨겁고 열정적인 삶을 선택해라.

왜 아직도 갇혀 있는가?

Why are you in jail?

질문하는 방법을 바꾸면,
답이 바뀌고 인생이 바뀐다.

▼

**상황을 보는 방식을 바꾸면
상황이 바뀐다.**

– 웨인 다이어

손가락도 다시 자랄 수 있는 거 아닌가요?

눈이 떠지질 않는다.

방금 일곱 번째 수술을 받고 나왔다. 이제는 익숙할 정도다.

아침이 되면 의료진이 나를 데리러 병실에 온다. 이동식 침대에 내 몸을 옮기고 아래층으로 데려간다. 파란색 마스크와 파란색 작은 모자를 쓴 사람들이 내 주위에 모이고, 그중 한 명이 내 얼굴에 산소 호흡기를 씌운다. 누워 있는 나에게 날씨나 야구, 가족 이야기 등을 건네면 나는 스르륵 잠이 든다. 이제 의사들이 수술을 시작한다.

수술이 끝나면 정신이 혼미한 상태로 잠에서 깬다. 제정신이 아닌 상태다. 그때마다 언제나, 항상 제일 먼저 보이는 사람은 엄마와 아빠다. 늘 그 자리에서 나를 든든하게 지켜주는 우리 엄마 아빠. 부모님은 내 입에 얼음 조각을 물려주고 "우리 아들, 또 한 번의 수술을 견뎌냈네"라며 축하 인사를 건넨 뒤, 집에 갈 날이 얼마 멀지 않았다며 나를 격려해준다. 가끔은 병원 기념품 가게에서 사온 장난감도 주신다.

내가 받는 수술은 대부분 내 몸에서 화상을 제일 덜 입은 부위인 머리에서 피부를 떼어내 화상이 심한 나머지 부위에 이식하는 수술이다. 정확히 어떻게 하는 수술인지는 잘 모르지만 의사들 말로는 피부를 짜깁기해 원래 상태로 되돌리는 수술이라고 했다. 아프고 힘들지만 집에 갈 수 있게 해주는 수술이라고 했다. 그럼 어떻게 해서든 참아야 한다. 지금 내 소원은 엄마 아빠와 함께 집에 가는 것뿐이다.

간호사가 나의 바이탈을 체크하러 왔다. 너무 피곤해서 내게 말을 거는 간호사를 쳐다볼 힘조차 없다. 자꾸만 눈이 감긴다. 그때 병실 구석에서 엄마와 아빠가 조용히 속삭이는 소리가 들렸다. 억지로 눈을 떠서 병실 한편을 바라보니, 울고 있는 엄마가 보였다.

무슨 일이지? 엄마가 왜 우는 거지?

엄마가 우는 모습은 처음 봤다. 엄마는 한 번도 내 앞에서 눈물을 보인 적이 없었다. 언제나 우는 나를 달랠 뿐이었다. 항상 활기차고, 긍정적이고, 굳센 엄마였는데, 그렇게 굳건한 믿음으로 무장한 엄마가 울다니…… 겁이 났다.

아빠가 눈을 뜬 나를 발견하고는 엄마의 어깨를 두드렸다. 그러자 엄마가 눈물을 닦고 미소를 지으며 고개를 들었다. 침대맡으로 다가온 엄마가 내 어깨를 부드럽게 쓰다듬으며 말했다. "아들, 괜찮니? 좀 어때?" 나는 괜찮다고 고개를 끄덕였다. 부모님이 갑자기 왜 이러시는지 궁금했다. 그리고 자꾸만 알 수 없는 불안감이 엄습했다.

아빠가 몸을 굽혀 내게 말을 건넸다. 그런데 목소리가 조금 이상했다. 잔뜩 쉰 목소리.

"존, 너에게 말해줄 것이 있어. 수술은 잘 됐단다. 집에 갈 날에 한걸음 더 가까워졌지……. 그런데 존, 의사들 말이…… 어쩔 수 없이 네 손가락을 제거했다는구나. 불에 너무 많이 타버려서 살릴 수가 없었대. 이미 감염된 상태라 그냥 두면 온몸에 세균이 퍼져서……"

아빠는 계속 말을 이어갔다. 하지만 이미 내 귀에는 아무것도 들리지 않았다.

아빠가 지금 무슨 소리를 하는 거야?

붕대에 감긴 손을 내려다봤다. 평소랑 똑같았다. 입원한 뒤로 내 손은 늘 붕대에 감겨 있었으니까. 여전히 붕대로 덮여 있을 뿐인데, 손가락이 없어졌다니, 그게 무슨 말이지?

아빠의 말을 끊고 내가 물었다. "다시 자라요?"

아빠가 고개를 저으며 대답했다. "아니."

내가 손톱은 다시 자라지 않느냐고 반박했다. 발톱도 다시 자라고, 머리카락도 다시 자라는데…… 손가락도 다시 자랄 수 있는 거 아닌가?

"아아, 어떡하니, 존…… 자라지 않을 거야. 손가락은 원래 다시 자라지 않아."

손가락이 없으면 야구도 못하고, 이름도 쓰지 못하고, 학교도 다니지 못할 텐데. 이제 나는 결혼도 못하고, 아이도 낳지 못하고, 제대로 된 삶을 살지 못할 것이다. 어떤 여자가 손가락도 없는 남자와 손을 잡고 싶어 하겠는가? 끓어오르는 분노와 충격으로 온몸이 떨렸다.

"왜 그냥 내버려뒀어요? 아빠가 자르지 못하게 말렸어야죠!"

"존, 너를 살리려고 그런 거야. 달라진 건 없어. 우리는 그 어느 때보다 너를 사랑해."

나는 세차게 고개를 젓고는 베개에 머리를 파묻었다. 눈을 감자, 눈물이 흘러내렸다.

이제 내 인생은 끝났다.

❖ ❖ ❖

비극의 주인공과 결국에는 해내는 반전의 주인공은 무엇이 다를까?

거듭되는 불운에 짓눌려 비극적인 삶을 사는 사람과, 어떤 고난과 역경도 극복하고 영웅으로 거듭난 사람들의 차이는 무엇일까?

왜 어떤 사람들은 끊임없이 발을 헛디디고 넘어지고 실패하고, 어떤 사람은 아무리 커다란 실패도 딛고 일어나 더 강해지고 더 높이 날아오를 수 있는 걸까?

인생은 힘들다. 모두가 이미 알고 있는 사실이다. 살면서 누구나 격변과 도전, 비극의 폭풍을 만난다. 그런데 그중에서도 진흙탕에 한번 빠지면 좀처럼 빠져나오지 못하는 사람들이 있다. 그런 사람들은 평생 과거에 사로잡히고 틀에 박힌 생활에 갇힌 채 상처를 털고 일어나 앞으로 나아가지 못한다. 그러나 모든 것이 불에 타버린 최악의 상황에서도, 잿더미를 딛고 일어서는 사람도 있다. 그들은 엄청난 시련을 극복하고 놀라운 성공을 이룬다.

그렇다면 왜 어떤 사람은 환경의 패배자가 되고, 어떤 사람은 환경을 극복해낸 인생의 승리자로 거듭나는 걸까? 타고난 강인함이 그들을 좌우하는 걸까? 아니다.

인생의 승리자가 될지, 패배자가 될지 결정짓는 건 단순한 질문 하나다.

결국 해내는 사람들의 비밀

나는 살면서 많은 영웅을 만났다. 몇 명은 이미 소개했고 앞으로 몇 명 더 소개할 것이다.

우리 주변에 있는 작은 영웅들은 매우 중요한 역할을 한다. 사람들이 가능성에 눈을 뜨게 해주고, 극복할 수 있다는 희망을 주며, 마음속으로는 알고 있어도 꺼내길 주저했던 잠재력에 집중할 수 있게 한다. 또한 변명을 멈추면 각자의 삶에서 무엇을 이룰 수 있는지 증명하고, 영웅은 망토를 두르고 나타나지 않는다는 사실도 알려준다. 평범한 사람이 '어떤 시련에도 굴하지 않고 스스로 선택하는 능동적인 삶을 살겠다'고 마음먹는 순간, 그 사람은 영웅이 된다.

가장 좋은 사례가 우리 아빠다.

아이들에게 아빠는 인생에서 가장 처음 만나는 영웅이다. 아이는 아빠를 우러러보고 숭배하고 사랑한다. 운동을 할 때는 아빠가 옆에서 지켜보길 바라고, 성적을 잘 받아 아빠에게 칭찬받고 싶어 하고, 아빠가 자신을 자랑스러워하길 바란다. 그런데 요즘 들어서는, 아빠가 나의 자랑이 됐다.

최근에 일흔 살이 된 우리 아빠는 23년째 파킨슨병과 싸우고 있다. 당신도 영화 「백 투 더 퓨처」에 출연한 배우 마이클 J. 폭스 덕분에 파킨슨병에 대해 많이 들어보았을 것이다. 그는 파킨슨병 증세가 나타난 뒤에도 계속 대중의 주목을 받으며 연기 활동을 계속했다. 파킨슨병은 신체 기능이 점차 저하되는 퇴행성 질환이다. 시간이 지날수록 자판을 두드리고, 글을 쓰고, 운전하고, 걷고, 말하고, 먹는 능력이 떨어진다. 그러다 보면 결국에는 사람들과 어울리고, 일하고, 취미 생활을 하고, 정상적인 사람으로 기능하기가 점점 힘들어진다.

삶 자체가 힘들어지는 것이다.

파킨슨병 진단을 받기 전까지 아빠는 굉장히 부지런한 사람이었다. 초등학교부터 중고등학교, 대학교, 로스쿨, 직장 생활까지 단 한 번도 결석하거나 결근한 적이 없는 그런 사람이었다. (나는 왠지 아플 것 같은 날에는 수업을 빼먹곤 했다.) 집안일과 정원일도 기꺼이 도왔다. (사실 정원사나 수리공으로서는 그다지 실력이 좋지는 않았지만…… 죄송해요, 아빠. 그래도 사실이잖아요!) 아빠는 언제나 제일 먼저 일어나고, 제일 늦게 잠들었다. 성공한 직장인이자, 사랑하는 아내와 귀여운 자녀들과 함께하는 시간을 즐거워하는 가정적인 남자였으며, 신앙생활에도 적극적인 신자였다. 아빠는 성공한 남자의 본보기였다. 그렇기에 아빠의 건강이 나빠지고 에너지와 활력이 서서히 고갈되는 게 눈에 보일 때면, 그걸 지켜보는 게 너무 힘들었다. 지금은 몸을 거의 쓸 수 없지만, 여전히 아빠는 내가 아는 그 누구보다 신앙심이 깊고, 다정하며, 긍정적인 사람이다. 분명 힘들고 원망스러운 큰 시련일 텐데도 나는 아빠의 불평을 한 번도 들은 적이 없다.

당신이 가장 최근에 불평했던 때는 언제인가?

커피숍 직원이 깜빡하고 휘핑크림을 올려주지 않았을 때?

출근길에 차가 밀렸을 때?

세탁소 주인이 실수로 다른 사람의 셔츠를 주었을 때?

스테이크가 주문한 것보다 덜 익혀 나왔을 때?

세상에는 다른 사람의 잘못을 눈치 채고 이것저것 불평을 늘어놓는 일에 도가 튼 사람들이 많다. 그럴수록 나는 아빠한테서 인생의 교훈을 얻는다. 아빠는 몸과 마음이 모두 약해지는 파킨슨병에 맞서 20년이 넘게 용감히 싸웠다. 수차례 넘어지고, 뼈가 부러지고, 수술을 받고, 끊임없이 약을 먹었다. 인생이 극도로 피곤하고 힘겨워졌으며, 최근에는 견딜 수 없을 만큼 고통스러워지기까지 했다. *그런데도 아빠는 단 한 번도 불평하지 않았다.* 아빠는 정말 놀라운 사람이다. 어린 시절, 나는 아빠 같은 사람이 되고 싶었다.

강연활동으로 출장을 자주 다니는 나는, 가족과 함께하는 주말을 좋아한다. 주말에는 점점 늘어나는 시끌벅적한 아이들과 하루 종일 함께 있다. 광분한 네 아이의 떠드는 소리와 고함 소리가 온 집 안을 가득 채운다. 아침에는 와플을 먹고, 종일 스포츠 중계방송을 보며, 가끔씩은 아이들의 친구들을 초대해 논다. 꽉 찬 주말 일정을 모두 취소하고 짐을 싸서 부모님 댁에 놀러갈 때도 있다. 엄마는 손주들이 온다고 하면 무조건 환영이다. 말썽꾸러기들을 돌볼 손이 늘어나니 아내도 좋아한다. 나는 그냥 부모님을 보러 가는 게 즐겁고!

그날도 그런 날이었다. 아빠와 나는 아이스티를 가득 채운 컵 두 개를 탁자 위에 놓고 방충망이 쳐진 현관에 앉았다. 그날은 아빠에게 유난히 힘든 날이었다. 누가 봐도 고통스러워 보이는 아빠는 우리를 맞이할 때 휠체어에서 일어나지도 못했다. 말하는 것도 힘들어 보여서 우리 부자는 그냥 말없이 현관에 앉아 있었다. 원래 나를 너무 잘 아는 사람하고 있을 때는 굳이 말할 필요가 없지만, 그날은 그냥 아빠에게 내 마음을 이야기하고 싶었다.

그 전날 어떤 행사에서 강연을 하면서 관객들에게 당신의 삶에 영향을 미친 영웅은 누구이며, 그 영웅에 대해 어떻게 생각하는지 물었던 일이 떠올랐다. 아빠와 나란히 앉아 있으니 문득 나도 그 질문에 답해야겠다는 생각이 들었다. 그동안 나는 아빠와 둘만의 시간을 보내는 일이 거의 없었다. 속마음을 털어놓는 일은 더더욱 없었다. 진짜 속마음 말이다.

그래서 아빠를 마주보며 조심스럽게 사랑한다는 말을 건넸다. 아빠는 내게 최고의 아빠라고, 아빠가 정말 자랑스럽다고 말했다. 아마 아빠는 무슨 일이 있어서 내가 이런다고 생각했을 것이다. 속으로는 이런 질문을 했을지도 모른다. *너 어디 아프니? 술 문제니? 멀리 이사 가니? 대체 무슨 일이야?*

아빠가 질문을 퍼붓기 전에 나는 얼른 말을 이었다. "아빠와 있을 때마다 늘 생각했던 거예요. 오늘은 그냥…… 아빠한테 꼭 말해주고 싶었어요." 이 말을 꺼내기까지 정말 어색했지만, 아빠의 얼굴에 번진 미소를 보니 뿌듯했다. 아빠와 나는 서로를 끌어안았다. 아빠도 나를 사랑한다며, 내가 최고의 아들이라고 말했다. (오해 없길 바란다. 아빠는 우리 여섯 남매 누구와 있든 단둘이 있을 때면 자주 네가 제일이라고 한다. 그것도 진심으로!)

우리는 잠시 동안 말없이 앉아 있었다. 늘 마음속에 있었지만 입 밖에 꺼내기 어려웠던 말을 털어놓자, 마음이 한결 가벼워졌다. 나에게는 꼭 해야 할 말이었고, 기쁨이 넘치는 아빠의 눈빛을 보니 그에게는 꼭 필요한 말이었다. "오늘 많이 힘들어 보여요. 요즘 계속 더 힘들어지시는 것 같네요⋯⋯. 그런데도 어떻게 그렇게 항상 긍정적일 수 있어요?"

아빠가 고개를 끄덕이며 미소를 지었다. 아이스티를 한 모금 마시고는 목청을 가다듬고 부드럽게 속삭였다. "감사할 일이 너무나 많은데 어떻게 부정적일 수가 있겠니."

이렇게 말하는 아빠는 휠체어에 앉아 있었다. 나와 대화를 나누기 위해 안간힘을 써야 했고, 방금 전에는 손이 떨려 음료를 쏟기도 했다. 최근에는 넘어져서 다친 뒤로 오른팔에 붕대도 감고 있었다. 그러나 아빠는 미소를 지으며 진심으로 세상에 모든 일에 감사하다고 말했다.

"예를 들면요? 파킨슨병에 대해서는 어때요? 파킨슨병에 걸려 감사한 일을 세 가지만 말씀해줄 수 있어요?" 아빠가 이것저것 감사하는 일이 많다는 건 잘 알고 있다. 그러나 파킨슨병처럼 끔찍한 질병을 아빠가 진심으로 어떻게 받아들이고 있는지 알고 싶었다. 아빠는 진지한 표정으로 생각에 잠겼다. "우선, 더 심각한 병이 아니라 감사하지."

목소리가 너무 작아 알아듣기도 힘들었다. 아빠는 음료를 한 모금 더 마시고 목청을 가다듬은 뒤에 말을 이었다. "그리고 내가 누구인지, 하느님이 어떤 분인지, 돌아볼 시간이 주어져서 감사해. 예전에는 너무 바빴잖니. 지금은 생각할 시간이 많아져서 감사하단다."

긴 침묵이 흐른 뒤, 세 번째 답을 말하기에 앞서 아빠는 불편하고 서툰 동작으로 컵을 입에 대고 힘겹게 음료를 마셨다. "그리고 존, 나는 항상 네 엄마를 좋아했어."

나는 킥킥거리며 웃었다. "그것 참 다행이네요. 45년을 함께 사셨는데 당연히 좋아하셔야죠!"

"그런 뜻이 아니야. 이런 병에 걸리니 몇몇 친구들과는 점점 멀어지게 되더구나. 몸을 가누기도 힘들어지고……. 이제 집 밖에 나가기도 어려워. 집 주변을 돌아다니는 것조차 힘들어졌지. 하지만 네 엄마와, 그러니까 내 아내와는 점점 더 가까워지고 있어. 나는 네 엄마를 사랑해. 그래서 네 엄마와 가까워지게 해준 파킨슨병이 고맙단다."

아빠의 대답을 곰곰이 생각해보았다. 모든 것을 잔인하게 빼앗아가는 나쁜 병에 걸렸는데도 아빠는 더 심각한 병이 아니라 다행이라고 말했다. 원치 않게 사회적으로 완전히 고립되어 버렸는데도 생각할 시간이 많아져 고맙다고 했다. 다른 사람에게 의지하지 않고서는 아무것도 못하게 돼버렸는데, 아내와 더 가까워질 수 있어서 행복하다고 했다.

나는 자리에서 일어나 아빠를 꼭 껴안았다. 그러자 아빠는 가냘프지만 단호한 목소리로 내게 말했다. "존, 앉아봐. 아직 안 끝났어. 고마운 일이 아직도 더 있단다. 이리 앉아."

그러고는 말을 이어갔다.

"의학 기술과 그런 기술을 베풀어주는 사람들이 있어서 고맙단다.

다른 사람들이 힘들어하는 걸 볼 수 있고, 공감할 수 있게 돼 다행이야.

걷거나 말할 수 없는 날에는, 아직 그럴 수 있는 날들이 남아 있어 다행이야.

운전할 때는, 장애인 전용 주차 공간이 있다는 사실에 감사하지.

『엄청난 역경』이라는 책을 쓸 시간이 있어 좋았어.

매일 보고, 듣고, 배우고, 웃고, 사랑하며 살 수 있어서 다행이야.

그리고 존, 완치되지는 않았지만, 치료 받을 수 있어서 감사해. 나는 결국 파킨슨병 때문에 죽겠지만, 내가 매일 아침 눈을 뜰 수 있는 건 하느님이 이미 나를 치유하셨기 때문이야."

가슴이 먹먹해져 무어라 말해야 할지 답이 떠오르지 않았다. 말문이 막혔다. 그저 컵을 들어 경의를 표한 뒤, 애써 음료를 삼키며 벅찬 가슴을 달래고 눈물이 맺힌 눈으로 밖을 내다볼 뿐이었다.

아빠의 병을 고칠 방법은 없다. 현실적으로 우리가 할 수 있는 일도 거의 없다. 그러나 아빠는 스스로의 힘으로 병을 견뎌내고 있었다. 끔찍한 병과 극심한 고통, 생활비를 벌지 못해 생긴 금전적인 어려움까지 오히려 삶이 준 커다란 선물로 받아들였다. 스스로 그의 삶을 '선택'했기 때문이었다. *아빠는 병을 원망하는 대신, 감사한 일을 찾는 삶을 선택했다.*

아빠는 열정적인 삶의 아름다운 본보기다. 아빠는 후회 없이 열정적인 삶을 살기 위한 네 번째 선택을 몸소 실천했다. 겉보기에 좋은 인생이든 나쁜 인생이든, 인생을 축복으로 받아들이기를 선택했다.

삶의 어떤 부분에 집중하느냐에 따라 그 부분이 크게 보이기 마련이다. 나쁜 일을 생각하다 보면 나쁜 일은 배가되어 사방으로 퍼진다. (믿기지 않는다면 오늘 밤 뉴스를 봐라. 세상이 지옥같이 느껴질 것이다. 기자들은 나쁜 일 불리기 선수니까!) 좋은 일에 집중하면 좋은 일이 늘어나, 당신의 인생 여기저기에 퍼진다.

아빠는 더 이상 가질 수 없게 된 것에 집중하는 대신, 아직 가지고 있는 것에 대해 집중했다. 부족한 점을 찾는 일을 그만두고, 감사한 점을 찾는 데 집중했다.

알겠지만, 어떤 사람들은 모든 것을 가졌는데도 감사할 줄 모른다. 만족하는 법도 없다. 반면에 가진 것 하나 없어도 매사에 감사하는 사람들도 있다.

당신은 어떤 사람인가? 아니, 그보다 어떤 사람이 되고 싶은가?

같은 질문, 다른 의미 "왜 나야?"

앞서 인생의 승리자가 될지, 패배자가 될지는 단순한 질문 하나가 결정한다고 말했었던 것을 기억하는가? 이제부터 그 이유를 설명하겠다.

패배자가 가장 많이 하는 질문은 뭘까?

주변 사람들 중에 늘 피해 의식에 시달리는 사람을 떠올려보자. 인생이 자꾸 자기한테 싸움을 걸어온다며 호들갑을 떨며 불평을 늘어놓는 그런 사람 말이다. 그런 사람들은 자기 자신은 물론, 자신의 말을 들어주는 모든 사람에게 묻는다. "왜 하필 나야?"

왜 하필 나야? 왜 나한테 이런 일이 생기는 거야?

왜 하필 나야? 왜 나는 항상 일이 안 풀리지?

왜 하필 나야? 왜 남들은 다 나보다 운이 좋은 거야?

재미있는 것은 승리자 역시 같은 질문을 즐겨한다는 것이다. 물론 의미는 완전히 다르지만!

승리자는 컵에 물이 반이나 남았다고 생각할 뿐 아니라, 곧 넘칠 수도 있겠다는 희망에 찬 질문을 한다. 과거를 훌륭한 스승으로 여기며, 미래는 아주 밝을 것이라고 확신한다. 그리고 인생에 있어서 피할 수 없는 시련들은 그것이 무엇이든 자신을 위한 선물이라고 생각한다.

승리자도 패배자들과 같은 질문을 한다. "왜 나야?"

왜 나에게 이런 일이 생겼을까? 여기서 어떤 교훈을 얻을 수 있을까? 어떻게 하면 이 상황에 휩쓸리지 않고, 다른 사람들에게 도움을 줄 수 있을까?

왜 나일까? 분명 이유가 있고 배울 점이 있을 거야.

왜 나일까? 원래 완벽한 일은 없어. 결국에는 다 잘될 거야.

왜 나일까? 어쩌다 내가 지금 여기에서, 이런 삶을 살면서, 삶을 바꿀

놀라운 능력을 갖게 되었을까?

　이 간단한 질문을 어떻게 던지느냐에 따라, 대답과 행동, 그리고 결국 당신의 인생 자체가 달라진다. 행복은 환경에 따라 좌우되는 것이 아니다. 삶의 질과 기쁨의 정도, 위기를 기회로 바꾸는 능력은 관점에 따라 달라진다. '삶이 그대를 속일지라도……' 류의 명언으로 치부하지는 말길 바란다. 흔한 공익광고 문구보다 의미 있고, 범퍼에 붙이는 값싼 스티커의 문구보다 유용할 테니 말이다.

　일상적인 사건들과 사적인 인간관계, 우연한 만남, 중요한 순간들을 어떻게 받아들이느냐는 삶 자체뿐 아니라 수명과 활력에 엄청난 영향을 미친다. 내 개인적인 의견이 아니라, 이를 뒷받침하는 분명한 연구 결과가 있다.

　1986년, 미네소타 대학의 연구진이 훗날 '수녀 연구'라 불리게 된 실험을 시작했다. 수녀는 연구하기에 좋은 집단이다. 세속과 격리된 엄격한 생활양식 때문에 일반적인 연구 집단보다 변수가 적기 때문이다. 수녀는 종신 서약을 한 뒤로 비슷한 환경에서, 비슷한 음식을 먹고, 비슷한 시간에 일을 하며, 비슷한 방식으로 생활한다. 동질적인 집단을 찾는다면 이보다 좋은 집단은 없을 것이다.

　연구진은 밀워키 노트르담 수녀회에 속한 수녀 180명의 일상과 일기를 분석했다. 삶의 태도가 장수와 관련이 있는지 알아보기 위해서였다. 연구진은 수녀들의 일기를 꼼꼼히 살펴 긍정적인 표현과 부정적인 표현을 골라냈다. '여긴 음식이 별로다'와 같은 문장은 부정적인 표현으로, '저녁으로 콩과 쌀 요리가 또 나와 감사하다!'와 같은 문장은 긍정적인 표현으로 분류했다.

과연 삶의 태도가 수명에 영향을 미쳤을까?

감사하는 마음이 정말 중요했을까?

신중히 분석해본 결과, 일기에 부정적인 표현을 많이 쓴 수녀들 중 85세 이상인 수녀는 34%였다. 나쁘지 않은 수치다. 그러나 긍정적인 수녀들과 비교한 결과를 보면 생각이 달라질 것이다. 긍정적인 표현을 많이 쓴 수녀들 중 85세 이상인 수녀는 무려 90%에 달했다!

10년 뒤 긍정적인 수녀들 중 94세 이상인 수녀는 54%인 반면, 부정적인 수녀들 중 94세 이상인 수녀는 11%에 불과했다. 충격적인 결과였다. 연구진은 신앙심, 지적 능력, 신체 활동량 등 이 결과를 설명할 다른 요인을 찾았다. 그러나 수명과 삶의 활력을 좌우한 확실한 요인은 단 하나, 긍정적인 감정이나 부정적인 감정을 얼마나 많이 표현했느냐였다. 의미심장한 결과다.

물론 저마다 타고난 특성이 다르고, 선천적으로 남보다 더 긍정적이고 작은 일에도 행복을 느끼는 사람들이 있긴 하다. 그러나 감사하는 마음을 습관화하는 법은 누구나 배울 수 있다. 인생이 잘 풀리지 않고 머릿속에서 자꾸만 '왜 하필 나지? 나는 참 불쌍해'라는 말이 맴돌기 시작하면, 잠시 멈춰 서서 그 순간을 인생의 변곡점으로 생각하면 된다.

그런 생각은 접어두고 당신의 인생을 바꾸기 위해 적극적으로 노력하면 된다. 힘든 이 상황을 극복하기 위한 조치를 찾아 행동하면 된다. 감사한 이유를 찾기만 하면 된다.

단, 먼저 그렇게 하겠다는 선택을 해야 하겠지만!

파산의 위기에서 얻은 교훈

나는 성탄절 연휴가 정말 좋다. 쌀쌀한 날씨, 가족과 함께하는 시간, 긴 휴가, 맛있는 음식, 흥겨운 음악, 성탄절 예배, 크리스마스 장식과 전등……. 이 모든 게 참 좋다. 그리고 그중에 크리스마스이브가 제일 좋다.

1998년 12월 24일, 밖에는 눈이 내리기 시작했고 우리 가족은 부모님 댁에 모였다. 벽난로에서 장작이 타는 소리를 들으며 크리스마스를 준비했다. 선물을 포장하고 쿠키를 굽고, 에그노그 칵테일을 마시며 함께 축하 분위기를 만끽했다. 이런 순간은 오래도록 기억에 남는다. 가족과 함께하는 시간은 너무나 소중하다. 놓쳐서는 안 되는 시간이다. 그런데 나는, 놓쳤었다.

세인트루이스의 어느 대형 금융 회사의 대학생 인턴이었던 그해 크리스마스이브에 나는 사무실 형광등 아래에서 서류 정리를 하고 있었다. 이상하게도 그날은 좀처럼 진도가 나가지 않았다. 처량하게도 눈이 내리는 창밖을 멍하니 바라보며 가족을 그리워했다. 그러나 골치 아픈 문제는 때때로 깨달음을 주고 또 새로운 동기를 부여한다.

그날 나는 칸막이가 쳐진 자리에 앉아, 다시는 크리스마스이브에 일해야 하는 직업은 갖지 않겠노라 결심했다. 내가 알기론 일정을 마음대로 조정할 수 있는 회사원은 없기 때문에 자영업을 하기로 했다. 세차장이나 커피숍도 생각해봤지만 결국 부동산 개발업을 선택했다. 규모 있는 재건축 작업을 주도해본 경험은 물론, 침실 벽에 페인트칠을 하거나 연장을 잡아본 경험도 없는 남자가 할 법한 선택은 아니었다. 손가락이 없는 남자가 할 만한 선택은 더더욱 아니었다. TV에서는 재미있고 쉬운 일로 비춰졌지만 말이다.

어쨌든 나는 연장을 구입해 부동산 중개인의 길에 막 들어선 친한 친구와 사업을 시작했다. 경험이라고는 둘이 합해 3주밖에 안 되니 우선 고쳐 팔기에 딱 좋은 낡은 집을 찾아야 했다. 몇 주 뒤, 어느 역사 지구의 중심부에 위치한, 지은 지 130년 된 6인 가족용 주택을 샀다. 짜릿했다. 쉽고 재미있게 일하면서 돈도 벌 수 있을 거라 생각했다. 누구의 지시도 받지 않고, 친구들을 직원으로 고용하고, 일정을 내 뜻대로 정하고, 낮에 하는 야구 시합도 보러 갈 수 있을 줄 알았다. 꿈꾸던 삶을 살 줄 알았다. 잘못될 일이 뭐가 있겠느냐 싶었다.

그러나 모든 게 잘못됐다. 엉망진창이었다.

매입한 건물에 처음 간 날이 지금도 생생히 기억난다. 전기 콘센트 하나가 작동이 안 돼, 차단기가 있는 지하실에 가보기로 했다. 한참을 뒤진 끝에 지하실 자물쇠에 열쇠를 찾아 문을 열고 악취가 진동하는 캄캄한 지하실로 들어섰다. 전구가 모두 고장 나 손전등을 겨우 들고 삐걱거리는 계단을 살금살금 내려갔다. 누구나 어린 시절에는 지하실을 무서워하지 않는가? 솔직히 갑자기 뭐가 튀어나올지 누가 아나? 알 수 없는 두려움 때문에 처음 보는 곳의 지하실은 누구라도 내려가고 싶지 않을 것이다. 그날 내 심정이 그랬다.

용기를 쥐어짜 발을 내디디며 손전등으로 계단 아래를 비추니, 비둘기 세 마리가 죽어 있었다. 빌어먹을. *비둘기 사체가 셋이나 있다니.* 나는 죽은 새를 싫어한다. 비둘기의 사체를 넘어 지하실 바닥에 발을 내딛는 순간, 나는 이 집을 처음 계약하기 전에 미처 생각하지 못한 게 있다는 걸 뒤늦게 깨달았다. 바로 먼지 쌓인 지하실이다. 지하실은 이 집을 사지 말라는 신의 계시였을 수도 있다. 그리고 나는 그 계시를 놓쳤다.

어쨌든 나는 망할 비둘기들을 치운 뒤에 두꺼비집을 찾아 차단기를 올리고 작업을 재개했다. 그 뒤로도 날마다 더욱 심각한 문제가 드러났다. 수도관이 부식돼 교체해야 했고, 전기 배선과 냉난방 및 환기 설비도 완전히 뜯어고쳐야 했다. 원래 매력적으로 보였던 나무 바닥은 오랜 방치로 심하게 손상되어 뜯어내야만 했고, 지붕에서는 물이 샜으며, 외벽은 이가 맞지 않은 벽돌이 많았다.

몇 달 동안 정신없이 일했지만 좀처럼 속도가 나지 않았다. 약간의 격려와 공짜 조언을 얻고 싶어, 나보다 나이가 많고 같은 교회에 다니는 부동산 개발업자 딕에게 한번 살펴봐줄 것을 부탁했다. 그의 차가 진입로에 들어서는 걸 보자마자, 나의 새로운 집을 자랑할 셈으로 현관에 나가 슈퍼맨 자세를 취했다. 딕은 차 문을 열고 내리며 건물을 힐끗 보고는 내게 말했다. "맙소사, 이게 뭐야. 환불받을 수 있나?" 확실히 감동한 눈치는 아니었다.

그 후로 길고 더운 여름날이 이어졌다. 숨이 막히는 더위 속에 에어컨도 가동되지 않았다. 익숙하지 않은 노동을 하느라 손이 성할 날이 없었다. 발목과 발의 화상 흉터가 작업용 부츠에 심하게 쓸려, 매일 작업을 시작하기도 전에 그 부위에 붕대를 감아야 했다. 그럼에도 공사는 여전히 더디게 진행되었다. 계획과 달리 자금과 시간 모두 터무니없이 부족했다. 완공될 때쯤에는 임대만 가능한 아파트 건물을 분양이 가능한 콘도로 전환하기 위해 변호사도 고용했다. 역시 큰돈이 들었고, 절차도 까다로웠다. 그렇지만 콘도는 팔리지 않았다. 우리가 예상한 금액으로는 어림도 없었다. 10% 싸게 내놔도 팔리지 않았다. 20%를 깎아도 마찬가지. 어떻게 해도 콘도는 안 팔렸다. 결국 내 야심찬 꿈은 완전히 실패했다. 급기야 다시 변호사를 고용해 콘도를 임대용 아파트로 전환했다. 시청 직원은 콘도를 아파트로 전환하는 경우는 처음 본다고 말했다.

"그러게요, 저도 처음 보네요……."

이 시기에 나는 부동산으로 돈을 벌지 못하는 법을 지독히도 많이 배웠다. 인생은 바닥까지 내려갔고, 저절로 겸손해졌으며, 파산할 뻔했지만, 이후 10년 동안 부동산 개발업자로 일하는 데 있어 큰 도움이 된 중요한 교훈을 얻었다. *어느 순간 내 머릿속에서도 '왜 하필 나한테 이런 일이'라는 생각이 반복되기 시작했다.*

왜 하필 나지? 왜 내 인생은 뭐 하나 잘 풀리는 게 없을까?

하지만 다행히도 끝은 아니었다.

시간이 지나면서 부정의 끝을 달리던 이 질문을 다르게 던질 수 있게 되었다. 내 생애 가장 어둡고 길고 더웠던 그해 여름, 나는 같은 질문을 다르게 했다.

왜 나일까? 어떤 일에 대비해 힘을 기르라고 이런 시련을 주셨을까?

감사하는 마음은 가진 것에 만족하는 태도뿐만 아니라, 어떤 역경이 닥쳐도 헤치고 앞으로 나아갈 수 있게 하는 용기를 준다.

내가 모는 낡아빠진 흰색 트럭, 포드 F250의 선바이저에는 이런 글이 붙어 있다.

> 감사는 충만한 삶에 이르는 열쇠다. 가진 것을 충분하거나 넘치게 만들고, 부정을 긍정으로, 혼돈을 질서로, 혼란을 명확한 상태로 바꾼다. 끼니를 성찬으로, 집을 가정으로, 낯선 사람을 친구로 바꾼다.
> 감사하는 사람은 과거를 받아들이고 평화로운 현재를 살며 이상적인 미래를 꿈꾼다.
>
> — 멜로디 비티

어려웠던 시절 이른 아침에 트럭을 몰며 되새긴 말이다. 이후에도 수없이 많은 순간, 나는 이 글에 담긴 진리에 의지했다. 인생에 갑작스러운 폭풍이 불어 닥칠 때, 신자로서 믿음이 흔들릴 때, 두 팔을 들고 하늘을 향해 '왜 하필 나야?'의 답을 구하는 기도를 하고 나면 마음이 정말 후련했다. 물론 그때마다 내가 던진 질문은 패배자의 그것이 아니라, 살면서 이미 수없이 많은 선물을 받았고 앞으로도 받으리라는 걸 진심으로 깨달은 승리자의 질문이었다.

인생에 평범한 순간은 없다

최근 내가 제일 좋아하는 회사인 사우스웨스트 항공의 리더십 개발 행사에서 강연할 기회가 있었다. 내가 존경하는 강연가 브레네 브라운도 초청된 행사였다. 취약성과 용기, 진정한 삶을 연구하는 브레네 브라운은 지난 5년 사이에 세계적으로 손꼽히는 학자가 되었다.

내가 그녀의 강연에서 가장 큰 인상을 받은 말은 다음과 같다.

"어떤 사람이 살면서 기쁨의 감정을 느끼는지, 느끼지 않는지 가장 잘 보여주는 지표는 감사하는 습관입니다."

그녀의 개인적인 생각이 아니다. 브레네 브라운은 이 문제를 12년 동안 연구했다.

그녀의 연구에 따르면 기쁨은 일어난 일이나 은행의 잔고, 외모, 자녀, 휴가지의 수준에 달려 있지 않았다. 감사하는 마음을 갖겠다는 적극적인 선택에 달려 있었다. 감사하는 마음이 없으면 기쁨을 느낄 수 없다. 그녀는 자신의 저서 『마음 가면』에서 이렇게 말한다.

"실제로 기쁨을 있는 그대로 느낀다고 답한 참가자들은 하나같이 감사하는 습관이 중요하다고 말해요. 연구 결과에서 기쁨과 감사의 연관성이 너무 뚜렷하게 나타나죠. 그래서 나는 학자로서 기쁨에 대해 말할 때마다, 내가 느낀 고마움에 대해서도 함께 이야기해요."

놀랍게도 브라운의 연구 결과, 사람들은 평범한 일상을 가장 고맙게 여겼다. 배우자의 웃음소리, 아침에 마시는 커피의 향, 마당에서 뛰어노는 아이들의 소리처럼 사소한 것에 감사했다.

우리는 흔히 휴가, 은퇴, 생일과 같은 중요한 순간을 기다리느라 제일 많이 축하하고 감사해야 할 일상의 소소한 기쁨을 놓친다. 나는 내가 작은 일에 집중하고 기뻐할 줄 안다는 사실에 감사한다. '인생에 평범한' 순간은 없다.

이렇게 생각하는 습관은 몇 년 전 친구 아버지께 병문안을 다녀온 뒤로 생긴 것이다. 아저씨는 복부암 환자였는데, 암세포가 너무 많이 퍼져 화장실에서 볼일을 볼 수 없을 정도였다. 병문안을 마칠 때쯤 아저씨가 말했다. "존, 나는 혹시라도 내가 다시 화장실을 갈 수 있게 된다면 광란의 파티를 열거야. 아래층과 그 아래층 병동의 환자들에게까지 내가 행복에 겨워 춤추는 소리가 들릴 정도로 시끄럽게! 내가 아는 모든 사람을 초대해서 진짜 제대로 된 파티를 열거야."

아저씨와 마지막 대화를 나눈 지도 벌써 5년이 다 되어간다. 그때 이후로 나는 매 순간, 모든 일에 감사하려고 노력한다. 좋은 일이든 나쁜 일이든, 큰일이든 작은 일이든, 감사하게 생각한다. 물론 화장실에 갈 때에도 항상 행복에 겨운 춤을 춘다. 공중 화장실에서 그러면 사람들이 기겁하기는 하지만, 그걸 계기로 대화가 시작되기도 한다. 사실 내가 화장실에서 춤을 추는 건 아저씨를 기리기 위해서지만, 그게 다는 아니다. 아저씨 덕분에 우리가 너무나 당연시하는, 볼일을 보는 능력이 얼마나 큰 선물인지 깨달았기 때문이다.

교도소에서 맞은 마법의 순간

몇 년 전 연방 교도소에서 강연을 의뢰받았다. 교도소에서 강연하는 건 처음이라 분위기가 어떨지 감을 잡을 수 없어 불안했다. 교도소에 가까워질수록 불안감은 더욱 커졌다. 교도소로 향하는 진입로에 '히치하이커를 태우지 마시오'라는 표지판이 있었다. 교도소 주차장에는 자리마다 '소지품 반입 금지. 모두 차에 두고 내리시오'라는 표지판이 세워져 있었다. 나는 휴대전화와 자동차 열쇠, 노트북, 지갑을 모두 차에 두고, 계단을 올라 교도소 건물 안으로 들어갔다. 버저가 울리고 대기실로 들어가는 철문이 열렸다. 교도관이 시키는 대로 서명을 하고, 신분 확인을 마친 뒤, 재소자들 사이에서 예상치 못한 일이 발생했을 때는 어떻게 대처해야 하는지 배웠다. 그리고는 다시 교도관의 안내를 받아 짧고 어두운 복도를 지나 또 다른 철문 앞에 다다랐다. 다시 버저가 울렸고, 천천히 문이 열렸다.

안으로 들어가자, 철문과 콘크리트 벽으로 둘러싸인 대기실이 있었다.

천장과 비디오에 수십 개의 비디오카메라가 달린 작은 대기실이었다. 보안상 내가 방금 통과한 문, 즉 외부로 통하는 문이 닫힌 뒤에야 교도소 내부로 통하는 문이 열렸다. 심장이 쿵쿵 뛰었다. 이제 곧 재소자들을 만나 리더십을 주제로 강연을 시작할 것이다. 내 전부를 보여줘야 한다.

나는 포춘지가 선정한 미국 500대 기업의 임원들부터 1만 5,000여 명의 보험 중개인에 이르기까지, 세계 곳곳에서 다양한 청중을 대상으로 강연을 해왔다. 그러나 그 어떤 강연도 이렇게 떨리지는 않았다. 드디어 교도소 내부로 들어가는 마지막 대형 철문이 열렸다. 앞으로 한 걸음을 내딛자 뒤에서 철문이 쾅 닫히는 소리가 났다. 담당자와 반갑게 악수를 나누고는 재소자들이 모여 있는 곳으로 향하기 위해 교도소 마당을 지나갔다.

교도소 마당은 시끄러웠다. 보통의 공원처럼 웃고, 떠들고, 욕하고, 말하는 소리가 뒤섞여 있었다. 수십 명의 재소자가 농구, 달리기 등의 운동을 하거나, 체스를 두거나, 그냥 서 있기도 했다. 그들을 지나 '8'이라고 표시된 문을 열고 들어가니 꽤 오래된 예배당이 나왔다. 딱 한 대 설치된 선풍기에서 약한 바람이 불어나오는 덥고 어두침침한 방이었다.

방에는 주황색 죄수복을 입은 60명의 남자들이 앉아 있었다. 공식적인 소개는 없었고 담당자가 내게 준비가 되면 시작하라고 말했다. 생각을 정리하고 짧게 기도를 한 뒤 예배당 안을 둘러보았다. 그러고는 말을 꺼냈다. 솔직한 말로 시작해야겠다 싶어, 도착해서 표지판을 보고 계단을 올라 정문을 통과하면서 어떤 기분이었는지부터 말했다. 솔직히 여기 오기로 한 결정이 후회되기도 했다고 말했다. 하지만 지금 이 순간에는 이곳에 오길 정말 잘했다는 생각이 든다는 말도 덧붙였다.

세 시간 동안 이어진 강연에서 나는 수개월 동안 병실에 갇혀 지낸 내게 버팀목이 되어준 삶의 교훈과, 그 교훈 덕분에 얻은 자유에 대해 이야기했다. 나뿐만 아니라 그들 역시 눈에 보이는 벽에 연연하지 않고, 자유롭게 살 수 있을 거라고 말했다. 우리는 함께 자신의 이야기를 나누며, 여러 가지 고난과 역경을 극복하는 법에 대해 이야기했고, 사방이 벽으로 막힌 이곳에서도 삶의 의미와 희망을 찾고 용서를 구할 수 있다는 사실을 일깨우고 그 방법을 함께 고민했다.

강연 막바지에 감사의 가치에 대해 이야기할 때였다. 예배당에 오래된 피아노가 한 대 있었는데, 나는 피아노 앞에 앉아 '어메이징 그레이스'를 연주하기 시작했다. 관객들은 항상 손가락이 없는 내가 피아노를 치는 걸 보고 놀란다. 주로 저녁에 휴식을 취하기 위해 혼자 피아노를 치지만, 가끔은 관객들에게 용기를 주기 위해 피아노 앞에 앉는다. 그날은 재소자들이 자신의 내면을 들여다보는 데 잔잔한 음악이 도움이 될 것 같아 피아노를 연주했다. 그때 몇 주 전 현관에 앉아 아버지와 나눈 대화가 떠올랐다. 재소자들과도 그 이야기를 나누고 싶어 잠시 연주를 멈췄다. "감사한 일을 세 가지 생각해보세요. 특히 수감 생활을 하면서 감사한 일 세 가지를 떠올려보세요."

예배당 곳곳에서 작은 비웃음소리와 술렁이는 소리가 들렸지만 상관없었다. 어차피 쉽지 않으리라고 생각했으니까. 나는 아무 말 없이 계속 피아노를 쳤다. 잠시 후 연주를 멈추고 일어나서 물었다. 말씀해주실 분 없나요?

모두 고개를 숙였다. 아무도, 한 마디도 하지 않았다. 정말 민망한 순간이었다.

그때 누군가가 목청을 가다듬는 소리가 났다. 한 남자가 일어나서 다른 재소자들을 둘러본 뒤 나를 바라보며 말했다. "고마운 일 따위, 하나도 없는데요."

재소자들 사이에서 웃음이 터져나왔다. 그 순간 머릿속에서 '왜 하필 나야?' 질문이 다시 춤추기 시작했다. 나는 남자에게 의견을 말해줘서 고맙다고 인사한 뒤, 고마운 일이 하나라도 있는 사람은 없는지 다시 한 번 물었다. 또 침묵이 흘렀다.

길고 긴 침묵이 흐르고, 마침내 접이식 의자가 밀리며 타일 바닥을 긁는 반가운 소리가 들렸다. 예배당 뒤쪽에 일어선 남자가 보였다. 적갈색 콧수염이 덥수룩한 그는 바닥에서 눈을 떼지 않은 채 또렷하고 단호한 목소리로 말했다. "저는 있습니다. 제가 고마운 건……" 그는 계속해서 그가 작성한 목록을 읽기 시작했다. 읽고, 또 읽었다. 그가 밝힌 고마운 일은 총 서른한 가지였다. 겨울에는 난방, 여름에는 냉방, 도서관, 따뜻한 침대, 세탁실, 구원받을 기회, 새로운 친구들, 나쁜 환경에서 벗어난 것, 매일 세 번 제공되는 영양가 있는 식사, 베개, 담요, 인생……. 남자가 자리에 앉았다. 잠시 정적이 흐른 뒤에 박수가 터져 나왔다. 마법과 같은 순간이었다.

첫 번째 남자가 자리에 앉을 때는 모두 웃음을 터트렸다.

두 번째 남자가 자리에 앉을 때는 모두 벌떡 일어나 기립 박수를 쳤다.

모두 같은 식사를 하고, 같은 주황색 죄수복을 입고, 같은 시간, 같은 공간에서, 같은 경험을 하고, 같은 질문을 던졌다. 그런데 질문을 던지는 방식을 바꾼 것만으로 답이 달라지고, 일상의 경험이 바뀌며, 다른 누군가에게 영감을 주는 인생으로 바뀌었다.

"어떻게 살 것인지 네가 선택해, 꼬마 동지"

퇴원을 며칠 앞둔 어느 날, 누군가 병실 문을 똑똑 두드렸다. 아이베지언 선생님이었다. 선생님과 나는 몇 달 전 응급실에서 처음 만난 뒤, 그때부터 5개월 동안 내가 스물네 번의 수술과 일상적인 치료를 받을 때마다 언제나 함께 있었다. 부모님을 빼고 입원 기간 동안 하루도 빼먹지 않고 만난 사람은 아이베지언 선생님뿐이었다. 손가락을 없앤 건 여전히 화가 나지만, 나는 여전히 선생님을 사랑했다. 키가 작고 안경을 쓴 선생님은 항상 미소를 머금은 채 눈빛을 반짝이며 내게 말을 건넬 때마다 내가 겪고 있는 일을 모두 이해하는 듯한 표정을 지었다.

아니, 그는 나를 정말로 이해했다.

선생님도 어릴 때 화상을 입은 적이 있다고 했다. 두 다리에는 흉터가 가득하다고도 했다. 늘 짙은 색 양복바지만 입어 직접 본 적은 없지만, 흉터를 보지 않아도 나는 알 수 있다. 눈을 보면 안다. 목소리를 들어도 안다. 선생님이 나를 얼마나 이해하고 있는지 그냥 느낄 수 있다. 선생님은 나를 이해했다. 그는 놀라울 정도로 공감 능력이 뛰어났고, 누구보다 친절했으며, 세계 최고의 외과의였다. 그는 회진을 마칠 때마다 꼭 이렇게 인사했다.

"또 보자, 꼬마 동지."

선생님이나 다른 사람에게 한 번도 물어보지는 않았지만, 그때는 어려서 '동지'가 무슨 뜻인지 몰랐다. 영화를 볼 때나 한 번 들어봤을까. 영화 속에서 그런 말을 하는 사람은 주로 러시아 사람이었다. *'꼬마 동지'라고? 좋아, 근데 좋은 말인가? 나쁜 말인가?*

그때는 몰랐다. 그래서 그냥 고개를 끄덕이며 대답했다. "좋아요."

퇴원을 일주일 앞둔 어느 날, 선생님은 회진 시간이 아닌 점심시간 즈음에 나를 찾아왔다. 그는 내가 보고 있던 TV를 끄고 침대에 걸터앉아 나를 보며 미소 지었다. "존……."

걱정이 가득 담긴 따뜻한 눈빛이었다. "존, 네가 나은 건 정말 기적이야. 의사로서 이런 경우는 처음 봤단다. 오늘의 네가 있기까지 얼마나 많은 사람들이 너를 응원하고 기도해줬는지 알지? 그 모든 분들께 정말 감사하구나."

선생님은 잠시 말을 멈췄다. "그동안 정말 힘든 시간을 버텨줬어. 잘했다. 하지만 존, 앞으로 네가 걸어가야 할 길은 그보다 훨씬 더 힘들 거야."

나는 고개를 끄덕였다. 선생님이 하는 말이 중요하다는 걸 알았기 때문이다. 어려도 알 건 다 알았다. 선생님이 그 길을 직접 걸어보았기에 하는 말이라는 것도 알았다.

선생님은 목청을 가다듬었다. "존, 앞으로도 네가 하고 싶은 일은 거의 다 할 수 있다는 걸 명심하렴. 법원 속기사는 되지 못할 수도 있지만 변호사나 판사는 될 수 있어. 전처럼 야구를 하지는 못할지라도 감독이나 구단주는 될 수 있지. 목수는 조금 힘들어도 멋진 건물을 만들어내는 건설업자는 할 수 있어. 특히 결혼하고, 아이들을 키우는 멋진 삶을 사는 일 역시 아무런 문제도 없단다! 너는 기적과도 같은 아이야. 앞으로도 놀라운 삶을 살 수 있어. 지금까지는 끔찍한 시련을 견뎌야 했지만, 네 인생의 최고의 순간은 아직 오지 않았어. 비극에 굴복한 패배자가 될지, 비극을 극복한 승리자가 될지는 선택하기 나름이야. 네가 선택하도록 해."

나는 다시 고개를 끄덕였다. 선생님은 몸을 굽혀 내 이마에 입을 맞추었다. 그는 침대에서 일어나 문을 열고 병실을 나가려다가, 다시 뒤돌아보며 말했다. "또 보자, 꼬마 동지."

그때 선생님이 했던 그 말이, 벌써 30년이 다 된 지금까지도 내 머릿속에 생생하게 남아 있다. 선생님은 언제나 바쁜 분이었고, 담당 환자 목록에서 내 이름을 빼면 그만이었다. 어차피 나는 퇴원을 앞두고 있는 환자였고, 그는 할 일을 다했다. 하지만 아이베지언 선생님은 거기서 멈추지 않았다. 이제는 하지 못하게 된 일을 그리워하며 살지, 아직 남은 할 수 있는 일의 가능성을 보고 살지는, 오로지 나의 선택에 달렸다는 사실을 알려주고 싶어 했다.

앞장서서 가능성을 보여주는 사람이 있기에, 우리 모두에게는 믿을 수 없이 놀라운 삶을 만들어갈 수 있는 힘이 있다는 사실을 다시 한 번 떠올린다. 선생님은 의료진을 훌륭히 이끌었고, 나를 치료하기 위해 밤낮으로 노력했다. 나뿐만 아니라 그는 자신이 맡은 모든 환자에게 지극히 헌신적이었다. 환자들을 퇴원시키는 데 그치지 않고 그들이 병실을 나간 뒤에 용감히 세상 속으로 발을 내디딜 수 있도록 최선을 다했다.

인생의 패배자와 승리자를 나누는 것은 자신에게 부족한 것이 눈에 띌 때, 곧바로 내가 가진 것을 떠올리고 감사할 수 있는 사고방식의 차이다. 감사하는 마음을 가지면, 조금 더 살맛나는 세상을 조금 더 오래 살 수 있을 것이다. 부정적인 생각을 버리고, 쇠사슬에 묶인 채 벽에 둘러싸인 삶에서 벗어나, 상황을 긍정적으로 바라보고 열정으로 불타오르는 광란의 파티와 같은 삶이 찾아올 것이다.

아래층과 그 아래층 환자들에게까지 들릴 정도로 시끌벅적한 춤을 추는 파티. 재소자들이 기립 박수를 치는 파티. 한 순간도 후회 없이 열정적인 인생의 파티.

그런 파티를 열어라.

피해자로 남을 것인가 VS 승리자로 거듭날 것인가

진정한 삶은 폭풍이 지나가길 기다리는 것이 아니라,
빗속에서 춤추는 법을 배우는 삶이다.

– 비비언 그린

누구나 인생에서 피할 수 없는 폭풍우를 만난다.
그때마다 우리는 피해자처럼 하늘을 원망한다. "왜 나야?"
삶은 시련의 연속이고, 언제나 치열하며, 세상은 나쁜 놈 투성이에,
희망 따위는 보이지도 않고, 점점 더 최악으로 치닫는 것 같다.

그러나 똑같이 폭풍이 몰아쳐도, 비바람을 이겨내고
놀라운 승리자로 거듭나는 사람들도 있다.
그들은 이 시련들이 인생을 바꿀 절호의 기회라는 것을 안다.
고통 역시 선물이 될 수 있고, 역경은 인격을 단단하게 만들 기회이며,
아직 인생에 최고의 순간은 오지 않았다고 믿는다.

인생의 폭풍우는 영원히 끝나지 않을 것이다.
하늘을 원망하는 대신, 얼굴에 떨어지는 빗방울을 느끼며 춤을 춰라.
한줄기 햇빛이 비칠 그 순간을 기다려라.
폭풍이 당신을 어디로 데려다줄지 궁금해해라.

"왜 나야?"
이 질문을 어떻게 하느냐에 따라 앞으로의 인생이 완전히 뒤바뀐다.

이제부터 승리자의 삶을 선택해라.

언제라도 '좋다'고 말할 수 있는가?

Do you want to die?

사람들은 대개 편안한 걸 좋아하지만,
인생을 바꾸는 건 용기다.

▼

인생이 아무리 나빠 보여도
살아 있는 한 희망은 있다.

– 스티븐 호킹

어차피 나는 걷지 못해요

그가 또 왔다.

입원한 순간부터 거의 매일 그를 보고 있다. 그는 내 붕대를 교체해주는 간호사다. 매일 바퀴 달린 들것으로 나를 옮겨 복도를 지나 소독실에 다다라 욕조에 나를 넣은 뒤, 끝나면 다시 병실에 데려다주는 남자. 덩치가 커다란 그 남자는 딱 아폴로 크리드처럼 생겼다. 영화 「록키」에서 주인공과 맞붙는 덩치 큰 권투 선수 말이다. 시합에 나가지 않을 때는 여기서 일하는 모양이다. 나는 그를 '커다란 로이'라고 부른다.

로이는 내가 제일 좋아하는 간호사였다. 손길이 엄청 부드러워 소독을 받을 때마다 나는 로이를 찾았다. 로이는 누구보다 조심스럽게 나를 들것으로 옮겨 소독실로 데려가 욕조에 앉혀주었다. 그는 최고의 간호사다.

하지만 그런 로이가 달라졌다. 그가 왜 변했는지는 모르겠지만, 지금은 최악의 간호사다. 며칠 전부터 나를 들것에 옮기지 않고, 대신 몸을 침대에 고정하는 찍찍이 줄을 풀고 나를 들어올려 병실 밖으로 나가게 한 뒤, 나를 똑바로 세워 안은 채로 스스로 소독실까지 걸어가게 한다. 내 다리는 그의 다리 사이에서 대롱대롱 매달려 있을 뿐인데도 그는 나를 걷게 하려고 안간힘을 썼다. *내가 걸을 수 없다는 걸 모르나? 내 다리가 움직이지 않는다는 걸 모르나?*

내 발은 바닥에 닿지도 않는데 발과 다리가 미치도록 욱신거린다. 온몸의 피가 발과 다리로 몰리는 기분이다. 다리가 여전히 타고 있는 것 같다. 내가 아프다고 소리치며 이제 그만 눕혀달라고, 들것에 실어 옮겨달라고 말하면, 로이는 내 말을 들어주기는커녕 작정한 듯 못되게 군다. 내 다리가 자신의 다리 사이에 매달려 바닥에 질질 끌리고 있는데도 그는 이렇게 말했다. "꼬마야, 너는 다시 걸을 거야. 그러니 빨리 익숙해지는 게 좋아. 자, 내가 같이 걸어줄게." 아니, 지금 농담하는 건가? 이해가 안 된다. 대체 무슨 생각으로 이러는 거야?

내 다리는 여전히 붕대에 칭칭 감겨 있고, 속은 더 엉망진창이다. 다리는 구부러지지도 않고, 발에 체중을 실을 수도 없다. 근육이 다 불타버렸으니까…….다시 걷는 건 불가능하다. 하지만 그래도 상관없다. 엄마와 아빠가 나를 보살펴줄 거고 누나들도 도와줄 거다. 이렇게 힘들게 다시 걸으려 노력할 필요가 없다. 지금 이대로도 괜찮다.

그런데 그가 또 병실에 왔다. 침대에 묶여 있는 오른팔을 풀고, 왼팔을 풀고 이제는 왼다리, 오른다리까지 고정벨트를 모두 풀어냈다. 그러고는 다시 내 몸을 조심스럽게 들어올려 병실 밖으로 나간다. 또 시작이네.

내 다리는 다시 바닥으로 떨어지고 두 발이 간신히 바닥에 닿았다. 로이는 나를 꼭 끌어안은 채로 붕대를 교체하는 소독실을 향해 한 걸음 한 걸음 내딛었다. 내 다리가 맥없이 흔들거렸다. 그러더니 그가 다시 내게 말을 걸어왔다. "꼬마야, 내 말 잘 들어. 너는 다시 걸을 거야. 그러니 빨리 익숙해지도록 해. 자, 다리를 움직여봐. 그렇지. 내가 같이 걸어줄게."

나는 바닥을 뚫어져라 내려다보며, 그의 말을 무시한 채 나를 괴롭히는 이 고통까지 무시하려고 애썼다. *마음대로 해요, 로이. 그래봤자 나는 걷지 못할 테니까.*

◆ ◆ ◆

오래된 소형 트럭 한 대가 우리 집 앞 진입로에 멈춰 섰다. 나는 현관 앞의 의자에 앉아 이 순간을, 저 오래된 작은 트럭을, 그리고 그 트럭을 모는 저 남자를 기다리고 있었다. 창밖으로 나이가 지긋해 보이는 한 남자가 차에서 내리는 모습이 보였다. 남자는 트럭 문을 닫고 우리 집을 향해 걸어왔다.

화상을 입은 지 1년쯤 지난 늦겨울의 어느 날이었다. 드디어 휠체어에서 벗어나긴 했지만 내 몸은 여전히 구부정했고, 두 팔은 90도로 고정돼 움직이지 않았다. 팔과 목, 다리에는 아직도 부목을 대고 있었고, 걸을 때는 심하게 절뚝거렸다. 물리치료는 계속 고통스러웠고 치료의 효과는 더디게 나타났다. '걸을 수'는 있었지만 평범한 사람처럼 걷지는 못했다. 퇴원하고 나니, 평범한 아이로 돌아가고 싶은 마음이 더욱 간절해졌다. 남들처럼 달리고 싶었고, 야구를 하고, 농구도 하고 싶었다. 다른 아이들에게 뒤처지긴 싫었다. 그러나 그렇게 되기까지는 내게 너무 오랜 시간이 필요했다. 나는 그 시간을 기다릴 자신이 없었다.

그러던 어느 날 어떤 남자가 부모님에게 전화를 걸었다. 나의 사연을 들었다며 나를 보러 우리 집에 오고 싶다고, 나와 산책을 하고 싶다고 했다. 그것도 일대일로, 남자 대 남자로.

내가 현관 앞의 의자에 앉아 그를 기다렸던 건 이 전화 때문이었다. 그리고 그에게 문을 열어줄 때 내가 아는 건 이게 전부였다. 나는 그와 '남자 대 남자'로 통성명을 한 뒤, 즐거운 시간을 보내라고 인사하는 부모님을 뒤로하고 절름거리며 집을 나섰다. 우리 둘의 걸음걸이는 비슷했다. 그는 나이 때문에, 나는 온몸을 뒤덮은 화상의 흔적 때문에 다리를 절었다.

남자는 자신의 이야기를 시작했다. 이름은 '글렌 커닝햄'이고 혹시 자기에 대해 아는 게 없냐고 물었다. 내가 모른다는 뜻으로 고개를 젓자, 그가 간략하게 자기소개를 했다. 그는 젊은 시절 국가대표 육상 선수였다. 한때는 1마일(약 1.6킬로미터) 달리기 세계 기록을 세웠고, 1936년 베를린 올림픽에 출전했을 때는 은메달을 따기도 했다. 그는 말을 멈추고 내 쪽으로 몸을 돌렸다.

"그런데 그거 아니? 너랑 나 사이에는 비슷한 점이 있단다. 나도 어릴 때 화상을 입었어. 형하고 같이 학교에 있는 난로를 켜다가 사고가 났지. 춥고 이른 시간이라 등교한 학생은 우리밖에 없었어. 형과 나는 다른 아이들이 등교하기 전에 교실을 미리 따뜻하게 해놓고 싶어서 난로를 켜기로 했어. 존, 우리는 상상도 하지 못했어. 전날 밤 등유 통이 휘발유 통으로 바뀌었다는 걸. 그건 위험하잖아, 안 그러니?"

나는 고개를 끄덕였다. "그럼요. 엄청 위험하죠."

"난로를 켜는 순간 난로 옆에 있던 휘발유 통에 불이 붙었어. 사방에 불이 붙었지. 교실 전체가…… 불꽃으로 변했단다." 그는 말을 멈추고 먼 곳을 바라보았다.

"우리 형 플로이드는 나의 가장 친한 친구였어. 나의 어린 시절 모든 순간을 함께했고, 그날 아침 교실에서도 내 곁에 있었지. 하지만 형은 불이 난 지 9일 만에 죽어버렸어."

이미 70년이 지난 이야기였지만 그의 목소리와 눈빛은 여전히 형을 잃은 슬픔에 떨리고 있었다. 그의 상처에는 시간도 약이 되지는 못했던 것 같다.

"존, 나도 온몸에 화상을 입었어. 살아남은 건 감사했지만 고통이 너무 심해 가끔은 그냥 죽는 게 낫겠다고 생각했단다. 내 말 무슨 뜻인지 알지?"

나는 곧바로 답하지 않았다. 몇 걸음 더 걸은 뒤에야 그를 올려다보며 조용히 답했다.

"네……. 너무 잘 알죠."

우리는 계속해서 인도를 따라 천천히 발걸음을 옮겼다.

"온몸이 불에 탔지만 특히 다리가 제일 심했어. 의사는 상태가 너무 심하다며 다리를 절단하자고 했지. 감염이 되면 죽으니까. 다행히 엄마가 그러지 말아달라고, 다시 걸을 가능성이 조금이라도 있는 한 매일 붕대를 갈아주겠다며 애원했어." 그는 다시 말을 멈췄다.

"아주 오랜 시간이 걸렸단다, 존. 침대에서 벗어나기까지, 일어서기까지, 걷기까지, 그리고 내가 다시 달릴 수 있을 거라고 생각하기까지 아주 오랜 시간이 걸렸어."

"그때까지 어떻게 견디셨어요?"

"처음에는 엄마가 나를 집 밖으로 데리고 나와서 집 주변 울타리에 세워놨어. 난 울며 겨자 먹기로 울타리를 붙잡고 서 있을 수밖에 없었지. 쓰러지면 다시 일어나 조금 더 오래 버티고, 조금 더, 조금 더…… 그렇게 쓰러지고 일어서길 몇 번이나 반복했어. 도저히 서 있을 수조차 없을 때쯤이면 엄마가 나를 안아서 집 안으로 데려다줬지. 그런데 얼마 지나고 나서 비록 절뚝거리긴 했지만 조금씩 나 혼자서 집 밖으로 걸어 나오게 됐어. 온 힘을 다해 울타리를 잡고 아등바등 버티던 내가 한 손으로만 잡고 걸을 수 있었어. 그러다 두 손을 떼고 걸었지!

울타리를 따라 걷다가, 천천히 뛰다가, 나중에는 전력 질주하기 시작했어. 점점 더 빨리, 점점 더 멀리 뛰었지. 그러다 달리기 시합까지 나갔어. 그때까지만 해도 올림픽에 출전하게 될 줄은 꿈에도 몰랐단다. 그저 평생 앉은뱅이로 살고 싶지 않은 마음뿐이었어. 그래서 일어났어. 한 발을 떼고 또 다시 한 발을 뗐지. 그 뒤로는 절대 뒤돌아보거나 포기하지 않았어. 울타리를 따라 뛸 때도, 대학에서 선수로 뛸 때도, 국가 대표로 베를린 올림픽에서 뛸 때도."

글렌은 나를 향해 돌아서서는 힘겹게 몸을 굽혀 내 눈을 똑바로 바라봤다. 그리고 강하고 단호한 목소리로 내게 말했다.

"존, 난 여기까지 내 이야기를 하러 온 게 아니야. 너를 믿기 때문에 왔어. 네가 얼마나 힘든 시간을 보냈고, 지금 어떤 고통을 겪고 있는지 나는 알아. 이건 싸움이야. 앞으로는 매일매일이 전쟁일 거야. 하지만 병원에 처음 입원한 날을 돌아보며 네가 얼마나 멀리 왔는지 생각해보렴. 사람들은 네가 그날 밤을 넘기지 못할 거라고 생각했어. 하지만 봐, 그들이 틀렸다는 걸 증명해냈잖니!"

나는 고개를 끄덕였다.

"존, 먼 길 오느라 정말 수고했다. 하지만 이제부터가 진짜 시작이야. 무엇을 하고 싶든 그 일을 하는 네 모습을 상상해봐. 머릿속에 그려봐. 안 될 거라고 생각하고 미리 포기하지 마. 네가 하고 싶은 일은 뭐든지 할 수 있어. 평범한 수준에 만족하지 말고, 목표와 기대치를 높게 잡아. 힘들다고 멈춰 서서는 안 돼. 알았지? 무슨 일이 있어도 네 꿈을 버리지 마. 절대 포기하지 않는 것, 그게 제일 중요해."

나는 글렌의 말에 진심어린 격려를 받으며 집으로 들어왔다.

글렌은 가장 필요한 순간에 내 앞에 나타났다. 나는 외로웠다. 누군가는 나와 같은 길을 걷고 있는 사람이 있다고 말해주길 절실하게 바랐고, 글렌은 몸소 그 사실을 증명해주었다. 나와 같은 길을 걸어온 사람이 또 있다니! 화상을 극복하고 올림픽에서 메달을 따낸 영웅과의 산책은 내가 지금의 상황을 받아들이는 방식을 완전히 바꿔놓았다. 글렌이 했다면 나도 할 수 있다는 생각이 들기 시작했다. 그가 떠날 때 나는 현관에서 그의 트럭까지 걸어가 배웅했다. 몇 번의 시도 끝에 겨우 시동이 걸렸다. 트럭이 움직이기 시작하자 글렌은 창문을 내려 머리를 내밀고 내게 손을 흔들며 소리쳤다. "존, 명심해! 절대 포기하지 마!"

꿈만 같은 대화였다. 내 인생을 바꾼 대화였다.

그리고 하마터면 나누지 못했을 뻔한 대화였다.

내게 찾아온 선물 같은 존재였던 글렌은 겨우 2주 뒤, 아칸소 주에 있는 자신의 집에서 숨을 거뒀다. 그의 나이 78세였다. 평생 역경을 딛고 타인을 위해 아낌없는 노력을 기울였던 남자는 마지막까지 걷는 법을 다시 배우고 있는, 감수성이 예민한 한 소년에게 희망의 빛을 선물했다. 그리고 글렌을 만나기 1년 전 처음으로 나를 걷게 만들려 했던 또다른 한 사람, 로이 간호사가 있었다.

"너는 다시 걸을 거야. 내가 같이 걸어줄게."

로이 역시 가장 필요한 순간에 나타났다. 처음에는 그가 정말 원망스럽고, 걷는 건 불가능하다고 믿었고, 욕조까지 걸어가는 동안 견뎌야 하는 고통이 싫었지만, 어느 순간 생각이 달라졌다. 힘겹게 걸음을 옮겨 붕대를 교체하러 가던 어느 날 문득 그가 하는 말에 믿음이 생기고, 이런 생각이 들었다. *그래, 어쩌면, 가능할지도 몰라. 다시 걸을 수 있을지도 몰라.*

누구나 가끔은 함께 걸어주고 나보다 먼저 가능성을 증명해줄 사람이 필요할 때가 있다. 글렌과 로이가 없었다면 오늘의 나도 없었을 것이다.

힘든 시절, 가장 필요한 순간에 내 앞에 나타난 두 남자는 내가 발밑의 시련에서 눈을 떼지 못할 때, 앞을 보게 했다. 내가 갈 수 있는 더 먼 곳을 가리키며 그곳을 향해 걸어 나가라고 응원했다. 강렬하고 대담한 비전을 제시했다. 나도 믿지 못하는 나를 먼저 믿어주었다. 두 남자는 내게 가장 중요한 인생의 교훈을 남겼다. 고개를 들고 앞을 보면, 인생이 얼마나 바뀌는지를 보여주었다.

다시, 무모한 꿈을 꿔라

나는 일을 마치고 집에 돌아갈 때가 참 좋다.

몇 주 전, 퇴근 후에 집 앞에 차를 세우니, 네 아이 가운데 잭, 패트릭, 그레이스가 나를 반기러 뛰어나왔다. 세 아이를 안아주고 함께 술래잡기를 조금 하고는 나머지 말썽꾸러기 헨리와 아내를 찾으러 집 안으로 들어갔다. 아내는 저녁 준비를 하고 있었다. 아내와 입을 맞추며 인사를 나눈 뒤 오늘 하루는 어땠고 저녁에는 무엇을 할지 이야기했다. 아내는 저녁을 먹게 아이들을 데려오라고 했다. 헨리를 아직 보지 못한 나는 현관 쪽으로 걸어가 헨리의 이름을 불렀다. 하지만 답이 없었다.

네 살밖에 안 된 아이가 눈에 보이지 않으니 조금 불안해졌다. 계속해서 이름을 부르며 서둘러 계단을 올라갔다. 그래도 답은 없었다. 계단을 타고 뒤뜰이 내려다보이는 거실로 향했다. 우리 집 거실은 삼면에 창문이 있어 아름다운 경치가 한눈에 보인다. 그런데 헨리가 그 창문 한편에 이마를 기대고 소파 등받이 위에 위태롭게 서 있었다. 닌자 거북이 가면을 쓰고 슈퍼맨 망토를 두른 채 오른손에는 광선 검을 들고서 말이다. 헨리가 나를 발견하고는 뒤돌아서서 위협하듯 내게 광선 검을 휘둘렀다.

지난주에도 이 꼬맹이 대문에 응급실에 갔다. 물론 그때가 처음은 아니었다. 지난 몇 년 사이에 헨리는 손에 깊은 찰과상을 입거나 동전을 삼켜 복통을 호소하는 등 응급실을 제집처럼 드나들었다. 응급실의 간호사들과 친해질 정도였다. 나는 또다시 응급실 신세를 지긴 싫어 버럭 소리쳤다.

"헨리, 광선 검 내려놓고 소파에서 내려와! 너 창문에서 떨어지면 어쩌려고 그래. 네가 날 수 없다는 사실을 꼭 확인해봐야 알겠어? 어서 내려와, 헨리!"

헨리는 소파에서 뛰어내려 나에게 달려와서는 가라테 손날 공격을 퍼붓고 나를 끌어안았다. 아이의 애정 어린 포옹으로 이성이 돌아오고 놀란 가슴을 진정하고 보니, 방금 내가 한 말을 아이가 당연하게 받아들일 날이 얼마 남지 않았다는 생각이 문득 들었다. 아이는 머지않아 손에서 광선 검을 내려놓고 저 멀리 치워버리고는 '하늘을 나는 슈퍼 영웅 같은 건 없어'라고 생각할 것이다. 소파에서 내려와 망토를 풀고, 자기 방으로 들어가 옷장 한구석에 망토를 쑤셔넣고 '이런 건 다 가짜야. 유치해'라고 생각할 것이다.

아이의 넘쳐나는 장난기와 샘솟는 창의성, 매순간 품는 조금은 터무니없는 희망이 사라질 날은 생각보다 금방 다가온다. 헨리는 곧 우리와 비

숫해질 것이다. 셔츠를 단정하게 넣어 입고 오른발 다음에 왼발을 디디며 평범하게 살 것이다. *무엇이든 가능한, 미치도록 흥미진진하고 기쁨으로 가득한 인생은 현실에선 불가능하다고 말할 것이다.*

나는 그저 부모로서 헨리가 위험한 곳에 가지 않길 바랐다. 그러나 안전하고 편안하게만 살려고 애쓰면 인생에 놓인 굉장한 기회들을 놓치기 쉽다.

누구나 지금 이대로 현실에 안주하고 싶은 순간이 있다. 너무 지쳤거나, 너무 늦었거나, 너무 두렵거나 할 때. 이런 저런 핑계를 대고 멈춰서고 싶어진다. 넘어지지 않도록 울퉁불퉁한 바닥에서 눈을 떼지 말라고 배워온 우리에게는 어쩌면 당연한 마음일지도 모른다.

위험한 곳은 피하는 게 상책이야. 네가 서 있는 곳을 잘 봐. 떨어지지 않게 조심해. 멍청하게 굴지 마. 넘어지면 안 돼.

그러나 지금 서 있는 곳에서 넘어지지 않으려 바닥만 보고 있으면, 결코 앞으로 나아갈 수 없다. 내가 갈 수 있는 곳이 어디인지, 그곳이 얼마나 멋진 곳인지 알 수 없고, 그곳을 향한 길이 보이지 않는 것은 당연하다.

'너는 뭐든지 할 수 있어'라고 속삭이는 내면의 소리에 다시 귀를 기울여야 한다. 용기를 내어 망토를 쑤셔넣은 서랍을 열어야 할 때다. 인생이 무한한 가능성으로 가득했던 어린 시절, 그때 입던 망토를 다시 꺼내야 한다. 망토를 다시 두를 용기를 내야 한다.

고개를 들어 수평선을 다시 바라볼 용기, 위험한 소파 등받이 위에 올라갈 용기, 무모하게 날아오를 용기를 내야 한다.

다시 한 번 무모해져라. 어쩌면 위험하고 고통이 따를 수도 있다.

그러나 분명 그만 한 가치가 있을 것이다.

고통스러운 스트레칭이 가져다준 것

나는 5개월 동안 병원 침대에 묶여 있었다. 생사를 다툰 그 시간 동안 내 몸에 있던 근육은 모두 위축돼 사라졌다. 그뿐만 아니라 나를 살리기 위한 피부이식 때문에 또 다른 문제가 생겼다. 비교적 상태가 괜찮은 두피에서 우표 크기로 채취된 피부는 피부가 타버린 온몸에 이식되었다. 이 이식된 피부가 새로운 문제를 일으켰다. 바로 흉터다.

흉터가 두꺼워지면서 관절을 당겼고, 그래서 두 팔과 두 다리를 최대한 펴서 X자 모양으로 침대에 몸을 묶어야 했다. 피부가 수축되면 근육이 움직일 수 없게 되고, 운동성이 떨어진 근육이 오그라들면 몸이 서서히 태아형 자세로 구부러진다. 그렇게 되지 않으려면 매일 스트레칭을 하고 물리치료를 받아야 했다. 매일 모린과 브렌다가 병실로 찾아와 몸을 고정하는 침대의 끈을 풀고, 내 몸에 붙은 갖가지 선을 떼어낸 다음, 나를 휠체어에 앉혔다. 병실 밖으로, 화상 병동 밖으로, 복도를 지나 승강기가 있는 곳에 도착하면, 승강기를 타고 'B' 버튼을 눌러 지하로 내려갔다.

이제부터가 시작이다. 승강기에 내려 커다란 물리치료실 안으로 들어가 조심스럽게 나를 노란색 매트 위에 눕힌다. 이미 재활 치료를 시작한 주변의 다른 물리치료사처럼, 두 사람도 천천히 내 몸의 모든 관절을 펴기 시작한다. 보통 발목과 발가락부터 시작해 내 몸의 관절을 최대한 많이 운동시키는 것이 그들의 목표였다. 몇 분 동안 굳어 있는 관절을 한 방향으로 움직여주고 잠시 쉰다. 다시 반대 방향으로 움직여주고 다시 휴식. 그러고 나면 다음 관절로 넘어간다. 같은 방법으로 발목, 골반, 팔, 다리, 온몸을 늘인다. 이 과정이 끝나면 몸을 뒤집어 처음부터 다시 시작한다. 정말 고통스러운 시간이다. 지옥 같은 45분이 지나면 휴식 시간이다. 잠깐의 휴식이 끝나고 나면, 모린과 브렌다가 축 처진 내 몸을 매트에서 들어올려 다시 휠체어에 앉힌다. 휠체어를 밀고 복도를 따라가다 좌회전을 해서 어떤 방에 도착하면 그들은 그 안으로 나를 다시 밀어넣는다. 대걸레와 양동이, 빗자루 등 청소도구가 가득한 그 방은 청소부의 청소도구실이었다.

두 사람이 이 방에서 하려는 건 내가 받는 물리치료 중에서 가장 고통스러운 무릎 구부리기였다. 내가 다시 걸으려면 무릎이 구부려져야 했는데, 그때의 나는 무릎 관절이 완전히 굳어서 움직이지 않았다. 그리고 그 훈련을 왜 물리치료실에서 하지 않고 이 어두침침한 청소도구실에서 하려는지를 묻는다면, 그건 나와 다른 환자들을 위해서였다.

다른 환자들이 나의 신음에 놀라지 않도록, 그리고 내가 고통으로 터져 나오는 비명을 마음껏 지를 수 있도록 배려해서였다. 정해진 순서가 있었다. 먼저 모린이 다가와 내가 고통을 참으며 힘을 주다 치아가 상하지 않도록 내 입에 수건을 물려준다. 휠체어에 브레이크를 걸고 양쪽 허리를 잡아 내 몸을 단단히 고정한다. 그런 다음 브렌다가 다가와 몸을 굽히고 내 무릎을 구부리기 시작한다. 나는 탈장이 된 적도 있고, 뼈가 부러지고, 화상을 입고, 붕대를 교체하고, 피부에 고름이 생기고, 세포염을 앓기도 했다. 손가락을 절단하고, 관절을 늘이고, 발가락에서 피를 뽑고, 머리에서 피부를 채취한 경험도 있다. 분만의 고통을 빼고는 통증이란 통증은 다 겪어보았다. (아내는 출산의 고통을 직접 겪지 않을 거면 다섯째 아이는 꿈도 꾸지 말라고 한다.) 그러나 그 어떤 통증도 무릎을 펴는 물리치료의 통증보다 고통스럽지는 않았다.

두 물리치료사는 더는 늘어날 것 같지 않을 만큼 팽팽해진 피부를 늘였다. 이미 굳어지기 시작해 영원히 펴지지 않을 것 같은 관절을 폈다. 입 속에 수건을 넣고도 제발 멈춰달라고 울부짖으며 애원하는 어린 소년의 몸을 계속해서 잡아당겼다.

끊임없이 흘러내리는 눈물 너머로 두 사람이 보였다. 두 사람은 나만큼 고통스러운 표정이었다. 눈에는 눈물이 고여 있었다. 난 생각했다.

왜 울어요? 아픈 건 나잖아요!

아……. 그날의 두 사람이 없었다면 나는 영원히 몸을 회복하지 못했을 것이다.

지금 내가 믿기지 않을 정도로 활동적인 삶을 사는 건 수많은 사람들의 노력 덕분이다. 그중에서도 어두컴컴한 그 지하실에서, 그 망할 청소도구실에서, 족쇄와도 같은 화상의 상처에서 소년을 해방시키기 위해 노력한 두 물리치료사에서 가장 큰 공을 돌리고 싶다. 그들은 고통에 몸부림치는 아이를 지켜보는 괴로움을 참고 꿋꿋이 스트레칭을 계속해나갔다. 수십 년이 지난 지금도 그들을 떠올리면 울컥해진다.

그들은 어떻게 그 괴로움을 견뎠을까?

왜 더 쉬운 길을 택하지 않고 그 일을 했을까?

소년이 '으악!'하고 비명을 지를 때 멈추고 싶지 않았을까?

두 사람은 스트레칭 치료가 결코 쉬운 일이 아님을 알고 있었다. 누구라도 피하고 싶은 고통스러운 일이었다. 치료를 받는 사람도, 치료를 하는 사람도 모두 힘든 일이었다. 그러나 그들은 오늘의 고통이 내일의 가능성으로 이어진다는 사실 역시 알고 있었다.

스트레칭은 성장을 위한 기지개다. 흔히 성장에는 고통이 따른다. 그러나 현명한 신학자이자 훌륭한 사상가, 다작가인 존 헨리 뉴먼이 한 말처럼 "성장은 당신이 살아 있음을 증명하는 유일한 증거다."

그가 남긴 수많은 명언 중 가장 주목해야 할 말이다. 성장은 곧 새로운 시작이자, 새로운 방향, 새로운 인간관계, 새로운 위치, 중요한 변화, 솔직한 대화, 과감한 모험 그리고 인생의 다음 장으로 넘어가는 첫 페이지다.

성장은 살아 있음을 증명하는 유일한 근거다.

이 명제는 그 반대도 맞다. 안주하는 것은 무덤으로 가는 첫걸음이다.

다섯 번째 질문에 답할 준비가 되었는가?

미치도록 흥미진진한 인생을 살기 위해 해야 하는 다섯 번째 선택은 바로 이거다. 지금의 삶에 안주하지 않고, 정체되지 않기 위해 삶의 모든 순간 뚜렷한 목표를 향해 스스로를 성장시키고 의도적으로 '스트레칭'해라.

연인끼리 더는 적극적으로 데이트를 하지 않는다거나, 서로에게 관심을 쏟지 않고, 서로의 모든 것을 받아들이며, 진심을 다해 사랑하지 않는다면, 두 사람의 관계는 죽어가기 시작한다. 사랑이 식는 것이 아니다. 두 사람의 사랑이 정체되어 더 이상 크지 못하게 되어버리는 것이다.

새로운 시도를 주저하며 혁신하려 하지 않고, 사람에게 투자하기를 꺼리고 더 큰 꿈을 꾸지 않는 팀이 있다면, 그 팀은 성장이 멈춰 고인 물처럼 흐르지 않고 썩어가기 시작한다.

더는 건강에 신경 쓰지 않고, 몸에 해로운 음식을 먹거나, 무언가에 중독되거나, 운동을 게을리 하는 사람은 지금은 편안할지 모르지만, 성장이 멈추고 서서히 약해지게 될 것이다. 그런 사람은 건강하고 활기 넘치는 삶에서 점점 멀어진다. 느끼지 못할 정도로 서서히 스며드는 질병과 죽음의 그늘에 잠식되어 결국은 나락으로 떨어진다.

죽음은 어느 날 갑자기 찾아오지 않는다. 서서히 찾아든다. 변화의 속도가 느려 알아차리기 쉽지 않지만 방심하지 마라. 성장을 멈추는 것은 곧 죽음을 선택하는 것이다.

요즘 사람들은 상황이 불편해지면, 무언가가 잘못되었다는 신호로 받아들인다. 그런데 나는 그 불편함을 다른 시각으로 바라봐야 한다고 생각한다. 불편함은 무언가가 잘 되어가고 있다는 신호일 수도 있다. 새로운 방향으로 성장하고 있다는 증거일 수 있다. 브렌다와 모린이 없었다면,

청소도구실이 없었다면, 수건을 악물어야 했던 불쌍한 소년은 아직도 걷지 못하고 침대에 갇혀 살았을 것이다.

물리치료를 견뎌낸 사람만이 스트레칭의 놀라운 효과를 보는 것은 아니다. 아마 독자들도 불편함을 견디고, 인생에서 가장 큰 성장을 이룬 경험이 있을 것이다. 학창 시절 최고의 선생님을 떠올려보자. 열정적이기도 했겠지만, 그 선생님을 최고로 뽑은 건 당신을 공부하게 만들었거나, 사람답게 만들었기 때문일 것이다. 무엇이든 쉽게 얻은 건 가치가 없다. 힘들어도 앞날을 위한 스트레칭을 견디는 사람은 그보다 훨씬 중요한 진짜 '삶'을 얻는다.

진정한 성장은 대부분 약간의 불편함과 극도의 고통을 수반하지만, 그 모든 걸 견딜 만큼 가치가 있다.

미래를 바꾸는 단 한 번의 용기

그때는 모든 일이 잘 풀릴 때였다.

부동산 개발업자로 진로를 바꾼 지 7년 만에 나는 드디어 감을 잡기 시작했다. 직접 공사를 계획하여 팀을 이끌 줄 알았고, 돈도 조금 벌었다. 마침내 불편함을 견디는 단계에서 벗어난 것이다.

당시 우리 팀은 유서 깊은 다가구 건물을 복원하는 공사를 앞두고 있었다. 나의 트럭 보닛 위에 건물의 청사진을 펼쳤다. 충실한 현장 감독 해럴드와 함께 공사 계획을 점검하고 다음 날 필요한 자재 목록을 만들었다. 그때 전화벨이 울렸다. 초등학교 3학년 걸스카우트 단을 이끌고 있는 어떤 여자의 전화였다. 딸과 함께 우리 부모님이 쓴 『엄청난 역경』을 읽었는데, 둘 다 깊은 감명을 받았다며 단원들에게 나의 이야기를 들려줄 수 있는지 물었다. 나는 해럴드를 피해 트럭 뒤로 자리를 옮겼다. 길고 어색한 침묵이 흘렀다.

"그러니까, 여자애들한테 강연을 해달라고요?"

"네, 맞아요. 방과 후에 아이들을 모아서, 간식을 먹으면서 당신의 이야기를 듣고 질문하는 시간을 가지려고요. 다음 주 수요일 어떠세요?"

또 다시 침묵이 흘렀다.

지금쯤이면 독자들도 이 순간이 무엇인지 눈치 챘을 것이다.

그렇다. 그날의 전화는 다시 찾아온 내 인생의 변곡점이었다.

그때는 대수롭지 않은 일로 생각했다. 여자의 요청을 수락하거나 거절하면 그만이었다. 그러나 미리 말하자면, 이 일은 생각보다 파급력이 엄청났다. 그 후의 내 인생을 완전히 뒤바꾼 사건이었으니까.

나는 새로운 가능성 앞에서는 최대한 '좋다'고 말하려고 노력한다.

봉사할 기회가 있을 때, 중요한 일을 하게 됐을 때, 새로운 음식이나 새로운 일, 새로운 사람, 새로운 생각을 만날 때도 되도록 "좋아!"라고 말한다. 무엇이든 일단 좋다고 말하고 실천하려 노력하면 매일 생각지도 못했던 엄청난 기회가 찾아온다.

그러나 그때는 온몸의 뼈마디가 거절하라고 외치는 것 같았다. 발끝을 쳐다보며 바닥의 먼지만 보고 있었다. 그러다 고개를 들었다. 복원해야 할 건물과 아름다운 나무들, 눈부시게 파란 하늘을 차례로 바라보았다. 그런 다음 숨을 한 번 깊이 들이쉬고 개미만큼 작은 목소리로 속삭이듯 말했다. "네, 물론이죠. 하겠습니다. 좋은 생각이네요."

시간을 정하고 장소를 파악한 뒤 전화를 끊었다. 나는 다시 건물과 트럭, 해럴드를 차례로 본 다음 큰소리로 외쳤다. "아, 이런. 내가 지금 무슨 짓을 한 거지?"

부모님의 책이 출간되기는 했지만 그때까지 내 입으로 직접 내 이야기를 한 적은 한 번도 없었다. 초등학교와 중고등학교, 대학의 친한 친구들에게도 말하지 않았다. 매일 공사 현장에서 같이 일하는 직원들에게도 마찬가지였다. 심지어 아내와도 그날의 화재에 대해 깊이 이야기를 나눈 적이 거의 없었다. 아내가 책을 읽고 우리 가족이 겪은 일들이 믿기지 않는다며 아이처럼 엉엉 운 적은 있지만, 그 이야기를 되풀이하지는 않았다. 이미 다 지나간 과거의 일이었고, 다 끝난 일이었다. 더 이상 과거에 얽매이고 싶지 않았다. 나는 지금 현재의 내 삶에 만족하며 살아가고 있었다.

그런데 갑자기 처음 보는 여자애들에게 내 사연을 말해야 하는 상황이 벌어진 것이다. 어디서부터 어떻게 시작해야 할지 감도 오지 않았다. 다행히 대학 때 들은 스피치 수업의 교과서가 아직 있었다. 세인트루이스 대학에 다닐 때, 경영학 전공을 이수하기 위해서는 연설에 관한 수업을 들어야 했다. 그때는 사람들 앞에서 말하는 게 겁이 나 최대한 수강을 미뤘다. 결국 더는 미룰 수 없는 4학년 2학기가 되어서야 수업을 듣게 됐다. 그때가 아니면 다시는 들을 기회가 없었다.

첫 시간, 완벽한 옷차림을 한 남자 교수가 교실에 들어섰다. 머리 모양이 어찌나 완벽한지 수업 내내 흐트러지지 않아 나는 교수가 매일 수업 전에 미용실에 다녀온다고 확신했다. 그 교수는 목소리의 울림이 깊어, 말할 때 학생들의 관심을 집중시키는 사람이었다. 그는 연설을 잘하면 관객들을 사로잡을 수 있고, 무언가를 깨닫게 하거나 관객들에게 영감과 새로운 자극을 줄 뿐만 아니라 관객들의 삶을 바꿀 수도 있다고 말했다. 그는 누구에게나, 무엇이든 팔 수 있었다. 그러나 그의 수업을 듣고도 '나도 전문 강연가가 될 수 있다'는 생각은 꿈에도 하지 않았다. 수업 시간에 앞에 나가 발표를 해야 할 때는 자주 아픈 척을 했다. 어쩔 수 없이 연단에 섰을 때는 교수나 다른 학생들과 눈을 맞추지 않기 위해, 미리 적어온 원고만 뚫어져라 보고 말했다. 이 강의를 통과하고 졸업은 할 수 있을지 걱정될 정도였다.

마지막 수업이 있던 날, 교수는 내게 잠깐 시간이 있는지 물었다. *아…… 올 게 왔군.*

교수는 자신의 연구실로 나를 데려가 마지막 과제물을 건넨 뒤 내 눈을 보며 말했다.

"오리어리, 자네는 C 학점이야. 하지만 이거 하나는 알아두길 바라네. 자네에게 C를 준 건 내가 자네를 무척 아껴서야."

이런 내가 걸스카우트 아이들을 위한 강연을 덜컥 수락한 일은 사실 내 능력 밖의 일이었다. 내 생애 첫 강연은 준비하는 데만 40시간이 넘게 걸렸다. 아침마다 아내에게는 일정이 많아 늦게 퇴근할 거라는 핑계를, 직원들에게는 하루 종일 외부에서 약속이 있다는 핑계를 댔다. 빈 주차장에 차를 세워두고는 원고를 수정하고, 교정하고, 녹음하고, 다시 녹음한 걸 들으며 연습했다. 무려 일주일 내내, 15분짜리 강연을 위해, 4학년짜리 걸스카우트 소녀들을 위해서 말이다!

연설 당일인 수요일에도 일찍 일어나서 아무도 없는 주차장에 차를 몰고 가 몇 시간을 더 연습했다. 점심시간에는 강연할 곳을 정찰하러 차를 타고 미리 학교 근처를 둘러보기도 했다. (적진을 살피고 적을 먼저 파악하는 전략은 언제나 유효하다.) 그러고는 집에 돌아와 샤워를 했다. 정장을 갖춰 입고 넥타이를 맸다. 드디어 3시 15분이다. 학교에 도착해 차에서 내린 나는 차 앞쪽으로 걸어가 신발 끈을 묶을 것처럼 몸을 구부리고…… 토했다. 엄청난 압박감에 속이 울렁거려 참을 수가 없었다. 내 안의 조그만 목소리가 속삭였다.

"지금 뭐 하는 거야? 그냥 집에 돌아가. 이건 한심한 짓이야. 네 이야기도 그렇고!"

하지만 나는 다시 일어났다. 껌 하나를 입에 털어 넣고, 학교 안으로 걸어 들어가, 교실 문손잡이에 손을 뻗었다. 머릿속에서는 여전히 내면의 목소리가 속삭였다. "아이들이 네 이야기를 듣고 싶어 할 것 같아? 아이들이 지루해하면 어쩔 거야? 아이들이 먹던 쿠키를 네게 막 던지면 어떡

할래? 멍청한 짓 하지 마. 어서 돌아가. 그만두라고!"

다시 변곡점이었다. 내게는 두 개의 선택지가 있었다. 차로 돌아가 갑자기 일이 생겼다며 발걸음을 돌릴 것인가, 저 문을 열고 들어가 아이들에게 내 이야기를 들려줄 것인가.

나는 결정적인 순간에 불편함을 견디고 앞으로 나아갈 용기의 힘과, 편안한 상태를 유지하는 달콤함을 잘 알고 있었다. 둘을 동시에 할 수는 없다. 사람들은 대개 편안한 걸 좋아하지만, 삶을 바꾸는 건 용기다. 화상을 입은 날 나의 가족들은 용기를 냈고, 나를 안고 복도를 따라 걸은 간호사로이도 용기를 냈다. 스트레칭을 해준 두 물리치료사의 눈빛도 용기로 빛나고 있었고, 나와 함께 산책한 글렌 커닝햄이 들려준 이야기에도 용기가 가득했다.

나는 내면의 소리를 무시하고 문을 열었다. 교실에는 아이들이 음료와 과자가 놓인 상에 둘러 앉아 있었다. 단장이 내 소개를 한 뒤, 나는 교사용 책상 뒤에 서서 때로는 준비한 대로, 때로는 즉흥적으로 나의 이야기를 아이들에게 들려주었다. 내 목소리는 떨리고 있었다. 단어도 몇 개 잘못 말했고, 어디까지 이야기했는지 헷갈린 적도 몇 번 있었다. 완벽과는 거리가 먼 강연이었다. 내가 말을 끝마치자 아이들은 내게 질문 몇 개를 던지더니 친절하게 박수를 치며 줄을 서서 차례로 나를 안아주었다. 이것이 나의 첫 번째 강연이었다. 강연료도 축하 음악도 없었다. 심지어 걸스카우트 쿠키 한 상자도 받지 못했다.

그러나 단장의 전화 한 통과 그날의 강연은 내 인생을 완전히 다른 방향으로 바꿔놓았다. 불편함을 감수하고 고개를 들어 용감하게 나 자신을 스트레칭할 의지가 내게 있었던 덕분이었다.

세상에서 가장 바보 같은 후회, "어땠을까"

이후, 그해에만 내 이야기를 두 번이나 들려줄 기회가 생겼다. 작은 가톨릭 초등학교에서 4학년 학생들을 대상으로 연단에 섰고, 로터리클럽 지부의 오찬 행사에도 초청받았다. 부모님의 책이 계속 팔리면서 나의 이야기를 듣고 싶어 하는 단체의 수도 많아졌다. 나는 모든 강연 요청을 수락하려고 노력했다. 그다음 해에는 열세 번이나 연단에 섰다. 무려 그중에 세 번은 '강연료'도 받았다! 선불형 주유카드와 커피전문점 상품권, 팝콘한 통이었다. 정말 신나는 일이야!

물론 그중 누구도 내가 유명한 동기부여 강연가 토니 로빈스처럼 강연하기를 기대하지 않았다. 그러나 연단에 오를 때마다 내 생각을 전하는 기술이나 자신감이 조금씩 늘었고, 이것이 나의 천직이라는 확신이 점점 커졌다. 계속 팝콘으로 버틸 수는 없겠지만, 나의 이야기가 타인의 삶에 얼마나 큰 영향을 미치는지 느꼈다. 나는 그해가 지나면 강연 요청에 응하기만 하는 수준에서 벗어나, 한 발 더 나아가야겠다고 마음먹었다. 나의 이야기를 더 많은 사람과 나눌 기회를 적극적으로 찾아 나서는 것, 즉 강연 사업을 시작하는 것이 내게 주어진 소명이라고 생각했다.

그때만 해도 나는 이 분야에 대해 아는 것이 하나도 없었다. 마케팅 전문가를 고용해, 회사의 이름을 정하고 로고와 웹사이트를 만들었다. 웹사이트 도메인을 사고, 법인을 설립하고, 명함을 만들었다. 진짜 회사처럼 보이는 데 필요한 모든 요소를 다 갖춘 셈이었다.

회사가 성장하면 비용도 증가하는 건 당연하다. 사무실, 노트북, 소프트웨어, 전화선, 마케팅 비용은 물론이고 더 성장하면 인건비도 든다. 처음 회사를 차렸을 때, 완벽한 직원 후보를 한 명 소개받은 적이 있었지만 그때는 직원을 고용할 금전적 여유가 없었다. 그녀를 뽑으면 전년도에 내가 번 돈을 고스란히 다 그녀의 월급으로 내어줘야 할 판이었다. 거래 장부를 요리조리 살펴보아도, 그녀를 고용하는 건 불가능했다.

사흘 뒤, 그녀가 커피와 시간을 내주고 배려해줘 고맙다는 편지를 보내왔다. 편지의 마지막 줄에는 에이브러햄 링컨의 말이 적혀 있었다.

'어떤 일을 할 수 있고 해야 한다고 결정하고 나면, 그 일을 할 방법은 어떻게든 찾을 것이다.'

편지를 들고 그 부분을 다시 읽으며 속으로 생각했다.

좋아. 한번 생각해보자.

바로 행동에 옮겼다. 진심으로 기도하고, 사업하는 친구들에게 조언을 구하기 시작했다. 베스와도 의논하고, 실패할 가능성과 빚을 낼 가능성, 집을 담보로 잡힐 가능성을 검토했다. 최상의 시나리오와 최악의 시나리오를 목록으로 만들어 확인하고 또 확인했다. 그렇게 고민을 거듭하다 보니 사업에 실패하는 것보다 더 나쁜 시나리오가 하나 있었다. 나중에 지금 이 순간을 후회하며 '그랬으면 어땠을까?' 하고 곱씹는 것이었다.

모든 걸 다 걸었다면 어땠을까? 그녀에게 투자하여 강연 사업이 더 잘 됐으면 어땠을까? 더 많은 사람들에게 자신의 삶이 선물 그 자체라는 사실을 깨우치게 할 수 있지 않았을까? 나의 소명이라고 생각했던 이 일에 최선을 다하지 않은 것 아닐까?

고개를 들고 가능성을 보았더라도, 성장을 위한 스트레칭을 하지 않고, 불편함을 참고, 실패할 각오를 하지 않으면, 첫발을 내디딜 수 없다.

위험을 감수하고 행동할 용기가 없는 사람에게 비전은 아무런 쓸모가 없다. 손을 뻗으려면 먼저 잡고 있는 걸 놓아야 하는 법이다. 내가 물리치료사들의 도움을 받아 처음으로 서툰 걸음을 뗐던 순간에도 그랬다. 그들은 조심스럽게 나를 일으켜 세워 천천히 내 손을 놓은 뒤에, 조심스럽게 한 발을 떼고 또 한 발을 내딛게 했다. 서툴고 고통스러운 걸음을 내디딜 때마다, 나는 더 행복한 삶을 위한 미래의 가능성에 모든 것을 걸고 원래 있던 자리의 편안함을 버려야 했다.

지금 이 순간도 그런 순간일까?

그렇다. 그래서 나는 디애나를 고용했다.

성공하지 않으면 불편함을 넘어 절망에 빠질 만한 결정이었다. 2007년에는 작업용 부츠, 청바지, 공구 벨트, 그리고 내가 가진 모든 부동산을 팔았다. 내게 남은 건 정장과 구두, 노트북이 전부였다. 완전히 미친 짓 같았다. 한 판에 가진 돈을 모두 건 도박과도 같은 선택이었다. 솔직히 두

렵기도 했다.

하지만 그 선택은 내가 일하는 데 있어서 가장 훌륭한 선택이었다.

디애나를 채용하고 그다음 해에 우리 회사는 세 배로 성장했다. 그 이후에도 매년 성장세가 계속되었다. 사무실을 옮기고, 몰리와 애비를 비롯한 훌륭한 직원들을 새로 채용했다. 퀴퀴한 냄새가 진동하고 책상도 하나뿐인 작은 사무실에서 시작한 일이, 사명을 중요시하는 번듯한 회사로 성장했다. 지난 7년 동안 팀원들이 각고의 노력을 기울여준 덕분에 나는 미국과 세계 곳곳에서 50만 명이 넘는 사람들에게 나의 이야기를 들려주는 영광을 누렸다. 우리는 여전히 더 많은 사람들이 새로운 자극을 통해 흥미진진하고 열정 가득한 삶을 살도록 만들겠다는 사명과 욕구, 그리고 그를 위한 노력의 불꽃을 꺼트리지 않고 있다.

내가 '라이징 어보브Rising Above'라는 회사를 설립한 건 27세였다. 그 전까지 내 인생은 나름대로 만족스러웠고, 굳이 자진해서 불편한 일에 도전할 필요가 없었다.

편안함은 누구나 원하고, 쉽게 얻을 수 있으며, 전 세계에서 통용되는 가치다. 그러나 불편함을 감수하고 용감하게 '성장을 위한 스트레칭'을 하면 마법이 일어난다. 인간적으로, 업무적으로, 정서적으로 성장한다. 사람들의 인생이 바뀐다. 아니, 그전에 나의 인생부터 바뀌기 시작한다.

죽음 따위 잊어버려, 내가 함께 걸어줄 테니

2011년 4월, 나흘 동안 355개의 끔찍한 토네이도가 텍사스에서 뉴욕에 이르는 지역을 강타했다. 가장 직접적인 영향을 받은 곳은 남부에 있는 앨라배마주였다. 당시 200개 이상의 토네이도가 불어 닥친 앨라배마주에서는 무려 238명이 죽고, 수십억 달러의 재산 피해를 입었으며, 수많은 주민들이 충격에 빠졌다. 앨라배마주 역사상 가장 파괴적인 토네이도였다.

토네이도가 물러가자 주민들은 조금씩 잔해를 치우기 시작하고, 앨라배마 전력 회사는 전력망을 재건하는 임무에 착수했다. 이 어려운 임무를 성공해내기 위해서는 전 직원이 헌신적인 노력을 기울여야 했다. 내게도 임무가 주어졌다. 나는 직원들이 힘을 모아 안전하고 맡은 일에 집중하여 일처리를 할 수 있도록, 다양한 사업부를 다니며 '끔찍한 폭풍이 불어 닥쳤지만 아직 우리에게 최고의 순간이 남아 있다'는 사실을 떠올리게 하는 임무를 맡았다. 앨라배마주 곳곳에서 30회가 넘는 강연을 진행하면서 나는 앨라배마 전력 회사 직원들과 그 지역의 훌륭한 주민들을 사랑하게 되었다.

그해 여름의 대부분을 그들과 함께했다. 마지막 강연은 앨라배마주, 유폴라 외곽에 위치한 아름다운 별장에서 진행됐다. 늦은 시간에 별장에 도착해, 만감이 교차하는 심정으로 마지막 강연 준비를 마친 뒤 곧 잠자리에 들었다. 특별한 것은 없는 하루였다.

다음날 아침, 길었던 강연 투어의 마지막 한마디가 끝나고, 그동안 나에게 운전사이자 친구가 되어준 '키스'라는 남자가 무대 위로 올라왔다. 그는 나를 끌어안으며 고맙다고 인사했다. 무대에서 내려와 내가 자리로 돌아가려고 하자, 키스가 남부 지역 특유의 느린 말투로 나를 불렀다. "어이, 친구. 이리 다시 올라와봐요."

나는 영문도 모른 채 다시 무대 위로 올라가 키스를 바라보며 가만히 서 있었다. 키스가 말했다. "이번 여름 내내 당신은 어둠에 갇힌 우리에게 빛을 비춰주었습니다. 이제 그 빛을 조금 돌려드리려 합니다. 우리가 준비한 작은 선물을 받아주세요."

키스는 그의 손에 들려 있던 장미꽃 열두 송이를 내게 건넸다.

"와, 고마워요, 키스."

키스가 말을 이었다. "아니, 친구. 효도 좀 해요. 이건 엄마 드리라고요."

강당 뒤편에 쳐진 커튼 뒤에서 엄마와 아빠가 모습을 드러냈다. 말도 안 돼! 믿을 수가 없었다. 아빠는 파킨슨병 때문에 예전만큼 여행을 다닐 수가 없었다. 엄마는 여행을 무척 좋아했지만, 아픈 아빠를 돌보느라 좀처럼 떠날 기회가 없었다. 부모님이 무대를 향해 걸어오자 강당에 모인 수백 명의 사람들이 자리에서 일어났다.

나는 부모님께 걸어가 그들을 껴안고는 꽃다발을 엄마에게 건넨 뒤 키스에게 감사 인사를 했다. 나에겐 최고로 멋진 깜짝 선물이었다.

키스가 말했다. "부모님께 걸어가시는 걸 보니, 예전에 들려줬던 덩치 큰 간호사 이야기가 생각나네요. 그분 이름이 뭐였죠?"

"로이 간호사 말씀인가요?"

"네, 맞아요. 로이가 항상 했던 말이 뭐였죠?"

"꼬마야, 너는 다시 걸을 거야. 내가 같이 걸어줄게."

키스가 머리를 긁적이며 말했다. "로이가 항상 했던 말이 뭐라고요?"

나는 조금 더 크게 말했다.

"꼬마야, 너는 다시 걸을 거야. 내가 같이 걸어줄게!"

"아뇨. 내 생각에는 그렇게 말하지 않았을 겁니다. 아마 이렇게 말했을 걸요?"

그때 마이크가 켜지는 소리가 들렸다. 우렁찬 목소리가 강당을 가득 채웠다.

"꼬마야, 다시 걷고 있구나. 너와 같이 걸을 수 있어 영광이었다."

나는 깜짝 놀라 얼른 소리가 들린 곳을 바라봤다. 강당 뒤편의 커튼이 걷히자 누군가의 모습이 보였다. 맙소사, 로이 간호사였다!

24년 만에 보는 로이는 그대로였다. 여전히 아폴로 크리드 같았다. 나는 통로를 따라 그를 향해 걸어갔다. 관객들이 다시 일어나 박수갈채를 보냈다.

나는 입원 치료를 받던 당시에 나를 보살펴준 간호사와 의사 대부분과 계속 연락을 하고 있었다. 결혼 피로연에서는 테이블 하나가 그 사람들로 채워졌을 정도였다. 하지만 로이는 내가 퇴원한 직후에 병원을 떠나버려서 그 이후로는 그를 찾을 수가 없었다. 그런데 앨라배마 전력 회사가 나의 이야기에서 너무나도 중요한 역할을 하는 이 놀라운 남자를 찾아낸 것이다. 로이에게 연락을 취해 내가 강연에서 그에 관해 어떤 이야기를 했는지 설명한 뒤, 항공편과 함께 나와 재회하는 자리를 마련할 테니 와줄 수 있는지 물었다고 한다. 지금 그 커다란 덩치로 나를 꼭 껴안고 있는 그를 보면, 로이도 분명 "좋아요"라고 말했을 것이다.

나는 두 눈에 눈물이 고여 말을 잇지 못했다. 이런 순간이 오다니!

그날 밤 엄마와 아빠 그리고 로이와 함께 저녁을 먹었다. 우리 네 사람이 마지막으로 식사 자리에 함께 있었던 건, 내가 부모님과 로이 옆에서 모르핀 주사를 맞고 침대에 묶인 채로 영양 보급관을 꽂고 있을 때였다. 그런데 마침내 부모님과 로이, 앨라배마 전력 회사의 친구들과 나란히 앉아, 환희에 들떠 꿈만 같은 저녁식사를 함께하고 있었다. 내 평생 잊지 못할 밤이었다.

모든 행사가 끝나갈 때쯤 로이와 나는 잠시 둘만의 시간을 보냈다. 병원에서 보낸 시간, 가혹했던 붕대 교체, 매일 소독실의 욕조까지 걸어갔던 일을 함께 떠올렸다. 까다로운 간호사들과 오랜 친구들에 대한 이야기도 했다. 지난 24년 동안 각자 어떻게 지냈는지도 말했다. 나는 나의 가족에 관해, 그는 그의 가족에 관해 이야기 하고 있는데 그가 내 쪽으로 몸을 기울이고 이렇게 말했다. "있지, 존. 네가 이렇게 잘 살다니 놀랍구나."

고등학교 선생님들에게 비슷한 말을 몇 번 들은 적 있다. 그러나 이번에는 칭찬으로 들렸다. 어릴 때 화상을 입으면 퇴원하고 나서도 일상으로 복귀하지 못하는 경우가 종종 있다. 정서적으로 너무 고통스럽기 때문이다. 나는 로이의 말이 무슨 뜻인지 알았다.

그래서 말했다. "고마워요, 로이."

"그런데 더 놀라운 게 뭔지 아니, 존?" 나는 고개를 저었다.

"네가 저렇게 예쁜 여성분과 결혼했다는 거야!" 로이가 빙그레 웃으며 말했다.

"하하, 고마워요, 로이. 저분들이 로이를 찾아서 정말 다행이에요!" 우리는 함께 웃었다.

그때 로이가 말했다. "존, 농담은 이제 넣어두고, 지금 이 순간 내가 정말 놀라운 게 뭔지 아니? 이렇게 너와 다시 만나고 같이 저녁을 먹는 이 순간 말이야."

"에이, 또 무슨 말을 하려고 그래요. 그냥 안 들으면 안 돼요?"

"아냐, 들어봐."

로이는 얼음물을 한 모금 마시고 내 눈을 바라보았다. 긴 침묵이 흘렀다. 그가 다시 입을 열었다. *"내가 중요한 일을 했다는 사실을 24년 만에 처음으로 깨달았다는 거야.* 존, 나는 내가 해야 할 일을 했고, 그 일이 정말 좋았고, 내가 맡은 환자들을 사랑했어. 하지만 내가 중요한 일을 하고 있다고 생각한 적은, 지금까지 한 번도 없었어."

"정말 중요한 일을 하셨어요. 정말로……."

나는 울컥하는 감정을 애써 누르며 목청을 가다듬었다. 그가 그때 화상을 입어 고통스러워하던 어린 소년을 위해 어떤 일을 했는지, 이번에는 내가 말할 차례였다.

"로이, 나는 그곳의 간호사들을 다 좋아했어요. 다들 정말 친절한 분들이었죠. 하지만 솔직히 말하면 몇몇 간호사는 내가 죽을 거라고 수군거렸어요. 그들은 내가 살아남을 거라고 생각하지 않았죠. 하지만 그들과 똑같이 내 병실을 들락거리고, 똑같은 내 상태를 보고도 당신은 나를 일으켜 세우고 소리쳤잖아요. '죽음 따위 잊어버려! 꼬마야, 너는 반드시 걷게될 거야.' 로이, 당신은 내 인생을 바꿨어요. 당신은 정말 중요한 일을 했어요. 내가 꼭 살아남으리라는 믿음을 보여줬어요. 당신은 내게 평생 잊지 못할 사람이에요."

다시 생각해봐도 너무나 멋진 일이다. 로이가 내게 줬던 믿음은 화상을 입은 아이뿐 아니라 일과 건강, 신앙, 인간관계 그리고 삶의 성장을 위해 스트레칭을 하는 우리 모두에게 용기를 준다. *죽음 따위는 잊어버려라. 너는 살아갈 것이다. 걷게 될 것이다. 내가 함께 걸어주겠다.*

이제 다시 고개를 들고, 앞으로 계속 걸어나가라.

머무를 것인가 VS 성장할 것인가

세상에서 가장 불쌍한 사람은
시력이 있으되, 비전이 없는 사람이다.
– 헬렌 켈러

당신이 '할 수 있다'고 생각하는 일은 무엇인가?
매번 아래만 처다보고 있다면, 영원히 답할 수 없는 질문이다.
실패하면 어쩌지? 거절하면 어쩌지? 잘못하면 어쩌지?
아래를 보면 언제나 신발과 흙이 보일 뿐,
의욕은 떨어지고 힘만 든다.

그러나 다시 고개를 들고 성장을 위한 스트레칭을 할 수도 있다.
삶의 모든 순간에 활기와 가능성을 불어넣는 스트레칭을 시작해라.
망토를 다시 꺼내 두르고, 다시 한 번 무모한 꿈을 꾸어라.
어린 시절 마음속으로 굳게 믿었던 가능성을 떠올려라.

이건 그냥 시작일 뿐이라면? 당신이 정말 성공할 수 있다면?
누군가의 삶에 엄청난 영향을 미칠 수 있다면?

의심과 두려움을 극복한 사람은 실패도 극복한다.
창조적이고, 영향력 있고, 미친 듯이 흥미진진한 삶을 살고 싶다면
이제부터 당신이 가진 전부를 걸어라.
행동하고, 꿈꾸고, 성장해라.
성장은 살아 있음을 증명하는 유일한 근거다.

매 순간 성장하는 삶을 선택해라.

| 열정 |

무엇을 더 할 수 있는가?

What more can you do?

늘 그렇듯,
한 사람의 인생이 세상을 바꾼다.

▼

지금 있는 자리에서 작은 선행을 베풀어라.
작은 선행이 모여 세상을 뒤덮는다.

– 데즈먼드 투투

세인트루이스에서 가장 유명한 남자가 건넨 희망

바로 어제 일어난 일이다.

나는 병원 침대에 묶여 움직일 수가 없었다. 산소호흡기가 달려 있어서 말을 할 수도 없었고, 눈이 퉁퉁 부어서 앞을 볼 수도 없었다. 온 세상이 깜깜했고, 아팠고, 너무나 두려웠다. 동시에 어서 빨리 나아 괜찮아지기를 꿈꾸고, 바라며, 기도했다. 그리고 주변 상황에 열심히 귀를 기울였다.

내게 벌어지는 일은 모두 귀를 통해 듣는다. 그것 말고는 달리 할 수 있는 일이 없어서 그냥 듣는다. 아주 열심히. 내가 폭발로 날아갔다는 사실도 들어서 알았다.

나는 스포츠를 좋아한다. 스포츠라면 뭐든 좋은데, 특히 야구를 사랑한다. 내가 응원하는 팀은 세인트루이스 카디널스고, 직접 경기장에 가서 경기를 관람하는 것을 정말 좋아하지만 그렇다고 야구장에 그렇게 자주 가는 것은 아니다. 게다가 야구 경기를 TV로 보는 날은 1년에 몇 번 안 된다. 집에서 야구 경기를 볼 때는 눈을 쓰지 않고…… 그렇다. 귀로 듣는다.

라디오를 틀고 중계방송을 듣는다. 잭 벅이라는 아나운서의 목소리가 우리 팀이 어떻게 경기를 하고 있는지 알려준다. 그는 세인트루이스 카디널스의 목소리이자, 여름 내내 내가 듣는 목소리이고, 잘 시간이 훌쩍 넘어서까지 내가 이불을 뒤집어쓰고 듣는 목소리다. 한 번도 만난 적 없지만 나는 그가 정말 좋았다.

그런데 그가 어제 내 병실에 왔다! 맞다, 바로 그 잭 벅이 나를 보러 온 것이다. 그를 볼 수는 없었지만, 그의 목소리를 들을 수 있었다. 나를 죽지 않게 도와주는 기계들의 삐삐 소리를 들으며 침대에 누워 있는데, 문이 열리는 소리가 들렸다. 발자국 소리가 들리더니 의자를 끌어당기는 소리가 들렸다. 기침 소리, 그리고 목소리가 들렸다.

"꼬맹이, 일어나."

듣자마자 알았다. 목소리의 주인공이 잭 벅이라는 걸!

"내 말 잘 들어, 너는 살 거다. 알아들어? 살아남을 거야. 그리고 퇴원하면 다 같이 축하파티를 하자. 야구장에서 '존 오리어리의 날'을 축하하는 거야!"

잭 벅. 잭 벅이 내 병실에 왔다고? 나에게 말을 걸었다고? 말도 안 돼!

"꼬맹이, 내 말 듣고 있어?"

나는 꼼짝할 수 없었지만, 내가 할 수 있는 최대한 고개를 끄덕이려고 노력했다. 내가 듣고 있다는 걸 알리고 싶었다. 그가 "좋아"라고 말하는 걸 보니 내 노력을 알아본 모양이다. 그는 오랫동안 아무 말도 하지 않았다. 나는 그가 가버린 줄 알았다. 그때 그의 목소리가 들렸다. "계속 싸워나가라, 꼬맹이."

다시 의자가 밀리는 소리가 나고, 발걸음이 멀어지고, 문이 열리고, 잭 벽이 병실에서 나가는 소리가 들렸다. 짧은 만남이었다. 그가 나가고 나서도 나는 여전히 침대에 묶여 있었고, 눈은 퉁퉁 부어 감겨 있었고, 움직일 수도, 말할 수도, 아무것도 할 수 없었다.

그러나 가슴속은 누구보다 뜨겁게 타올랐다.

야호, 나 파티 연다! "야구장에서 존 오리어리의 날을 축하할 거야"라니! 말만 들어도 좋았다.

그때 이후로 나는 계속 잭의 말과 그가 했던 약속, 그의 목소리를 되새겼다. 사실 지금도 온통 그 생각뿐이다. 나는 여전히 아프다. 병실에 울려 퍼지는 삐삐 소리도, 호흡기에서 나는 다스 베이더 숨소리도 여전하다. 하지만 그런 건 이제 내 안중에 없다. 머릿속에는 어제 잭 벽이 찾아온 일과 야구장에서 존 오리어리의 날을 축하할 일만 가득하다. 그때, 문이 열리는 소리가 들렸다. 누군가 걸어오는 소리와 의자를 끌어당기는 소리, 기침 소리가 들렸다. 그리고 목소리가 들렸다.

"꼬맹이, 일어나. 나 왔어!"

맙소사! 또 그가 왔다.

"꼬맹이, 내 말 기억하지? 너는 살 거야. 살아남을 거라고. 어서 퇴원해서 다 같이 축하파티를 열자. 야구장에서 존 오리어리의 날을 축하할 그날을 생각해. 꼬맹이, 계속 싸워야 한다."

긴 침묵이 흘렀다. 그리고 다시 목소리가 들렸다. "또 보자."

의자를 밀어 넣는 소리가 들리고, 문이 열리는 소리가 들렸다. 다시 혼자가 됐다. 병실에는 삐삐 소리만이 가득했다. 삐. 삐. 삐.

나는 여전히 어둠 속에 있었다. 침대에 묶여 움직일 수 없었고, 아무것도 볼 수 없었다. 나 혼자 남았다. 그런데도 지금 내 머릿속은 온통 한 가지 생각뿐이다. 빨리 나아서 친구들한테 자랑해야지!

◆　◆　◆

잭 벅은 내 인생을 바꿨다. 불이 나고 불과 며칠 후, 갑작스럽게 내 인생에 등장했다. 당시 나의 생존 가능성은 거의 희박했다. 감염의 위험이 높아 내 병실에 출입할 수 있는 사람은 핵심 의료진과 부모님뿐이었다. 병실 앞에는 '병실 면회 절대 금지'라는 엄격한 푯말도 붙어 있었다. 하지만 이 규칙은 지난 주말 잭 벅이 화상 센터에 찾아와 존 오리어리의 병실이 어디냐고 묻는 순간 수정되었다. 의료진은 부모님에게 방문객을 병실에 들이면 세균도 함께 들일 수 있다는 사실을 설명했다. 그러나 부모님은 어린 아들이 야구 시즌 내내 그의 말이라면 한마디도 놓치지 않으려 집중하고, 신처럼 숭배해온, 명예의 전당에 오른 아나운서라면 분명 내게 세균이 아니라 희망을 옮길 거라고 믿었다. 결국 부모님은 그를 병실에 들이는 선택을 했다.

잭 벅은 나와 우리 가족을 한 번도 만난 적이 없었다. 단순히 같은 지역에 사는 어린 소년이 다쳤는데, 생존 가능성이 희박해 격려가 필요하다는 말을 들었을 뿐이다. 그는 그 말만으로 여기까지 찾아왔다. 손을 깨끗이 씻고, 감염 방지용 복장을 착용하고, 나의 삶 속으로 들어왔다. 그러나 쉴 틈 없이 들려오는 기계들의 삐삐 소리와 경고등 소리와 산소호흡기의 시끄러운 꾸르륵 소리, 그리고 붕대에 감긴 채 침대에 묶여 있는 어린 소년의 모습은 미처 예상하지 못했다. 나중에 들은 거지만, 우리의 첫 만남이 그렇게 짧았던 건 그가 감정이 복받쳐 올라 말을 잇지 못했기 때문이라고 했다. 그는 나에게 계속 싸워나가라는 말을 남기고 병실을 나와 가운을 벗고는, 결국 복도에서 참았던 눈물을 터트렸다.

간호사 한 명이 다가가 그를 위로했다. 사실 화상 센터에 유명 인사가 찾아오는 건 드문 일이었다. 게다가 세인트루이스에서 가장 유명한 사람이 병원 복도에서 울고 있었으니 얼마나 눈에 띄었겠는가! 간호사가 그에게 괜찮냐고 묻자, 잭은 잘 모르겠다고 답했다. 그러고는 소년이 살 수 있는지 물었다. 간호사는 고개를 저으며 내가 처한 상황의 심각성을 설명했다. "안타깝지만 저 아이는 더 이상 가망이 없어요. 지금은 때를 기다릴 뿐입니다."

이 말을 끝으로 그는 화상 센터를 떠났다. 그는 이미 선행을 베풀었다. 죽어가는 아이를 격려하기 위해 병실에 찾아왔다. 그가 나에게 빚진 건 하나도 없었다. 그는 할 만큼 했다. 게다가 그 앞에 놓인 언덕이 너무 가팔라 소년은 언덕을 오르지 못할 거라는 말을 들었다. 더 이상 살 수 있는 희망이 없다고 들었다. 전혀 가망이 없다고 했다. 나를 만났던 일은 잊고 일상으로 돌아갈 이유가 충분했다. 하지만 다음날에도, 잭은 다시 병원에 왔다. 입원 기간 동안 그는 매번 예상치 못한 방식으로 우정을 표시했다. 자주 병원을 찾았고, 방송 중에 내 이야기를 해줬으며, 면회가 허락되자 야구와 미식축구, 아이스하키 선수들까지 병실로 찾아오도록 했다. 내가 야구장에서 존 오리어리의 날을 축하하는 그날까지 계속 싸울 용기를 잃지 않도록 무슨 일이든 했다.

인생에서 가장 두렵고 암울했던 시절, 한 남자의 목소리가 나를 둘러싼 깊고 진한 어둠에 빛을 비췄다. 그의 약속은 내가 끝까지 버틸 수 있는 힘이 되었다. 그의 목소리는 나에게 희망의 메아리를 울렸다. 그리고 그가 내 인생에 이렇게 큰 영향을 미칠 수 있었던 건, 나의 사연을 그에게 전한 어떤 한 사람 덕분이었다.

작은 불씨가 일으킨 강력한 불바다

불은 자연에서 가장 파괴적인 원소다.

불길이 한 번 휩쓸고 지나간 자리에는 재만 남는다. 그 어디에도 피할 길은 없다.

2007년 로스엔젤레스 카운티 북부의 시골 마을에서 시작된 벅위드 산불도 그랬다. 강풍과 건조한 날씨가 가세해 불길이 빠르게 퍼졌다. 단 한 번의 화재로 1만 5,000명이 대피해야 했고, 수백 채의 가옥이 전소되었으며, 150제곱킬로미터가 넘는 땅이 잿더미가 되었다. 그리고 이 화재는 어린 소년이 성냥 한 개비에 붙인 작은 불꽃에서 시작되었다. 한 사람의, 한 번의 잘못된 결정이 얼마나 큰 파문을 일으키는지 보여주는 사례다.

그러나 불꽃만큼 유익한 것도 없다.

열에너지를 공급하는 불은 음식을 익히고, 집 안의 온도를 높이고, 마시멜로를 굽는다. 철을 강화하고, 유리를 녹이고, 엔진을 움직인다. 자연적인 산불은 숲을 더 잘 자라게 한다. 마른 가지와 오래된 초목을 태워 땅에 영양을 공급해 생기를 불어넣고, 씨앗을 틔우며 새로운 성장을 촉진한다. 어떤 씨앗은 땅에 떨어진 뒤에, 불을 만나야 껍질이 부드러워져 싹을 내고 뿌리를 내린다. 산불이 휩쓸고 지나간 지 겨우 1년밖에 안 됐는데, 벌써 새로운 생명이 자라고 있다. 10년 안에 캘리포니아의 숲은 다시 생명으로 가득찰 것이다.

불꽃은 이토록 강력하다. 도약의 발판이 되고, 유익하게 쓰이며, 타인을 움직이고 이로운 불길을 일으킨다. 내가 불길에 휩싸인 그날, 화재로 인해 어린 소년이 생사를 다툰다는 소식이 순식간에 퍼졌다. 소셜 미디어가 등장하기 훨씬 전인데도 이 비극적이고 충격적인 사건은 지역 주민들 사이에 빠르게 공유되었다. 제일 먼저 소식을 접한 사람은 우리 가족과 친구들, 주변에 사는 이웃들이었다. 그들이 주위에 다시 소식을 전하면서, 집을 잃고 아이를 잃을지도 모르는 한 가정을 위해 기도하고 움직여달라고 부탁했다. 그들이 또 다른 친구에게 알리고, 그리고 그 친구는

콜린 선딘스트라는 이웃에게 알렸다. 그리고 콜린은 이 여세를 몰아 자신의 아빠에게 전화를 걸어, 같은 지역에 사는 어느 소년이 다쳤으니 소년을 위해 기도해달라고 부탁했다. 이 한 통의 전화로 내 인생은 달라졌다.

콜린의 아빠는 위대한 야구 선수, 레드 선딘스트였다. 그는 그날 밤 자선 행사에 참석해 옆자리에 앉은 친구, 잭 벅에게 그날 오전에 어떤 소년이 화상을 입었는데, 가망이 없어 절망스러운 상황이라는 소식을 전했다.

그게 다였다. 그러나 그걸로 충분했다.

하나의 작은 불꽃이 엄청난 결과를 낳았다. 때로는 너무나도 사소하다고 생각했던 말과 행동이 누군가의 인생을 바꾼다. 실제로 잭과의 짧은 만남과 그의 격려가 내 인생을 바꿨다. 그러나 알다시피 잭뿐만이 아니었다. 그 전에 레드가 있었다. 그가 소식을 전하지 않았다면 잭은 나에 대해 전혀 알지 못했을 테고, 그가 병원에 찾아와 나를 격려하는 일도 없었을 거다. 그러니 이 모든 일의 공은 레드에게 돌려야 마땅하다.

그러나 레드만 있었던 것도 아니다. 그 전에는 콜린이 있었다. 아빠에게 전화를 걸어 화재 소식을 전한 사람은 그녀였다. 그녀는 레드가 나의 사연을 알게 해줬고, 잭이 알 수 있도록 해준 장본인이었다. 지금의 나를 살아 있게 해준 은인이었다.

그렇지 않은가?

아니면 그전으로 돌아가 그녀의 이웃 덕분이라고 해야 하나? 아니면 그보다 전에 우리 옆집에 사는 이웃 덕분인가?

우리는 흔히 자신에게는 혁신적인 변화를 이끌어낼 능력이 없다고 생각한다. 누구나 자신만의 방식으로 세상에 변화를 일으키고, 영향을 미치는 불꽃이 될 수 있는데도 자신의 능력을 과소평가한다. 긍정적이고, 오래도록 주변을 바꿀 능력과 기회는 누구에게나 있다. 사소한 행동과 평범한 사람이 이 세상을 바꾸며, 변화는 그 한 사람에게서 시작한다.

바로 당신에게서. 단, 먼저 관심을 기울여야 하겠지만!

남들은 보지 못하는 가능성을 보는 법

간단히 답해도 될 질문이었다.

교사들이 가득 모인 회의실에서 이제 막 강연을 마친 뒤였다. 교사들과 인사를 나누고, 책에 사인을 해주고 있는데 40대 중반으로 보이는 여자가 다가와 자기소개를 하고 나를 껴안고는 내게 책을 건네며 사인을 부탁했다. 나는 여자의 이름과 격려의 말을 적고 사인을 한 뒤 책을 다시 돌려주었다. 여자는 내 얼굴을 한 번 보고, 다시 내 손을 내려다보더니 내게 물었다.

"어떻게 배우셨어요? 쓰는 법을 다시 배우는 게 힘들지 않으셨어요?"

"혹시 시간 있으세요?"

나는 고개를 끄덕이는 여자에게 손가락이 없는 내가 어떻게 쓰는 법을 배웠는지 들려주었다.

내가 퇴원하고 한 달 후 엄마와 아빠는 앞좌석에, 빨간 옷을 입은 여섯 남매는 뒷좌석에 끼어 자동차에 짐을 한가득 싣고 시내로 향했다. 한낮의 열기가 채 식지 않은 이른 저녁이라 땀에 젖은 등이 의자의 빨간 비닐에 들러붙었다.

오늘은 잭 벅이 내 병실에 처음 찾아온 날부터 우리 가족 모두가 눈이 빠지도록 기다린 날이었다. 야구장에서 맞는 존 오리어리의 날! 끝내주게 신나는 날이었다.

기자 전용 출입구로 우리를 맞으러 나온 잭은 직접 휠체어를 밀어 나를 경기장으로 데려갔다. 안내원과 선수들 몇 명을 지나, 좁은 복도를 따라 경기장 깊숙한 곳으로 나를 안내했다. 갈림길에서 왼쪽으로 돌자, 선수 대기석과 연결된 어둡고 좁은 터널이 나왔다. 세 계단 위로 밝은 녹색의 인조 잔디와 빨간색 좌석, 다이아몬드 모양의 구장이 보였다. 아빠와 잭이 잔뜩 상기된 내 얼굴을 보더니 휠체어를 들어 나를 층계 위의 구장으로 옮겨줬다.

구장에서는 상대팀이 훈련을 하고 있었고, 가까이서 보니 경기장의 규모가 엄청났다. 잠시 후 잭이 다시 휠체어를 밀고 어두운 터널을 지나, 경찰과 안내원이 모여 있는 곳을 뚫고 '세인트루이스 카디널스 클럽 회관'이라고 적힌 방으로 나를 데려갔다. 방문을 열고 들어가니, 선수들이 있었다. 잭은 선수들에게 일일이 나를 소개했다. 꿈에 그리던 우상들을 만난 것도 놀라웠지만, 더욱 놀라운 건 그 우상들의 벌거벗은 모습을 내가 보고 있다는 것이었다! 마치 그리스의 대중목욕탕 같았다. 다들 여기저기서 아무렇지도 않게 옷을 벗었고, 경기 전에 자신들만의 공간에 굴러들어 온 소년에게 놀라울 정도로 친절했다.

평생 잊지 못할 경험이었다.

잠시 후 나는 승강기를 타고 특별석이 있는 곳으로 올라갔다. 우리 가족에게는 정말 꿈만 같은 선물이었다. 엄마와 형제자매들은 3루가 내려다보이는 좌석을 안내받았고, 아빠와 나는 잭과 함께 본루 바로 위에 위치한 중계방송실 안으로 들어갔다. 경기장의 전경이 한눈에 내려다 보이는 완벽한 위치였다. 그날 밤 중계방송실의 맨 앞줄에는 라디오 프로듀서와 마이크 섀넌 아나운서, 잭 벅 아나운서, 그리고 휠체어를 탄 아홉 살짜리 소년이 앉았다. 피부가 새빨갛고 팔과 다리와 목에는 부목을 댄 채 거의 온몸에 붕대를 감고 있는 소년은 카디널스의 모자를 쓰고, 얼굴 가득 환한 미소를 지었다.

존 오리어리의 날은 내가 꿈꿨던 그대로였다.

4시간에 달하는 혈투 끝에 카디널스는 연장전에서 홈런을 쳤고 결국 승리했다. 집에 갈 때 내 손에는 플라스틱으로 된 빈 탄산음료 컵이 여덟 개나 들려 있었다. 기념품으로 받은 야구공과 야구 셔츠, 배트도 들려 있었다. 잭이 나에게 떠먹여주듯 던진 멋진 질문과 누가 들어도 금방 잊어버릴 나의 단답형 답변들이 녹음된 중계방송 테이프도 함께.

"오늘은 우리 모두가 기다려온 날입니다. 오랜 시간 병원에서 사투를 벌인 제 꼬마 친구가 건강을 회복해 오늘 밤 이곳을 찾아주었는데요. 지금 제 옆에는 존 오리어리의 날을 맞아 와준 용감한 소년이 앉아 있습니다. 어때요, 재미있나요?"

나는 커다란 마이크에 입을 대고 높고 떨리는 목소리로 답했다.

"네."

"1월에 화상을 입은 후로, 5개월 동안이나 병원에서 수십 번의 수술을 받았다고 들었습니다. 드디어 퇴원해 집에 돌아와 무척 기쁘겠네요."

"네."

"야구를 무척 좋아한다고 들었는데요, 카디널스를 응원하죠? 올해 월드 시리즈에서 카디널스가 우승할 것 같나요?"

"네."

그런 식이었다. 참 재미없는 인터뷰였지만, 잭은 내 답변 따위는 신경 쓰지 않았다. 훨씬 더 중요한 일에 관심을 쏟느라 그럴 여유가 없었다. 그날 잭의 눈앞에 있던 소년은 살아남아 집으로 돌아왔으며, 야구장에서 자신이 이뤄낸 기적을 축하하고 있었지만, 여전히 휠체어에서 벗어날 수 없었고, 팔이나 몸은 물론 손조차도 자유롭게 움직일 수 없었다.

진짜 싸움은 이제 시작이었다.

그래서 잭은 내가 계속 싸워나갈 수 있는 용기를 주기로 결심했다.

며칠 뒤 내 앞으로 소포 하나가 도착했다. 엄마의 도움을 받아 소포를 풀어보니, 올스타 유격수로 뽑힌 오지 스미스가 사인한 야구공이 종이에 곱게 싸여 있었다. 공 밑에는 잭의 쪽지도 놓여 있었다.

꼬맹이, 두 번째 공을 받고 싶으면, 첫 번째 공에 사인한 선수에게

감사 편지를 써야 할 거야.

– 너의 친구, 잭 벅.

감사 편지를 쓰라고? 음, 농담이겠지?

펜은커녕 잡을 수 있는 것도 거의 없는 이 손으로?

내가 탄산음료 여덟 컵을 마시는 동안, 아빠가 컵을 들어주고 있었던 걸 몰랐나?

물론 잭은 그 모습을 보았다. 아주 유심히, 눈여겨보았다.

그가 나에게 선수들의 사인이 담긴 야구공을 보낸 건 그래서였다.

그 당시 나는 다시 글씨를 쓰길 바라는 부모님의 기대에 부응하지 못하고 있었다. 물리치료사들이 글씨 쓰는 연습을 도와줬지만, 별로 내키지 않았다. 그들은 글씨 쓰는 법을 빨리 익히면 학교에 더 빨리 돌아갈 수 있다는 말로 나를 설득하려 했다. 그 말이 나에게 동기부여가 되었을 것 같은가? *천만에! 나는 학교를 싫어했다!*

하지만 야구는 정말 좋아했다. 당연히 사인볼은 하나 더 받고 싶었다. 목표가 확실하면 그 과정이 어떻든 견딜 수 있다는 걸 다시 한 번 보여주는 사례였다.

엄마의 도움을 받아 붕대가 칭칭 감긴 손으로 펜을 잡고 감사 편지를 썼다. 물론 고통스럽고 힘든 시간이었다. 몇 번의 시도 끝에 간신히 성공한 편지에는 알아보기 힘든 꼬부랑글씨들이 가득했다. 어쨌든 나는 사인

볼에 대한 감사 인사와 내 이름을 적은 편지를 오지 선수에게 보냈다.

그때는 몰랐지만 그 순간은 내 인생의 크나큰 변곡점이었다. 그날 나는 글씨를 쓰고, 학교에 가는, 평범한 삶을 향한 첫걸음을 뗐다. 그때는 그저 두 번째 공을 얻을 생각밖에 없었지만 말이다.

사흘 뒤, 두 번째 소포가 도착했다. 안에는 또 다른 선수의 사인볼과 두 번째 쪽지가 들어 있었다.

> 꼬맹이, 세 번째 공을 받고 싶으면 두 번째 공에 사인한 선수에게
> 감사 편지를 쓰기만 하면 돼.
>
> — 너의 친구, 잭 벅.

"엄마, 엄마! 빨리 이리 와봐요! 아, 펜도 갖다 주세요!"

나는 다시 감사 편지를 보냈고, 며칠 뒤 또 다른 공이 도착했다.

> 꼬맹이, 네 번째 공을 받고 싶으면……

이제 알겠는가?

그해 10월 세인트루이스 카디널스가 월드 시리즈에 출전할 때까지, 세인트루이스의 열렬한 팬인 한 소년은 60개의 사인볼을 받고, 60장의 감사 편지를 부쳤다.

존 오리어리의 날을 보내고 몇 달 뒤, 손가락이 하나도 없고 가망이 전

혀 없던 '꼬맹이'는 다시 학교에 다니기 시작했다. 모두 한 남자가 관심을 기울인 덕분이었다. 그때 그는 자기 자신에게 단순하지만 본질적인 질문을 던졌다.

나는 무엇을 더 할 수 있지?

남들이 불가능하다고 생각하는 일에서 가능성을 보고, 남들은 보고만 있을 때 행동하며, 타인의 삶을 바꿀 방법을 고민하게 만드는 질문이었다.

이 간단한 질문 덕분에 그는 자선 경매 행사장에서 어떤 소년이 화상을 입었다는 소식을 들었을 때, 망설임 없이 바로 행동할 수 있었다.

"나는 무엇을 더 할 수 있지? 좋아, 아이를 찾아가자."

이 간단한 질문 덕분에 그는 소년이 죽을 거라는 말을 간호사에게 듣고도 계속 나를 찾아올 수 있었다. 다들 아이가 살 수 없다고 생각하는군.

"나는 무엇을 더 할 수 있지? 좋아, 다시 찾아서 아이에게 살 수 있다는 믿음을 심어주자."

이 질문 덕분에 그는 내가 입원해 있는 동안 꾸준히 나를 찾아왔고, 존 오리어리의 날을 정해 야구장에 초대하겠다는 약속을 지켰으며, 60개의 사인볼을 보냈다.

나는 무엇을 더 할 수 있지?

그는 잘나가는 아나운서였고, 가족을 돌보느라 바빴고, 개인적으로 힘든 일도 있었을 것이다. 그러나 시간을 내 소년을 위해 자신이 무엇을 더 할 수 있는지 고민했다. 그는 그렇게 내 평생의 은인이 되었다.

당신은 지금 무엇에 관심을 기울이고 있는가? 우리는 대부분 자신의 문제만 신경 쓴다. 오늘도 쌓여 있는 할 일 목록과 가계부, 허리둘레 치수, 자녀에게 집중한다. 휴대전화를 보고, 이메일을 확인하고, 내가 올린 페이스북 게시물을 훑어본다.

그런데 잭은 어땠는가?

다른 사람을 돌아보았다. 주변에서 일어나는 일에 관심을 기울였다. 무언가를 얻기 위해서가 아니라 주기 위해서였다.

이것이 성공한 삶과 의미 있는 삶의 차이다. 급하게 쌓아올린 승리와 진정한 승리의 차이다.

40년 동안 9,000명의 아이들을 키운 남자

앞서 소개한 글렌 커닝햄을 기억하는가?

어릴 때 끔찍한 화상을 입었지만, 다시 걷는 법을 배우고 뛰기 시작해 올림픽에 출전했고, 몇 십 년 뒤 나에게 포기하지 말라고 용기를 주었던 사람 말이다.

혹시 인터넷 백과사전 '위키피디아'에서 그에 대해 찾아봤다면, 이 정도가 여러분이 알고 있는 전부일 것이다. 위키피디아에는 그가 어릴 때 화상을 입고 회복한 과정과, 고등학교에서 육상을 시작해 대학 대표로 뛰고, 나중에는 국가 대표로 올림픽에 출전해 세계 정상의 자리에 오르기까지, 그가 육상계에서 차근차근 단계를 밟아 올라간 과정이 묘사되어 있다. 출전한 시합과 장소, 시간, 기록이 정리되어 있고, 1940년에 은퇴했다고 나와 있을 것이다. 그러나 나는 그가 은퇴한 이후부터 죽기 전까지의 48년이야말로 그의 인생에서, 아니, 그 누구의 인생과 비교해보아도 가장 훌륭하고 인상적인 시기였다고 말하고 싶다.

올림픽에서 돌아온 뒤 글렌은 결혼을 하고 캔자스 주의 큰 목장에서 가정을 꾸렸다. 아내인 루스와 아이 셋을 낳아 기를 무렵, 그는 2차 세계대전 때 난민이 된 어느 러시아 가족의 이야기를 전해 들었다. 글렌과 루스는 그 가족의 일을 의논하다 결국 어려운 사정에 처한 그 가족에게 몇 년 동안 세를 주기로 했다.

은퇴하고 나서 글렌은 세계 곳곳으로 강연을 다녔다. 그의 강연에서 큰 영감을 받고, 그의 성실함과 훌륭한 인품에 감화된 관객들이 목장으로 편지를 보내왔다. 그가 살아온 이야기와 그동안 이뤄낸 일을 들려주고, 용기를 줘 고맙다는 내용이었다. 그런데 그중 한 편지에 방황하는 어린 아들에 대한 이야기와 지금 아들이 처한 문제를 털어놓는 내용이 담겨 있었다. 편지의 끝에는 이렇게 적혀 있었다.

선생님, 저희 아들 토미가 선생님의 목장에서 잠시 머물러도 될까요?

글렌과 루스는 이미 세 아이를 키우고 있었고, 목장 일도 바빴고, 강연 일정은 더 빠듯했다. 하지만 현재의 삶에 만족하지 않았던 부부는 자신들이 할 수 있는 일이 더 있다고 믿었다. 사실 부부에게는 땅도 많았고, 방이 열두 개나 되는 집도 있었으며, 빈 방도 있었다. 결국 부부는 약간의 융통성과 절약 정신을 발휘하면 아이 한 명 정도는 잠시 보살필 수 있다는 결론에 이르렀다. 아이 한 명이 늘어나 빈 방이 하나 채워진다고 무슨 큰일이 나겠느냐고 생각했다. 그래서 부탁을 들어주었다.

부부는 토미의 부모 겸 후견인 역할을 훌륭히 수행했다. 그런데 얼마 있지 않아, 자기 아이도 목장에서 잠시 지내도 되는지 묻는 편지가 쏟아지기 시작했다. 그 편지들에 대한 커닝햄 부부의 답은 늘 같았다. "좋습니다."

법원에서도 문제아동들을 부부의 집으로 보냈다. 어느새 커닝햄 부부의 집은 다양한 연령의 아이들로 가득 찼다. 며칠이나 몇 주만 머무는 아이들도 있었고, 여름 내내 지내는 아이들도 있었다. 어떤 아이들은 몇 년씩 머물렀다. 커닝햄 부부의 자녀도 열두 명으로 늘어났다. 그러나 부부는 가슴으로 받아들인 아이들과 혈육으로 맺어진 아이들을 결코 다르게 대하지 않았다. 모두를 친자식으로 여겼고, 아무런 조건 없이 사랑했다. 그에 대한 보답으로 아이들은 규칙을 지키고 집안일을 돕고 목장의 동물들을 돌봤다. 다시 말해, 그들은 가족의 일원이었다.

커닝햄 부부는 마음의 문과 집의 문을 활짝 열었다. 40년이 넘도록 9,000명이 넘는 아이들을 재우고, 키우고, 보살피고, 격려했다.

무려 9,000명이다! 지금도 그렇게 할 수 있는 사람은 드물다.

금전적인 부담이 만만치 않았고, 매일 해야 할 일이 한도 끝도 없었다,

그러나 커닝햄 부부는 어떻게 해서든 아이들이 지낼 공간을 만들었고, 아이들을 어떤 형태로든 사랑하고 존중하면 그들의 삶이 달라지리라 확신했다. 글렌은 분명 '지금의 나는 무엇을 더 할 수 있는가?'라는 질문의 힘을 알고 있었다.

이 질문은 그를 두 다리에 심각한 화상을 입고 누워 있어야만 했던 병실에서, 목에 메달을 두르고 당당히 올라선 시상대로 인도했다. 안락한 집에서 세 아이를 키우던 그를, 수천 명의 아이들에게 강력한 영향을 미치고 확실한 변화를 주도하는 삶으로 이끌었다. *무엇보다 그의 삶을 성공과 사회적 지위를 중시하는 삶에서, 의미 있는 삶으로 끌어올렸다.*

사람들은 누구나 성공과 사회적 지위에 열광한다. 올림픽 메달과 커다란 집, 아름다운 얼굴, 승리에 열광한다. 그러나 애지중지하던 금은보화는 언젠가는 부식되고, 집은 낡고, 아름다운 얼굴도 늘어진다. 우리가 얻지 못해 안달하는 성공 뒤에는 언제나 허무함이 따른다.

이보다 더 높은 차원의 성취를 이뤄내는 사람들은 성공을 향해 질주하지 않고, 의미를 좇는다. 그들이 달리기 시합에 나가고, 사업을 키우고, 아이를 기르는 삶을 사는 것은 자기 자신을 위해서가 아니라, 타인의 삶을 바꾸기 위해서다. 그들은 누군가의 손을 잡아주고, 마음을 움직이고, 사랑을 주고, 타인의 삶을 변화시키는 행동으로 진정한 승리를 거둔다. 그리고 이때 일어난 불꽃은 그들이 세상을 떠난 뒤에도 오래도록 불타오른다.

글렌 커닝햄의 삶이 놀라운 건 그가 이룬 것이 많아서가 아니라 베푼 것이 많아서다.

올림픽에 출전해야만 놀라운 삶을 살 수 있는 건 아니다. 본인의 위치에서 타인을 위해 할 수 있는 일을 하면 된다. 언제나 "좋습니다", "괜찮아요", "그래!"라고 말하는 삶을 살면 된다.

불꽃같은 삶을 살다간 두 살배기

나는 3년 동안 병원 부속 교회의 목사로 일했다. 주로 평일 저녁과 주말에 목회 활동을 했고, 처음 1년은 성인 환자를 상대했다. 이후 2년 동안은 소아과 병동에서 어린 환자들과 그들의 가족을 위해 일했는데, 이때의 경험은 내 삶에 커다란 영향을 미쳤다.

다치거나 아프거나 죽어가는 아이들을 만나면 인생에서 정말 중요한 것이 무엇인지 너무도 확실하게 드러났다. 아픈 아이의 부모에게는 아이가 완벽한 성적을 받거나, 운동을 잘하거나, 원하는 학교에 들어가거나, 친구들에게 인기가 많은 것이 더 이상 중요하지 않았다. 아이에게 최대한 많은 능력을 길러주기 위해, 경쟁하듯 빡빡한 학원 일정을 짜는 스트레스도 이미 예전에 사라지고 없었다. 검사 결과를 기다리고, 대기실에서 기도를 올리고, 아이와 함께하는 미래를 꿈꾸고, 함께할 수 있기를 간절히 바라며, 아이와 눈을 맞추고 대화를 나누는 데 모든 시간을 쏟을 뿐이었다. 내가 만난 부모들은 아이를 잃을까 두려워하면서도, 건강하고 평범한 삶을 목표로 아이와 함께 싸워나갔다.

그들은 무엇이 정말 중요한지 누구보다 잘 알았다. 그들과 대화를 나누고 나면, 감정이 북받쳐 차 안에서 혼자 울기 일쑤였다. 그들에게 닥친 엄청난 시련에 마음이 아팠고, 삶을 향한 그들의 열정과 서로에 대한 사랑에 깊은 감동을 받았다.

특히 어떤 한 가족의 이야기는 아직도 어제 일처럼 기억이 생생하다.

어느 날, 나처럼 야구와 바닐라 아이스크림을 사랑하는 여자 아이를 만나고 있는데, 무선 호출기의 진동이 울렸다. 호출기를 보니 병실 번호 뒤에 4444가 찍혀 있었다. 가슴이 철렁했다. 4444는 환자의 심정지를 뜻하는 암호였다. 아이의 호흡이 멈춘 것이다. 이 숫자가 뜨면 의료진이 해당 병실로 출동하고, 다 함께 아이를 소생시키기 위해 온 힘을 다한다. 병원 목사도 함께 가서 의료진을 정서적으로 지지하고, 아이를 위해 기도하며, 겁에 질린 부모의 곁을 지킨다.

「ER」이나 「그레이 아나토미」와 같은 TV 드라마에서는 긴급 상황을 알리는 숫자가 뜨면 잘생긴 의사 몇 명이 병실로 뛰어간다. 배경 음악으로는 극적인 분위기를 위해 세라 매클라클런의 음악이 깔린다. 의사들이 몇 가지 약물을 주입하고, 버튼을 몇 개 누르면 마법처럼 환자가 되살아난다. 배경 음악이 끝나고 의사들이 서로 껴안으면 광고 화면으로 바뀐다. 하지만 현실은 다르다. 음악이 흐르지도 않고, 인정사정없는 의료적 절차가 진행될 뿐이며, 환자가 되살아나는 경우는 극히 드물다.

이런 생각을 하면서 나는 이야기를 나누던 일곱 살 소녀 친구에게 양해를 구하고 복도를 따라 중환자실로 달려갔다. 병실 밖에는 아이의 엄마와 아빠가 안쪽의 상황을 지켜보고 있었다. 어떤 부모도 평생 보아서는 안 될 끔찍한 장면을 똑바로 바라보고 있었다.

부모에게 다가가 내 소개를 하고 현재 상황을 설명한 뒤, 대기실로 안내하겠다고 말했다. 그들에게 아이의 모습을 보지 않게 하고 싶었다. 그 순간이 아이에 대한 마지막 기억이 되지 않길 바랐다. 그러자 젊은 엄마가 눈을 돌려 나를 뚫어지게 바라보며 말했다. "존, 우리는 어디에도 안 가요. 당신이 뭐라고 하든 우리 아이 곁을 지킬 겁니다. 아이가 살든지…… 죽든지요." 그녀는 다시 몸을 돌려 남편에게 기댄 채 아이를 바라보았다.

그녀의 말을 듣고, 나는 그들과 함께 병실 밖에 서서 모든 걸 지켜보았다. 의사들이 침대 위에 올라가 아이의 가슴을 힘껏 눌렀다. 각종 약물이 수차례 투여되었다. 간호사들은 공기 주머니를 쥐어짜 아이의 작은 폐에 산소를 주입했다. 잠시 후 상심한 기색이 역력한 젊은 의사가 다가와, 의료진이 더 이상 할 수 있는 일이 없다고 설명했다. "안타깝지만, 아드님이 운명하셨습니다."

아이의 엄마가 의사와 간호사들을 제치고 두 살배기 아들에게 다가갔다. 몸을 굽혀 아이의 머리카락을 쓸어 올린 뒤, 아이를 들어 품에 안았다. 아이를 안은 두 팔을 부드럽게 흔들며, 작은 목소리로 아이에게 마지막 노래를 불러주었다. 의료진이 병실을 떠나고, 아이의 아빠와 나도 병실로 들어갔다. 우리는 서로 한마디도 하지 않았다. 그냥 그 자리에 서서, 신의 뜻이지만 비극적이고 비현실적인 순간을 함께했다. 그 순간, 나는 감정이 벅차오를 때는 침묵이 가장 훌륭한 소통이 될 수 있다는 사실을 깨달았다. 젊은 연인끼리는 아무 말을 하지 않고 손만 잡고 공원을 거닐어도 행복할 것이고, 절친한 친구 사이라면 쓸데없는 말로 애써 시간을 때우려 하지 않고 말없이 몇 시간을 있어도 편안할 것이다. 부모라면 아이와 나란히 앉아, 넘실거리는 파도와 멋진 일몰과 함께 저 멀리 새가 날아가는 모습을 아무 말 없이 바라볼 수 있다.

비극적인 순간에도 마찬가지다. 심각한 병에 걸리거나, 아끼는 친구가 세상을 떠나거나, 인생의 모든 것이 무너질 때, 누군가가 찾아와 말로 상황을 해결해주길 바라는 사람은 없다. 말로 사라질 고통이 아니기 때문이다. 그보다는 누군가가 나란히 앉아 함께 울어줄 용기를 내주길 바란다. 함께 그 순간에 완전히 몰입해주길 바란다.

그래서 우리는 그냥 함께, 조용히, 서 있었다.

잠시 후, 아이의 아빠가 한쪽 팔을 내 어깨에 두르고 말했다. "존, 이 아이가 우리 가족에게 얼마나 중요한 존재였는지 모르시겠죠. 우리 집은 애가 셋이었습니다. 아홉 살짜리와 일곱 살짜리, 그리고 이 아이가 태어났죠. 정말 소중한 아이였습니다. 막내가 태어나고 우리 가족은 비로소 완전해졌습니다. 두 살밖에 안 됐지만 이 아이는 우리에게 인생의 의미를 알려주었죠. 막내는 매일 우리 가족의 삶을 빛나게 해주었고, 날이 갈수록 그 빛은 더 환해졌습니다."

남자가 말을 이었다. "이 아이는 태어날 때부터 아팠습니다. 병원을 떠나면 안 됐지만, 집으로 데려갔습니다. 그저 실컷 사랑해주고 싶었어요. 그렇게 2년 동안 이 아이와 함께했습니다. 거짓말처럼 놀라운 시간이었죠."

남자의 아내는 계속 아이를 품에 안고 흔들었고, 남자는 계속 아이의 지나온 삶을 이야기했다. 나는 남자의 옆에 서서 그의 팔을 계속 어깨에 두른 채 눈물을 흘렸다.

"쉽지는 않았습니다. 똑바로 앉고, 제대로 말하는 법을 배우지 못하더군요. 하지만 아까도 말했듯 이 아이는 정말 소중한 존재였습니다."

또다시 침묵이 흘렀다. 엄마는 여전히 아이를 흔들고 있었다. 그러다 고개를 들고 남편에게 말했다. "이번 주 월요일에 교장 선생님에게 편지 받은 일도 말씀드려요."

월요일 오후에는 첫째 아들과 둘째 아들이 다니는 학교에서 교장이 직접 쓴 편지가 부부의 집에 도착했다고 한다. 두 아들을 훌륭하게 키워주어 감사하다는 내용의 편지에는 두 아이가 해당 학교의 학생이라 정말 기쁘다는 이야기와 함께, 교장이 왜 그렇게 느끼는지 생생히 보여주는 두 건의 일화가 소개되어 있었다.

"우리 학교에서 휠체어에 탄 아이들을 다음 수업이 있는 교실까지 이동시켜주는 학생은 귀하의 두 아드님뿐입니다. 누가 시켜서 하거나, 칭찬을 받으려고 하는 행동이 아닙니다. 그리고 점심시간에 장애가 있는 아이들과 함께 밥을 먹는 학생도 두 아드님뿐입니다. 점심때마다 시끄럽게 뛰어다니는 학교 식당에서 유일하게 장애가 있는 아이들이 모여 밥을 먹는 식탁이 하나 있는데, 귀하의 두 아드님은 언제나 그 식탁에 앉습니다."

아이의 아빠가 말을 멈추었을 때, 나는 북받치는 감정을 주체할 수 없었다.

어릴 때 나는 장애아였다.

자라서는 장애아동들을 돌보는 여성과 결혼했다.

아들을 잃고 상심한 아빠가 자랑스럽게 들려주는 이야기와 그의 아내가 죽은 아들을 안고 흔드는 모습에서 나는 깊은 감동을 받았다. 아이의 아빠에게 물었다. "두 아드님이 그렇게 자란 게 기적과도 같은 이 작은 아이 때문일까요?"

이번에는 아이의 엄마가 답했다. "존, 이 아이 덕분에 나는 더 좋은 엄마가 될 수 있었고, 이 사람은 더 좋은 아빠가, 두 아들은 더 좋은 아이가 되었어요. 앞으로도 우리는 계속 더 좋은 사람이 될 겁니다."

나는 더 좋은 엄마가 되었습니다.

남편은 더 좋은 아빠가 되었습니다.

두 아들은 더 좋은 아이가 되었습니다.

앞으로도 우리는 계속 더 좋은 사람이 될 겁니다.

그날 부부와 나눈 대화와 그들의 완벽한 아이들을 나는 평생 잊지 못할 것이다. 그 작은 아이는 두 형에게, 타인에게 관심을 기울이는 법을 알려 줬다. 동생 덕분에 두 형은 "나는 무엇을 더 할 수 있지?"라는 질문에 눈을 떴다. *그 아이는 가족의 삶에 열정의 불을 지핀 불꽃이었다.* 부부와 두 아들은 막내아들이자, 막냇동생이었던 아이의 죽음을 슬퍼하고 평생 그리워할까? 물론이다. 그러나 그들은 아이가 태어난 순간부터 매일 뿌리 깊이 열정적인 삶을 살 수 있었다.

아이는 성공적인 삶을 살았나? 아마도 그 질문에는 아니라고 답하는 사람이 많을 것이다.

아이는 의미 있는 삶을 살았나? 타인의 삶에 긍정적인 영향을 미쳤나?

그 대답은 확실하다. 그 누구보다 분명하게, 그렇다!

평범한 사람의 강력한 힘

내가 반드시 따르는 원칙이 하나 있다. 바로 '수녀의 말에 반박하지 않는 것' 초등학교에 다닐 때, 입원했을 때, 병원 목사였을 때 많은 수녀를 만나면서 서서히 터득한 원칙이다.

"나 혼자서 세상을 바꿀 수는 없다. 그러나 돌멩이를 하나 던져 수많은 잔물결을 일으킬 수는 있다."

어느 평범한 수녀가 쓴 글이다. 가난하고 연약한 알바니아계 여성에 불과했던 그녀는 홀로 기차를 타고 세계에서 제일 가난한 나라, 가장 가난한 도시의 가장 가난한 골목을 찾아가 조용히 그곳 사람들을 돌보기 시작했다. 그들에게 먹을 것과 사랑을 주고, 그들의 손을 잡아주고, 그들을 인간답게 만들었다. 그 후로 그녀의 삶에 감동해 하나 둘 동참하는 사람들이 생겨났다. 그들을 위한 운동이 시작되었고, 그녀가 설립한 '사랑의 선교 수녀회'에는 현재 전 세계 130여 개국에서 봉사 활동을 하는 4,500명의 수녀가 소속되어 있다. 설립자가 세상을 떠난 뒤에도 수녀회는 계속해서 난민과 나병 환자, 에이즈 환자, 노인과 아이, 죽음을 앞둔 사람들을 보살피고 있다. 이 모든 일이 어느 평범한 수녀 덕분이었다. 그녀가 만든 이 수녀회는 사랑에 목마른 세상을 구하는 사랑의 원천이었다.

테레사 수녀에 관한 책은 수없이 많다. 그녀의 어린 시절과 개종 활동, 시련, 열정, 사랑, 신앙은 물론 사람들이 제기하는 의혹에 어떻게 맞섰는지 다룬 책도 있다. 그러나 그 누구도 다음의 사실은 부인할 수 없을 것이다. 그녀의 삶은 분명 '늘 그렇듯, 한 사람의 삶이 세상을 바꾼다'는 진리를 여실히 보여주는 사례다. 물론 꼭 인도에 가야 그런 사례를 볼 수 있는 건 아니다. 알고 보면 우리 주변에도 많다. 당신이 찾기만 한다면 말이다.

강연을 마치고 나면 보통 몇몇 관객이 다가와 그들의 이야기를 들려준다. 평범한 한 사람의 지지나 격려, 행동으로 삶이 바뀐 이야기들이다.

예전에 사흘 연속으로 강연을 한 적이 있는데 하루에 한 번씩, 서로 다른 세 개의 단체를 대상으로 연단에 섰다. 뉴욕주와 미주리주, 일리노이주에서 열린 강연들은 각 강연이 끝날 때마다, 자신에게 긍정적인 영향을 미친 사람에 대한 이야기를 나누고 싶어 하는 관객들이 줄을 이었다.

뉴욕주에서는 한 남자 관객이 몇 년 전 JFK 공항의 어느 식당에서 점심을 주문하고 계산할 때 있었던 일을 들려주었다. 그가 막 돈을 내려 할 때, 바로 뒤에서 굵직하고 걸걸한 목소리가 들렸다. "내가 낼게요." 남자 관객이 뒤돌아보니 낯익은 남자가 서 있었다. 그 남자는 자신을 '잭 벅'이라고 소개했다. 남자 관객이 뭐라고 말할 틈도 없이, 잭은 계산대의 직원에게 점심 값을 건넸다. 남자 관객은 뉴욕 메츠의 골수 팬이었지만, 그날만큼은 카디널스가 밉지 않았다고 했다. 그리고 그는 잭 벅의 또 한 명의 팬이 되었다.

잭 벅이 또 다른 사람, 그것도 메츠 팬의 하루를 빛나게 만들었던 이야기를 듣다니, 정말 놀라웠다.

다음날 미주리주에서 강연할 때는 자신의 이름이 '러셀 어윈'이라고 소개한 남자가 다가와, 자신이 배고픈 예술가였던 시절의 이야기를 들려주었다. 그 시절의 그는 생계를 유지하기가 너무 힘들어, 페인트칠하는 일을 하며 최저 임금이 겨우 넘는 돈으로 근근이 살아가고 있었다. 그러던 중 어느 더운 여름날, 그가 사다리에 올라 어떤 집의 2층 창틀을 칠하는데, 내려와 쉬라는 거친 목소리가 들렸다. 집주인의 목소리였다. 집주인은 페인트공을 시원한 집 안으로 불러들여 쉬게 했다. 식탁에서 레모네이드를 마시며 집주인과 대화를 나누던 그는 사실 자신은 그림 그리는 걸 좋아하며 창틀보다는 캔버스가 좋다고 고백했다. 자신의 재능을 세상에 보여주지 못하는 현실과 그로 인한 좌절감도 함께 털어놓았다. 눈치 챘을지도 모르겠지만, 이 집의 주인은 잭 벅이었다.

그의 이야기를 경청하며, 질문도 하고 관심을 기울인 잭의 머릿속에는 또 다른 계획이 떠올랐다. 러셀을 초대해 세인트루이스 카디널스에서 명예의 전당에 오른 선수들의 얼굴을 모두 그리게 한 것이다. 카디널스는 러셀이 그린 초상화 250장을 모두 자선 행사에 판매했다. 총 50만 달러가 모였고, 러셀은 이를 계기로 화가의 길에 들어설 수 있었다.

믿을 수가 없었다. 또 잭 벅의 이야기라니! 잭 벅은 지극히 단순한 관심이 타인의 삶을 바꿀 수 있다는 것을 증명했다.

마지막으로. 그다음 날 일리노이 주에서도 강연이 끝나고 난 뒤 한 남자가 다가왔다. 그는 동료들 앞에서 처음으로 연설했을 때의 경험을 이야기했다. 당시 400명의 동료가 모인 연례 영업 회의에서 개회사를 하게 된 그는, 미리 준비한 원고를 들고 당당히 연단에 올랐다. 그는 청중을 한 번 둘러보고는 준비해온 원고로 시선을 옮겼다. 그러나 그 순간, 그는 꽁꽁 얼어버리고 말았다. 갑자기 찾아온 무대 공포증에 몸이 덜덜 떨리고, 아무 말도 할 수 없었다. 회의실에는 길고 어색한 침묵이 흘렀다. 곳곳에서 간간이 웃음소리가 새어나오기도 했다.

그때, 백발의 한 남자가 객석에서 일어났다. 남자는 연단으로 올라와 한쪽 팔을 발표자의 어깨에 둘렀다. 그러고는 발표자가 준비한 원고의 첫 줄을 읽은 다음 말했다. "좋아, 젊은이. 이제 여기부터 읽으면 되겠군."

맞다. 이번에도 역시 잭 벅이었다.

무대 공포증에 떨던 청년은 무사히 발표를 마쳤다. 그 순간은 그에게 개인적으로도 직업적으로도 터닝 포인트였다. 그 청년은 이제 회사의 최고운영책임자가 되었고, 지난 13년 동안 매년 영업 회의의 사회를 맡았다. 그의 말에 따르면, 그의 성공은 모두 그날의 변곡점 덕분이라고 했다. 사회 초년생 시절 연단 위에서 한마디도 내뱉지 못했던 그 순간, 다른 사람은 모두 침묵했지만 잭 벅은 앞으로 나섰다.

오직 한 사람의 사소한 행동이, 타인의 삶을 완전히 바꿔놓았다.

잭은 확실히 성공한 사람이었다. 목소리와 인간적인 매력으로 지역 주민들에게 사랑받고, 명예의 전당에도 올랐으며, 수십 년 동안 전 스포츠 분야에서 최고로 손꼽히는 중계방송 아나운서였다. 그러나 잭을 알게 되고, 그의 아이들을 만나고, 그의 아내와 대화를 나누고, 그에 대한 다른 사람들의 이야기를 들으면서, 그의 성공 비결이 무엇인지 확실히 깨달았다. 그는 자신을 위해 살지 않았다.

그뿐이었다. 그는 자기 삶에 점수를 매기지 않았다. 돈을 벌기 위해 일하지 않았다. 무언가를 얻기 위해 시간을 투자하지 않았다. 유명 인사였음에도 자기중심적이지 않았다. 언제나 주변 사람들에게 관심을 기울였고, 그들의 삶이 더 나아질 수 있는 일을 찾아 행동했다.

또한 그의 행동은 소란스럽거나, 과하게 영웅적이거나, 많은 돈을 쓰지도 않았다. 그러나 단순한 행동으로도 끊임없이 타인에게 영향을 미쳤고, 그의 삶이 일으킨 파문은 그가 세상을 떠난 뒤에도 오래도록 널리 퍼졌다.

당연히 잭은 완벽하게 열정적인 삶을 살았다.

여섯 번째 선택, 즉 성공보다는 의미를 찾아 행동하는 선택을 했다. 그것도 완벽하게!

그는 진정으로 훌륭한 삶을 살았다. 늘 의미를 추구했고, 성공은 자연스럽게 뒤따랐다.

한 사람이 타인의 인생을 바꿀 수 있을까?

온 세상에 울리도록 큰 소리로 확실히 외치건대, 답은 당연히 '그렇다!'이다. 그러나 한 사람의 힘이 발휘되려면 믿음이 필요하다. 그 힘을 믿어야 한다.

이젠 독자들도 내 이야기가 익숙할 것이다.

불이 났고, 화상을 입었고, 생존 가능성이 희박했지만…… 기적이 일어났다.

내가 세상에서 가장 운이 좋은 사람이어서였을까?

아니면 다른 이유가 있었을까?

매 순간 사실을 전달하는 사람들이 있었다. 전신 100%의 화상을 입으면 생존 가능성이 전혀 없다는 사실, 소년은 살지 못할 것이라는 사실, 죽음이 임박했다는 사실, 가망이 없다는 사실. 그런데 소년은 살아남았다.

좋다. 그 이후로는 어땠을까?

그들은 비관적이었다. 당연히 걷거나 쓰지 못할 것이다. 세상에 아무런 도움이 되지 않을 것이고, 적극적으로 살아가지도 못할 것이며, 절대로 예전의 '평범한 삶'으로는 돌아갈 수 없을 것이다.

다행히 매 순간 믿고 싸우고 기도해준 사람들도 있었다.

짐 형은 나를 살리려고 위험을 불사하고 불길을 향해 매트를 휘둘렀다.

에이미 누나는 나를 붙잡고 아직 희망을 버리지 말라고, 더 나은 날이 있을 거라고 장담했다.

수전은 물을 가지러 불타는 집 안으로 뛰어들어갔다.

엄마는 내 손을 꼭 잡고 하느님의 손을 잡도록 이끌었다.

로이는 나를 똑바로 세워 안고 걸으면서 끊임없이 일깨웠다. "꼬마야, 죽음 따위는 잊어버려. 너는 걸을 거야."

잭은 말했다. "꼬맹이! 일어나! 너는 살 거야!"

그들은 모두 믿었다. 내가 나아질 수 있다고 믿었다. 이게 끝이 아니라고 확신했다.

'한 사람의 힘'을 믿으면 내가 무엇을 바꿀 수 있는지 보인다. '나는 무엇을 더 할 수 있지?'의 답을 행동으로 옮길 기회가 보인다. 몽유병 환자처럼 이리저리 헤매는 삶이 아니라, 잠에서 깨어나 타인에게 관심을 쏟고 어떤 행동을 취하고 싶어진다.

나의 경험을 말하자면, 하느님이 만사를 관장한다고 믿자, 주변 사람들의 비극에 짓눌려 매일 온갖 걱정을 하는 스트레스에서 해방되었고, 내 인생에서 최고의 순간은 아직 오지 않았다고 확신하게 되었다.

믿음이 생기면 사랑에 마음이 열리고 가능성에 눈을 뜨며, 나의 인생을 비롯한 모두의 인생이 지극히 중요하다는 진리를 받아들이게 된다.

자격지심은 인생의 독일 뿐이다

나는 대학을 졸업했다.

여기까지 읽었는데 아직도 기적이 일어날 수 없다고 믿는가? 내가 바로 그 증거다! 혈기는 왕성하지만 학구열은 없었던 아이가 무려 대학을 졸업했으니 말이다.

또 다른 기적은 졸업식 날 밤에 일어났다.

나는 초등학교에 다닐 때 여자를 만난 적이 한 번도 없었다. 고등학교 때도 마찬가지였다. 대학을 다니는 4년 동안에도 가뭄은 계속되었다. 그런데 졸업식 날 밤, 드디어 비가 내렸다. 사랑의 기적이 일어난 것이다. 사랑의 주인공이 어떤 모습이었을지 잠시 상상해봐라.

잠깐만, 맨 뒤에 실린 사진을 보는 건 반칙이다!

그냥 눈을 감고 어떤 사랑이었을지 상상해봐라. 여자가 떠오르나?

아니, 다시 생각해봐라. 그런 종류의 사랑이 아니다. 졸업식 날 밤 나타난 사랑은 육체적이지도, 성적이지도, 평생 갈 동반자 관계의 시작을 알리는 신호도 아니었다. 그날의 사랑은 또 한 번 내 삶 속에 흘러들어온, 잭 벽의 놀랍도록 관대한 마음이었다.

나와 잭은 계속해서 우정을 이어나가고 있었다. 심각한 화상을 입어 살아남을 가망은 물론, 다시 글씨를 쓸 가능성도 전혀 없었던 소년이 대학을 졸업했다는 소식에, 잭은 선물을 하나 보냈다. 온 가족이 모여 나의 졸업을 축하하는 식사 자리에서 나는 예쁘게 포장된 상자와 잭 벽이 쓴 짧은 편지를 건네받았다.

첫 번째 단어는 '꼬맹이'였다. (가끔은 잭이 내 이름을 알긴 하는지 궁금하다.)

"꼬맹이, 이건 나에게 의미가 큰 물건이야. 너에게도 큰 의미가 되길 바란다."

포장을 풀고 상자를 열어 안을 보니 또 야구공이 들어 있었다. 그런데 예전에 받던 사인볼이 아니었다. 이번 건 달랐다. 무거웠고, 어둡고 짙은 색이었다. 가죽으로 된 보통 야구공이 아니라 유리로 된 공 같았다. 나는 자리에서 일어나서 어두침침한 방을 벗어나 어떤 공인지 확실히 비춰줄 빛을 찾으러 나갔다. 식당 문을 열고 나가 상자에서 공을 꺼내자 지는 태양 빛에 공이 반짝하고 빛났다. 야구공은 크리스털로 되어 있었고 그 위에는 글자가 새겨져 있었다. '잭 벅. 야구 명예의 전당. 1987년.'

1987년은 내가 화상을 입은 해였다. 동시에 잭이 명예의 전당에 이름을 올린 해이기도 했다. 나는 숨을 죽이고 그의 편지를 계속 읽었다.

> 꼬맹이, 이건 나에게 의미가 큰 물건이야. 너에게도 큰 의미가 되길 바란다.
> 이 공은 명예의 전당에 이름을 올릴 때 받은 크리스털로 만든 공이야.
> 이건 값을 매길 수 없어. 절대 떨어뜨리지 마!
>
> — 너의 친구, 잭.

값을 매길 수 없다는 선물을 다시 바라보았다. 잭 벅은 이렇게 귀한 물건을 왜 나에게 주었을까? 반짝이는 공을 눈앞에 두고도 나는 한심하게도 내가 그 공을 받을 자격이 없다고 생각했다. 이 공은 잭의 집에 진열되어 있어야 마땅했다. 집안의 가보로 후손에 전해져야 옳았다. 내가 감히 받아도 되는 물건이 아니었다.

당시 나는 고작 스물두 살이었다. 나 자신의 그림자조차 두려운 애송이였고 내가 누군지, 진짜 인생이 무엇인지조차 모르는 아이였다. 선물의 무게를 감당하지 못한 나는 그날 밤 공을 집에 가져가 양말 서랍에 박아두었다. 자격지심에 누구에게도 보여주기 싫었다. 누가 보면 어디서 났냐고 물을 것이 뻔했다. 그러면 내가 잭을 어떻게 알게 됐는지 말해야 하고, 나의 흉터와 나의 이야기를 들려줘야만 했다. 그때는 그럴 준비가 되지 않았다. 말하고 싶지도 않았다. 그래서 비밀로 하고 숨겼다. 어둠 속에. 수년 동안.

그러나 빛은 언제나 어둠을 이긴다. 그림자를 쫓아버리는 데 약간의 시간이 걸릴 뿐이다. 잭이 소중한 크리스털 야구공을 내게 주었을 때, 그는 훗날 우리 아빠가 자신과 똑같이 파킨슨병에 걸릴 줄은 꿈에도 몰랐다. 내가 책을 쓰리란 것도 몰랐고, 스물두 살짜리 애송이가 훌륭히 성장해, 흉터를 받아들이고, 자신의 이야기를 세상에 들려주리란 것도 몰랐다. 그가 내 삶에 얼마나 깊이 들어왔는지, 나에게 어떤 선물을 주었는지도 몰랐고, 자신의 행동이 전 세계 수십만 명에게 감동을 주리란 것도 물론 알지 못했다. 자신이 일으킨 빛이 얼마나 밝게 빛날지도 몰랐을 것이다.

잭이 그 모든 일을 한 이유는 훨씬 단순했다. 그가 할 수 있는 일이기 때문이었다. 할 수 있는 일을 한 것만으로 그는 나의 삶을 열정으로 활활 타오르는 삶으로 바꾸었다.

나는 늘 잭을 생각한다.

병원에서 나를 둘러싼 칠흑 같은 어둠에 한줄기 빛이 되어준 그의 목소리를 생각한다. 야구장에서 함께 축하한 존 오리어리의 날을 생각한다. 내가 다시 글을 쓸 수 있게 해준 그의 편지와 60개의 야구공을 생각한다. 온 방 안에 반짝이는 빛을 뿜는 크리스털 야구공을 볼 때마다, 한 사람이 타인의 삶을 얼마나 크게 바꿀 수 있는지 새삼 깨닫는다. 아이들과 함께할 때도 그를 떠올린다. 잭 벅은 열 살이 된 우리 큰아들을 무척 아꼈을 것이다. 아이의 이름을 듣고 호탕하게 웃었을지도 모른다. 우리 큰아들의 이름은 '잭'이다.

성공을 좇을 것인가 VS 의미를 찾을 것인가

우리는 받는 것으로 생계를 꾸리고,
주는 것으로 인생을 꾸린다.

– 윈스턴 처칠

우리는 셀 수 없이 많은 책임과 의무, 온갖 잡다한 일에 시달린다.
그럴 때면 이런 생각이 들 것이다. '됐어, 더 이상은 못해.'
사람에 치이고, 일에 치이고, 생계를 꾸리느라 힘들겠지만
잊지 마라. 지금 이 순간은 당신 인생의 변곡점이다.

눈앞의 기회를 잡고, 건강을 되찾고, 가족을 더욱 사랑하며,
신이 선사한 인생이라는 축복은 더욱 신나게 즐기고,
희망의 불빛이 필요한 이들에게 관심을 기울이기 위해……
"나는 무엇을 더 할 수 있는가?"

성공을 좇는 사람의 불꽃은 빠르게 사그라든다.
그러나 의미를 찾은 사람의 불꽃은 활활 타올라 타인에게 퍼지고,
그 사람이 세상을 떠난 후에도 오래도록 밝게 빛난다.
타인에게 영감을 주고, 그 일을 하는 사람의 삶을 따뜻하게 만든다.

두 손을 들고 포기하며 "내가 뭘 더 할 수 있겠어?"라고 말하지 말고,
마음을 열고 손을 뻗어 "나는 무엇을 더 할 수 있지?"라고 말해보자.
지금 이 순간부터 당장 가족과, 친구, 회사 동료에게 관심을 가져라.
당신이 매일 하는 지극히 사소한 일이, 엄청난 결과를 불러올 테니.

조용하지만 밝게 빛나는, 의미 있는 삶을 선택해라.

준비 되었는가?

Are you ready?

두려움과 사랑은 삶에 강력한 동기를 부여한다.
그러나 두려움은 숨통을 조이고, 사랑은 자유를 선사한다.

▼

그대의 존재가 발산하는 눈부신 빛을
그대에게 보여줄 수만 있다면…….

– 하페즈

불타버린 소년에게 아빠가 건넨 한마디

병실 밖에서 목소리가 들린다. "준비됐나요?"

아빠다. 그가 간호사에게 묻는다. 간호사가 답하기도 전에 내가 대신 소리쳤다.

"네! 됐어요! 데려가세요!"

좋아, 준비는 모두 완료됐다. 휠체어에 앉아 지난 5개월 동안 나의 집이었던 병실을 둘러봤다. 창문 하나, 작은 TV, 쇠막대가 달린 커다란 침대가 있고 노란 벽에 달력이 걸린 소독약 냄새가 나는 집. 이 집을 그리워 할 일은 없을 것이다. 이제 나는 진짜 집에 간다. 우리 집에 간다. 커다란 미닫이 유리문이 미끄러지듯 열리고, 아빠가 손수레를 밀고 들어왔다. 손수레에는 샴페인과 라이프 세이버스 사탕이 가득 담겨 있었다. 그동안 나를 위해 너무나 많은 일을 해준 간호사들에게 줄 선물이다. 오늘 파티를 열 사람이 나뿐만은 아닌 모양이다. 아빠가 손수레를 침대 옆에 밀어두고, 허리를 숙여 내 볼에 입을 맞춘다. "존, 무슨 생각하고 있어. 준비됐니?"

휠체어를 움직여 승강기를 타고 4층에서 1층으로 내려가, 병원 정문을 넘어 우리 차에 탈 준비가 되었냐는 뜻이다. 수없이 반복되는 물리치료와 붕대 교체, 그리고 새벽마다 채혈 전문가가 찾아와 피를 뽑는 일이 더는 필요 없다는 뜻이다. 삐삐 울리는 기계음을 들으며 부모님을 그리워하고 집에 갈 날만을 간절히 기다리는 밤이 이제 더는 없으리란 뜻이다. 나는 이제 병원을 떠나 부모님과 형제자매들, 친척들, 친구들과 함께 파티를 열 것이다.

나는 아빠를 올려다보고 미소를 지으며, 만반의 준비가 되었다고 말했다. 서명해야 할 마지막 퇴원 수속 서류를 기다리면서 아빠가 말했다. "네가 얼마나 자랑스러운지 모르겠다. 나뿐만 아니라 의사와 간호사들, 그리고 가족 모두가 누구보다 널 자랑스러워 해. 우리 장난꾸러기 아들이 해냈구나, 해냈어!" 아빠는 잠시 말을 멈췄다.

"네가 정말 자랑스럽다. 그리고 사랑한다, 존. 아주 많이."

5개월 전에도 아빠는 똑같은 말을 했고, 그 말은 나를 살렸다. 아빠의 말을 들으니 그 순간이 다시 떠오른다…….

구급차가 병원에 도착하고, 구급 요원들이 나를 이동식 침대에서 작은 대기실 침대로 옮기더니 침대 주위에 커튼을 쳤다. 간호사 몇 명이 들어와 내 상태를 확인하고는 괜찮을 거라고, 아무 일 없을 거라고 말했다. 간호사들이 떠나고 나는 혼자 침대에 누워 있었다. 주위에는 아무도 없었다. 혼자라는 사실이 두렵고, 아프고, 슬펐다. 그런데 가장 무서운 건 따로 있었다. 그날 아침, 내 머릿속에는 한 가지 생각뿐이었다.

내가 한 짓을 알면 아빠는 나를 절대 가만 두지 않을 거야.

아빠는 내가 아빠 말을 귀담아 듣지 않는 걸 정말 싫어했다. 규칙을 어기는 것도 싫어했다. 절대로 불장난 같은 걸 하면 안 됐는데…… 그런데 그날 아침 나는 집을 날려버렸다. 엄청난 실수를 저질렀다. 사실, 사고가 나기 2주 전에도 그랬다.

일요일 아침, 교회에 갔다가 가족끼리 아침을 먹으러 식당에 가는 길이었다. 아빠는 집에 가면 옷부터 갈아입고 그 후에 놀러가라고 말했다. 하지만 생각보다 밥 먹는 데 시간이 너무 많이 걸려서, 집에 가자마자 바로 나가도 친구들과 약속한 시간을 지킬 수 없었다. 그래서 아빠가 집 앞에 차를 세우고 나서, 다른 식구들이 모두 집 안으로 들어간 걸 확인한 뒤 혼자 몰래 빠져나가 친구네 집으로 갔다. 다른 친구들은 이미 모두 와 있었다. 우리는 오후 내내 풋볼을 하고 놀며 신나는 하루를 즐겼다. 적어도 집에 돌아와 아빠를 볼 때까지는 그랬다.

집에 돌아온 내 모습은 땀 범벅에 진흙투성이였고, 교회 갈 때 입은 예배용 정장에는 잔디 얼룩이 잔뜩 묻어 있었다. 아빠의 표정이 굳어졌다. 아빠는 내 손목을 잡고 방으로 데려가 침대에 앉히고는 나에게 정말 실망했다고 말했다. 나는 고개를 들지 못했다. 그러고는 예배용 정장을 입고 놀면 안 된다는 걸 아느냐고 물었다. 나는 고개를 끄덕였다. 아빠는 다시 왜 자기 말을 귀담아 듣지 않았느냐고 물었다. 나는 어깨를 으쓱했다. 아빠는 나에게 정말 실망했다면서 다시는 그러지 말라고 했다. 그러고는 방에서 나가 문을 닫았다. 나는 그날 저녁 내내 내 방에 혼자 앉아, 내가 한일에 대해 반성해야 했다. 예배용 정장을 망가뜨린 벌이었다.

그런데 내가 이번에 한 짓은 더 나쁘다. 훨씬, 훨씬 더 나쁜 짓이다. 정장을 더럽힌 정도가 아니라 아예 집을 통째로 날려버렸다. 창고를 폭발시키고, 내 몸에 화상을 입히고, 소중한 우리 집을 완전히 망가뜨렸다. 가족을 위험에 빠뜨렸다. 아빠가 분명 나를 잡아먹을 것이다. 그때 복도에서 사자가 포효하듯 고함치는 아빠 목소리가 들렸다.

"내 아들, 내 아들 어디 있어요? 존 오리어리요!"

맙소사, 아빠가 알았다. 이제 난 죽었다.

복도에 있던 간호사는 내 마음을 아는지 모르는지 야속하게도 아빠에게 내가 있는 곳을 바로 알려주었다. 커튼에 비친 아빠의 그림자가 점점커졌다. 쿵쾅쿵쾅. 심장이 요동쳤다. 아빠의 팔이 쑥 들어오더니 침대 주변의 커튼이 걷혔다.

누가 우리 아빠 좀 말려줘요! 나 진짜 죽을지도 몰라요!

아빠의 불호령이 떨어지기를 기다리며 마음속으로 외쳤다. 하지만 각오는 되어 있었다. 사실 혼이 나도 쌌으니까.

"안녕, 장난꾸러기 우리 아들!"

응?

아빠는 의외로 다정하게 말했다. 심지어 옅은 미소를 띠고 있었다. 나는 다시 눈을 감고 아빠가 왜 그러는지 생각했다. 왜 저렇게 상냥하신지?

전혀 감이 오지 않았다.

그때 아빠가 입을 열었다. "존, 눈을 뜨고 나 좀 보렴."

나는 다시 눈을 뜨고 아빠를 올려다보았다.

"아빠는 항상 네가 자랑스러워. 누가 이렇게 자랑스럽기는 처음이야. 알았니, 존? 내 말 듣고 있지?"

나는 고개를 돌렸다. *도대체 지금 상황이 어떻게 돌아가는 거야? 무슨 말을 하시는 거지?*

아빠가 다시 말했다. "아빠 좀 봐, 존. 사랑한다. 정말 많이 사랑해."

나는 아빠 입에서 나오는 말을 믿을 수가 없었다. 아빠가 화나지 않았다는 사실이 믿기지 않았다. 그러다 아빠가 왜 그러는지 감이 왔다. 알 것 같았다.

틀림없어, 무슨 일이 있었는지 아직 모르시는 거야!

입원한 첫째 날 내 심정이 이랬다. 아, 그러나 아빠는 알고 있었다. 다 알았다.

입원해 있는 5개월 동안 나는 그날 아침 아빠가 한 말을 자주 떠올렸다. 그 말이 내게 얼마나 큰 힘이 되었는지 한순간도 잊지 않았다. 아빠는 사랑이 가득 담긴 눈빛으로 나를 바라봤다. 아빠가 없었다면 오늘 이 순간도 없었을 거다.

아빠는 나를 살렸다.

그리고 드디어 나는 집에 간다!

• • •

잭 벅이 나타나기 전에,

두 물리치료사가 내 몸을 스트레칭하기 전에,

로이 간호사가 내 병실에 들어오기 전에,

의료진이 나를 살리려 애쓰기 전에,

엄마가 나타나 비범하고 탁월한 그 질문을 나에게 던지기 전에,

누군가 또 무언가를 하기도 전에,

제일 먼저 응급실에 있는 나를 찾아온 사람은 아빠였다.

그 순간은 아빠와 나, 우리 두 사람에게 대단히 중요한 변곡점이었다. 그때 아빠는 내가 입은 상처가 얼마나 심각한지 몰랐다. 앞으로 마주해야 할 상황에 대한 설명도 듣기 전이었다. 내가 화상을 입고 응급실에 실려 왔다는 사실만 알았다. 그렇게 아빠는 아무것도 준비되지 않은 채 무작정 병실로 뛰어 들어와 커튼을 걷고, 침대에 누워 있는 내 모습을 보았다. 당시의 내 모습은 세상에서 제일 경험 많은 의료인마저 충격에 빠트릴 만큼 처참한 모습이었다. 아홉 살배기 아들이 머리카락과 옷, 피부가 모두 벗겨진 채로, 큼지막한 성인용 침대에 쭈그리고 누워 있었다. 어린 아들이 얇은 이불 한 장만 반쯤 덮고 혼자 훌쩍이고 있었다. 그 어떤 사전 경고도 그 순간 아빠가 받을 충격을 줄이지는 못했을 것이다.

아들이 죽을지도 모른다.

아빠는 공포에 사로잡혔다. 다리가 덜덜 떨리고 두려움으로 온몸이 마비될 것 같았다. 아마 도망치고 싶었을지도 모른다. '아이에게 무슨 말을 건네야 하지? 왜 이런 일이 일어났지?'

그러나 아빠는 두려움을 제쳐두고 끔찍한 화상의 상처가 아닌, 아들만을 바라보며 사랑하는 마음으로 주저 없이 뛰어들었다. 사랑과 용기, 믿음으로 충격과 슬픔, 두려움을 뚫고 곧바로 나에게 다가와 나를 향해 미소 지었다. 내가 자랑스럽다고, 나를 사랑한다고 말했다.

존, 아빠는 너를 사랑해.

이 세 단어로 나의 세계는 바뀌었다.

당신의 세계도 바뀔 수 있다.

두려움이 아닌 사랑 때문에 살았다

공포로 몸이 굳은 사람은 아빠뿐만이 아니었다.

지금 생각해보면 터무니없는 말이지만, 그 순간 나는 죽는 게 두렵지 않았다. 내가 얼마나 많이 아빠를 실망시켰고, 가족에게 지울 수 없는 상처를 주었고, 소중한 집과 함께 내 인생을 망가뜨렸는지만 생각났다. 온 가족이 나에게 몹시 화가 났을 거라고 생각했다. 그리고 진심으로, 아빠가 나를 죽일 거라고 생각했다.

어린 시절을 떠올려보자. 한 번쯤 어리석은 짓을 한 적이 있지 않은가? 가족을 실망시킨 적은? 형편없는 성적표를 들고 집에 왔을 때나, 공놀이를 하다가 창문을 깨거나 아니면 통금 시간이 지나 귀가했을 때, 부모님이 어떤 반응을 보였는가?

안다. 엄청나게 혼이 났을 것이다. 안 그런가?

잔소리를 듣거나 매를 맞거나 부모님이 화를 냈을 것이다. 안 그런가?

이번 주말에 여러분도 한번 집을 날려보아라. 그러면 부모님이 어떻게 할 것 같은가? (농담이다!)

그때 내 심정이 딱 그랬다. 몸이 아픈 것보다 아빠의 화난 얼굴이 떠올라 더 무서웠다. 그러나 겪고 보니 아빠가 어떻게 반응할지 보낸 시간이 너무 아까웠다.

두려움이 원래 그렇다.

미국의 소설가 마크 트웨인은 이런 두려움의 특징을 아주 잘 표현했다.

"나는 살면서 두려운 일을 몇 번이나 겪었다. 하지만 그중 일부만이 실제로 일어났다."

잠시 생각해보자. 두려움의 대상은 보통 '일어날 수도 있는 일', 다시 말해 실제로는 아직 일어나지 않은 일이다. 그런데도 두려움에 사로잡혀 고민하다, 떠밀리듯 삶의 방향을 결정하고 말 때가 얼마나 많은가.

아빠는 그렇게 어리석지 않았다. 간단한 말처럼 들리겠지만, 아빠가 두려움을 내려놓고 사랑으로 뛰어들어 내게 전한 그 말은, 아침 내내 나를 뒤덮었던 어둠속에 따스한 빛을 비추었다. 끝도 없이 추락하기만을 기다리고 있는 내게, 숨을 크게 들이쉬고 앞을 향해 달려 나갈 수 있는 용기를 주었다. 아빠의 말은 잠시 뒤 엄마가 등장해 내게 "이대로 죽고 싶은 거야?"라고 물었을 때, 이렇게 말할 힘이 되었다.

아뇨, 엄마. 살고 싶어요……. 살고 싶어요.

그날 아침 아빠가 오기 전까지, 나는 깊은 절망과 두려움에 빠져 그냥 이대로 죽고 싶다고 생각했다. 두려움으로 질식할 것만 같았다. 그러나 아빠의 말을 듣고 나자, 한 가닥 희망과 살고 싶은 강렬한 욕구가 생겼다. 나는 '사랑' 때문에 살았다. 사랑은 우리 모두를 살릴 수 있다.

평생 이웃을 위한 사랑을 실천한 스페인의 가톨릭 신부 페드로 아루페는 이렇게 말했다.

사랑은 삶의 모든 것에 영향을 미친다.

아침에 일어나 하는 일, 주말을 보내는 방법, 읽는 글, 마음이 아픈 이유, 기쁨과 고마움을 느끼는 이유…… 이 모든 것을 좌우한다.

사랑에 빠지고 계속 사랑해라. 그에 따라 모든 것이 바뀔 것이다.

사랑의 힘에 대한 훌륭한 감상문이다. 사랑은 모든 것에 영향을 미친다. 이제 이 글에서 '사랑'이라는 단어를 '두려움'이라는 단어로 바꿔 다시 읽어보자. 자, 지금 바로 해봐라. 사랑을 두려움으로 바꾸기만 하면 된다.

두려움은 삶의 모든 것에 영향을 미친다.

아침에 일어나 하는 일, 주말을 보내는 방법, 읽는 글, 마음이 아픈 이유, 기쁨과 고마움을 느끼는 이유…… 이 모든 것을 좌우한다.

두려움에 빠지고 계속 두려워해라. 그에 따라 모든 것이 바뀔 것이다.

이 말도 정확하다. 사랑에 빠질지, 두려움에 빠질지, 무엇을 선택하느냐에 따라 앞으로의 인생이 달라진다.

사랑에 빠지고 계속 사랑해라. 그에 따라 모든 것이 바뀔 것이다.

두려움에 빠지고 계속 두려워해라. 그에 따라 모든 것이 바뀔 것이다.

첫인사를 나누는 이상한 방법

나의 아내, 베스의 가족을 처음 만났던 날 나는 평생 잊지 못할 조언을 들었다.

성탄절을 앞둔 어느 날, 나는 베스네 집안의 대규모 가족파티에 초대받았다. 베스와 사귄지 몇 달이 지난지라 안 그래도 가족을 한번 만날 때였다. 삼촌과 고모, 사촌까지 수십 명이 모인 파티였다. 시끄러운 웃음과, 술, 유쾌한 분위기가 넘쳐났고, 나도 곧 편하게 어울렸다. 파티가 끝날 때쯤 베스의 가족과 친하게 지내는 어른과 잠시 둘만의 시간을 보낼 기회가 있었다. 파티가 열린 곳이 그분의 집이었는데, 노년의 나이에도 강인해 보이는 사각 턱에 짧게 깎은 머리, 크고 힘센 손, 장난기 어린 눈빛이 인상적인 분이었다. 우리는 음식이 잔뜩 놓인 식탁 근처에 서서 잠시 대화를 나눴다. 쿠키를 하나 더 집어, 한 입 베어 문 그가 물었다. "누군가를 처음 만날 때, 내가 어떻게 하는 줄 아나, 존?"

"글쎄요. 어떻게 하시나요?"

"항상 옆으로 돌아 선다네." 그가 옆으로 돌아 섰다.

"그리고 왼손을 들어 주먹을 쥐지." 그가 주먹을 꼭 쥐었다.

"상대방이 주먹을 휘두를 때를 대비하는 거지. 이렇게 하면 내가 먼저 주먹을 휘둘러 상대를 때려눕힐 수 있거든." 어색한 침묵이 흘렀다.

"무슨 뜻인지 알겠나?"

그는 내가 고개를 끄덕이는 사이 계속 쿠키를 먹었다. 주먹을 쥔 그의 왼손을 보며 내가 물었다. "누군가를 처음 만날 때마다 싸울 준비를 하신 다는 겁니까?"

"바로 그거야. 내가 먼저 때려눕힐 준비를 하는 거지. 누구든지 그걸 막을 수는 없어. 절대 막지 못하지."

내게 겁을 주기 위해서가 아니라 진심으로 유용한 조언을 해주고 싶어한 말이었다. 사실 그는 훌륭한 남자이자, 멋진 친구였다. 지금도 베스와 나는 그의 다정함과 괴짜 같은 면이 그립기도 하다.

그는 빈민가에서 자라 경제 대공황과 전쟁을 겪었고, 그 시기의 기억들은 새로운 만남이 있을 때마다 그가 주먹을 쥐도록 만들었다. 어떤 삶일지 상상이 가는가? 누군가를 만날 때마다, 주먹을 쥐고 먼저 쓰러트릴 준비를 하는 삶 말이다. 누군가와 악수할 때마다, 왼손은 언제라도 휘두를 수 있도록 늘 주먹을 쥐고 있는 삶 말이다. 이 얼마나 말도 안 되는 삶인가!

우스꽝스러운 이야기로 웃어넘길 수 있겠지만, 사실 우리 대부분은 인정하기 싫을 만큼 그와 비슷한 삶을 살고 있다. 우리는 때때로 누군가를 쓰러트리기 위해, 주먹을 꼭 쥔 채로 하루를 시작한다. 방패를 들고, 가면을 쓰고, 전쟁을 치를 만반의 준비를 한 채로 타인을 맞이한다. 우리 앞에 놓인 것이 고난이든 기회든, 평범한 사람이든 비범한 사람이든, 햇볕이든 폭풍우든, 사랑이 불타오르는 열린 마음이 아니라 두려움으로 꽁꽁 언 닫힌 마음으로 맞이한다.

물론 두려움이 나쁜 것만은 아니다. 뜨거운 걸 만지거나, 누군가를 실망시키는 일이나, 배고픈 사자는 두려워해야 한다. 나와 같은 신앙인들은 하느님에 대한 두려움을 원동력으로 삼으면, 삶을 파괴하는 것은 멀리하고 활기를 주는 것은 가까이할 수 있다. 두려움은 인간에게 삶의 일부이며, 생존에 꼭 필요하다. 다만 마음속에 두려움이 깔리면, 최대한 빨리 벗어나야 한다. 두려움 속에 계속 머무르면 어디에도 갈 수 없다.

원치 않는 여동생이 생긴 날

떠날 채비를 하고 있었다. 5개월간의 입원치료를 마치고 다시 세상에 나갈 준비를 하는 과정. 모두가 기적을 축하했고, 부모님은 내가 집에 돌아갈 날이 정해지자 뛸 듯이 기뻐했다. 퇴원을 며칠 앞둔 어느 날 오후, 아빠가 한쪽 손을 내 어깨에 얹고는 내 눈을 바라보며 말했다. "존, 걱정마. 다 잘될 거야."

나는 여전히 휠체어를 타고, 심장 모니터와 영양 보급관을 달고, 붕대를 감은 채로 아빠를 올려다보았다. 그날따라 기분이 조금 나빴는지, 나는 발끈하여 이렇게 답한 걸로 기억한다.

아빠한테는 쉽겠죠. 아내도 있고, 가족도 있고, 일자리도 있고, 집도 있잖아요. 나는 그것들, 영영 못 가질지도 모른다고요.

나는 원래 열정적이고, 조숙하고, 용감한 아이였다. 그러나 그날의 화재 이후로 가끔씩 두려움에 사로잡혔다. 사람들이 무슨 말을 할까 두려웠고, 내가 무슨 일을 하지 못하게 될까 두려웠다. 그리고 무엇보다 모두가 간절히 바라는 것들, 일자리, 아내, 집, 가족을 영영 갖지 못하게 될까 봐 두려웠다.

기회조차 없을까 봐 두려웠다.

진정한 사랑을 영원히 찾지 못할까 봐 무서웠다.

평범한 삶을 살지 못할까 봐 겁이 났다.

불안감은 나이가 들어도 사라지지 않았다. 나는 부모님의 추천으로 드스멧 예수회 남자 고등학교에 다녔다. (이럴 때는 부모님이 진짜 도움 안 된다!) 다행히 같은 지역의 가톨릭 여자 고등학교에 다니는 학생들과 친해질 기회가 있어서, 그 친구들과 함께 동창회 댄스파티에도 몇 번 갈 수 있었다. 그러나 언제나 '그냥 친구 사이'였다. 그래도 무심한 척, 괜찮은 척했다. *키스 한 번 못 해보고 대학에 가는 남자애들이 얼마나 많은데. 별 일 아니야.* 연애는 대학에 가서 하면 된다고 생각했다. 그러나 사실 마음속으로는 두려웠다. 내 손을 내려다보며, 손가락을 절단할 수밖에 없었던 상황을 저주했다. 글씨를 쓰고 운전을 하고 농구도 하고 야구도 할 수 있었지만…… 여자의 손을 잡는 법은 전혀 몰랐고 엄두도 나지 않았다.

'어떤 여자도 나를 좋아하지 않을 거야.'

대학에 입학한 뒤에도 이 목소리는 여전히 내 머릿속을 맴돌았다. 신입생 때부터 3학년이 되도록 학교생활은 똑같았다. 친구는 많았지만 애인은 없었고, 나의 또 다른 벗, 두려움이 늘 조용히 속삭였다. *너는 여자를 만날 운명이 아니야.*

그런데 어느 날, 상황이 달라졌다. 내 반쪽이 나타났다!

3학년 2학기 댄스파티의 무도장 저편에 그녀가 서 있었다. 흑갈색 머리와 큰 갈색 눈, 환하고 아름다운 미소가 눈부신 그녀는 케네디 대통령의 아내 재키 케네디나 「귀여운 여인」의 여주인공 줄리아 로버츠 같았다……. 아니, 더 예뻤다. 나는 친구에게 그녀가 누군지 물었고, 그녀가 '엘리자베스 그레이스 히틀러'라는 이름의 신입생이라는 걸 알아냈다. 어디서 그런 용기가 나왔는지, 나는 곧장 그녀에게 걸어가 내 소개를 하고 잠시 대화를 나눴다. 같이 춤추겠느냐고 묻고는 그녀가 답할 새도 없이 무도장으로 그녀를 끌고 나갔다. 우리는 내가 제일 좋아하는 곡, 닐 다이아몬드의 '스위트 캐롤라인'에 맞춰 춤을 췄다. 나는 그녀와 파티 내내 즐거운 시간을 보냈고, 드디어 운명의 여인을 만났다고 확신했다.

하지만 파티가 끝날 때쯤 의구심이 들기 시작했다. 나와 데이트하고 싶을까? 내 몸을 뒤덮은 흉터는 둘째 치고, 내 손을 보고 혐오감을 느끼면 어쩌지? 내가 얼마나 부족한 사람인지 깨달으면 어쩌지?

나는 고백하지 않기로 했다. 거절당할 위험을 무릅쓰고 싶지 않았다. 두려움에 마음의 문을 닫아버렸다.

그날 밤, 우리는 그대로 헤어졌다. 시간이 지나면서 친한 친구 사이가 되긴 했다. 꼬박 1년 동안, 지금은 가망이 없더라도 언젠가는 연인이 될 수 있으리라는 희망을 품고 그녀와 서로를 알아갔다. 우정이 두터워지는 동시에 그녀를 향한 감정이 깊어지던 어느 날, 나는 정식으로 고백하기로 마음먹었다. 이제는 때가 되었다고 생각했다. 교내 사교 행사가 있던 날 베스를 따로 불러, 그동안의 망설임과 두려움, 불안을 모두 떨쳐버리고 과감하게 진심을 드러냈다. 나는 그녀가 내 고백을 받아줄 거라고 확신했다. 고백하기까지 그렇게 오래 뜸을 들인 것도 이 때문이었다. 그녀가 나를 받아주리라는 확신이 필요했다. "왜 이렇게 오래 걸렸어?"라며 환하게 웃어줄 그녀를 기다렸다.

그녀가 내 눈을 바라보고 다정하게 웃으며 이렇게 말했다.

좋아, 드디어!

"존, 너는 나한테 친오빠 같은 사람이야."

뭐라고? 그녀가 이렇게 말할 줄은 정말 몰랐다.

'미주리 사람들은 의심이 많다'는 말을 들어봤는지 모르겠다. 그런데 꼭 그렇지만도 않다. 의심할 것도 없이, 누가 봐도 확실한 거절이었다! 최대한 친절하게 돌려 말했지만, 그녀가 나와 사귈 생각이 전혀 없고, 그럴 가능성은 지금도, 앞으로도 절대 없다는 사실이 분명해졌다.

나는 어색한 분위기를 풀려고 진부한 농담을 던졌다.

"아, 안 그래도 여동생이 한 명 더 있었으면 하고 생각했는데, 하하!"

그녀가 이 일을 영원히 잊어줬으면 좋겠다. 이미 마음 깊이 치명상을 입은 상태였다. 솔직하게 내 마음을 드러낸 건 그때가 처음이었다. 거절 당하고 나니, 아홉 살 때 느낀 두려움이 되살아났다.

이대로 평생 혼자 살아야 하면 어쩌지? 흉터만 보면 과거의 고통이 떠오르는 것도 힘든데, 흉터 때문에 평생 외롭게 살아야 하나? 여자친구는 커녕 여동생만 잔뜩 생기면 어쩌지?

그 후로 한 해가 또 흘렀다. 우리는 계속 친구로 지냈고, 내 감정은 물론 그대로였다. 그러던 어느 날, 그녀도 내게 조금은 감정이 있다고 느낀 나는 다시 내 마음을 고백했다. 여전히 그녀에게 강한 매력을 느끼고 있고, 지난 1년 동안 그녀를 더 잘 알게 되면서 좋아하는 마음이 더욱 커졌다고 털어놓았다. 그녀는 한마디 말도 없이 오랫동안 나를 바라보았다. 그녀는 포커페이스를 정말 잘 유지했다. 그리고 너무나 아름다웠다.

드디어 그녀가 입을 열었다. "존, 변한 건 아무것도 없어. 나는 여전히 너를 사랑하고, 네가 훌륭한 사람이라고 생각해. 하지만 친구로서, 동생 으로서 그렇게 생각해."

지금 농담하나? 나에게 여자 형제가 넷이나 있다는 걸 아직도 모르나? 여동생 따위는 더 이상 필요 없다고!

그때를 떠올리면 웃음이 나온다. 하지만 안 그래도 자기 자신과 미래에 대해 확신이 없었던 청년에게 두 번의 거절은 그야말로 치명적이었다. 더는 모든 것을 다 걸고 도전하는 게 싫었다. 내가 어떻게 할 수도 없는 손과 흉터로 평가받는 게 지긋지긋했다. 희망을 품고 노력하는 데 신물이 나고, 실패에 넌더리가 났다.

『나니아 연대기』의 작가, C. S. 루이스는 말했다.

조금이라도 사랑에 빠지면 상처에 취약해진다. 누구든, 무엇이든 사랑해보아라. 심장이 쥐어짜지는 건 물론이고 심하면 찢어질 것이다. 심장을 다치지 않게 보존하고 싶다면 누구에게도, 심지어 동물에게도 마음을 주면 안 된다.

복잡한 관계는 모두 피하고, 취미나 작은 사치품으로 심장을 조심스럽게 감싸, 이기심의 관에 넣고 자물쇠를 채워라. 안전하고, 어둡고, 공기가 안 통하는 관 속에 넣어 꼼짝하지 못하게 하면 당신의 심장은 변할 것이다. 찢어지지 않고, 어느 누구도 찢을 수도, 찢으려 하지도 않을 것이며…… 그 누구도 구제하지 못할 것이다.

나도 내 심장을 다시는 찢어지지 않을 곳에 보관하려 했다. 다시는 뚫리지 않는 곳에. 다시는 구제받지 못할 곳에…….

다 끝내고 싶었다. 베스와도 끝내고, 연애도 끝내고, 거절당하는 것도 끝내고, 사랑도 끝내고 싶었다.

진정한 사랑은 기다릴 가치가 있는 법

살면서 가끔 한 번씩 여는 파티가 있다. 자기 동정의 파티다. 극도의 외로움과 좌절감에 빠져, 부정적인 생각에 사로잡힌 사람들이 여는 파티다. 눈치 챘는지 모르겠지만, 이 파티에는 주최자 외에는 아무도 참석하지 않는다. 오직 혼자만의 파티다.

외로울 때는 내 안에서 들리는 목소리가 더욱 분명하게 들린다. 어떤 소리도 들리지 않고, 오직 그 소리만 진실인 것처럼 느껴진다. 너무 오랫동안 자신에 대한 걱정이 계속되면, 머릿속에서는 두려움의 소리가 메아리치기 시작한다. 메아리는 한 번 칠 때마다, 그 소리가 점점 커진다. 또한 두려움의 메아리는 기회의 소리를 잠재운다.

그러나 두려움이 메아리치는 마음의 방은 사랑으로 부수어 열 수 있다. 두려움은 우리를 가두는 감옥이고, 믿음은 그 감옥의 문을 여는 열쇠다.

그래서 나는 사랑의 진정한 의미를 되돌아보며, 기도하고, 일기를 쓰기 시작했다. 궁금했다. 성공적이고, 의미 있고, 기쁨으로 가득한 삶은 도대체 어떤 모습일까? 베스에게, 아니, 살면서 맺는 모든 인간관계에서 내가 무엇을 원했는지 돌아보았다.

얼마 지나지 않아 나는 나의 바람이 이기적이었다는 사실을 깨달았다. 나는 베스와의 관계, 더 솔직히 말하면 대부분의 관계에서 내가 무엇을 얻을지에만 집중하고 있었다. 내가 원하는 것 외에는 관심이 없었고, 나는 베스가 나의 데이트 상대이자 나의 연인, 나의 아내, 나에게 안도감을 주는 존재, 심지어 나도 평범한 사람이라는 사실을 세상에 보여주는 증거가 되어주길 바랐다. 내가 얻고 싶은 것에만 집중하니, 베스라는 사람 그리고 우리가 맺은 멋진 관계 자체를 즐기지 못하고 초조해했다.

나는 내가 사랑받을 사람이라고 그녀를 설득하는 노력을 멈추기로 했다. 평생 혼자 살지도 모른다는 두려움을 내려놓고, 마음의 문을 열고, 애초의 바람과는 달랐지만, 나름의 방식으로 그녀를 계속 사랑했다. 그렇게 나는 열정으로 불타오르는 삶을 살기 위한 일곱 번째 선택을 했다. 두려움을 내려놓고, 무조건적인 사랑을 바탕으로 행동하고, 앞장서서 살기로 결심한 것이다.

다시 찾아온 내 인생의 중요한 변곡점이었다. 이때부터 나는 베스와 함께할 때 나에 대한 걱정은 접어두고, 베스를 진심으로 아끼는 일에만 집중했다. 그녀와의 관계에서 무언가를 얻으려 애쓰지 않고, 길든 짧든 함께하는 시간 자체를 즐기기로 했다. 더는 데이트나 나의 욕심에 초점을 맞추지 않았고, 그녀를 사랑하고 함께하는 순간을 즐기기 시작했다.

아무 조건 없이, 아무 기대 없이, 아무 욕심 없이 만났다.

그래도 충분했다.

그런데 시원한 바람이 부는 9월의 밤, 우리의 관계는 또다시 달라졌다.

그날 베스와 나는 그녀가 가장 좋아하는 이탈리아 요리를 먹으러 근사한 식당에 찾아가, 내가 제일 좋아하는 테라스 자리에 앉았다. 주문을 마치자마자 베스가 할 말이 있다면서 내 쪽으로 몸을 기울였다. 베스는 포도주를 한 모금 들이키더니, 아니, 더 정확히 말하자면 단숨에 꽤 많은 양을 꿀꺽 삼키고는 6개월 전부터 나를 볼 때마다 가슴이 울렁거린다고 말했다. 처음에는 왜 그런가 하고 그저 울렁거림이 가라앉길 바랐지만, 시간이 지나도 가라앉지 않았다고 했다.

침묵이 흘렀다. 베스는 내 눈을 바라보았다.

"존, 내가 하려는 말은…… 내가 너에게 반했다는 거야. 너무 늦었어? 아니면 아직도 나랑…… 데이트하고 싶어?"

이럴 수가! 충격적이었다. 전혀 생각지도 못한 질문이라 어떻게 답해야 할지 몰랐다. 그래서 베스의 눈을 보며 최대한 다정하게 말했다.

"미안해, 베스. 나는 여동생이랑은 데이트 안 해."

잠깐만. 정말 내가 그렇게 답했을 것 같나? 절대 아니다. 침 흘리며 냉큼 이렇게 답했다.

"그럼! 한번 해보자, 베스!"

그렇게 우리는 연인이 되었다. 그리고 3년 뒤 결혼했고, 우리 부부는 믿기 힘들 정도로 행복한 결혼생활을 하고 있다. 물론 시련이 없는 결혼생활이나 인간관계는 없다. 우리도 여느 부부와 똑같이 복잡한 문제들을 함께 의논하고 타협하는 과정을 거친다. 다락방의 다람쥐와 주방의 개미들, 물이 찬 지하실 때문에 골머리를 앓고, 가끔은 아이들 문제로 부부 싸움도 한다. 가치 있는 일은 무엇이든 어렵기 마련이다.

우리 부부는 서로에게 매우 헌신적이고, 신앙심이 깊으며, 여전히 서로를 열렬히 사랑한다. 게다가 베스는 놀랍도록 훌륭한 엄마다. 우리 집에는 네 살부터 열 살에 이르는 네 명의 건강한 아이들이 있는데, 베스는 매일 끝도 없는 일을 처리한다. 아이들을 차로 통학시키고, 숙제를 돕고, 아이들의 무릎에 난 상처를 치료하고, 조용히 시키고, 싸움을 말리고, 몸을 씻기고, 더러운 옷을 세탁하고, 침대에 눕히고, 기도하고, 재운다. 이 끝도 없는 일들은 내가 출장을 가든 안 가든 하루도 빠짐없이 해야 하는 일이다. 내가 지금 하는 일을 할 수 있는 건, 모두 아내가 매일 쏟는 노력과 사랑 덕분이다.

베스와 사랑하는 네 아이들과 함께할 때마다, 나의 가슴은 고마움으로 벅차오른다. 오랜 시간이 걸렸지만 기다린 보람이 있다. 진정한 사랑은 언제나 기다릴 가치가 있다.

두려움에 사로잡힌 이들의 공통점

나는 가끔 지난 삶을 돌아보며, 두려움에 사로잡혀 자기중심적인 사고방식에 계속 머물렀다면 어떻게 되었을지 생각해본다. 두려움을 떨치고, 진실한 사랑에 눈을 뜨고, 진정한 삶의 의미를 깨닫는 마음의 문을 열지 못했다면, 어떻게 되었을까? 분명 지금과 같은 삶을 살지는 못했을 것이다.

두려움은 열정으로 불타오르는 삶을 방해하는 가장 큰 걸림돌이다.

두려움을 정복하지 않으면 미치도록 흥미진진하고 기쁨으로 가득한 인생을 살 수 없다.

생각해보자. 두려움은 내가 이 책에서 말하고자 하는 모든 것, 즉 미치도록 흥미진진한 인생을 위한 일곱 가지 선택을 너무 쉽게 억누르고 깔아

뭉갠다.

두려움에 사로잡힌 사람은 '책임'을 지지 않는다. 대신 문제를 해결해 주고, 책임을 져줄 사람이 나타날 때까지 기다리는, 훨씬 쉬운 길을 택한다. "네 잘못이 아니야. 네 잘못이 아니니 책임질 필요 없어"라고 꼬드기는 목소리에 휘둘려, 발전할 기회를 놓친다.

두려움에 사로잡힌 사람은 자신의 '빨간 재킷'을 완전히 받아들이지 않는다. 자신의 이야기를 꽁꽁 감춘 채, 진정한 자아를 드러내고, 나누며, 축복할 수 있는데도 스스로 입을 닫는다. 가면을 쓰고 다시는 벗지 않는다.

두려움에 사로잡힌 사람은 '모든 걸' 다 걸지 않는다. 목표를 위해 위험을 감수하지도, 누군가에게 깊은 영향을 미치지도 못한다. 일이 잘못될 때를 대비해 언제나 한 발 뒤로 뺄 준비를 하고 있다.

두려움에 사로잡힌 사람은 '피해 의식'에서 벗어나지 못한다. 감사한 마음으로 하루하루 삶이 주는 큰 선물들을 누리지 못한다. 언제나 남을 탓하고 자기 자신을 동정하며 더 큰 절망에 빠질 뿐이다.

두려움에 사로잡힌 사람은 성장을 위한 '스트레칭'을 하지 못한다. 인간관계나 사업, 지금의 삶에 정체되어, 끊임없이 발전시키지 못한다. 편안한 상태를 유지하는 게 더 쉽다고 느낀다.

두려움에 사로잡힌 사람은 늘 '자기 자신'만 생각한다. 진정한 성공의 의미와, 놀라운 삶의 가치를 알지 못한 채, 진심으로 이타적인 삶은 절대 불가능하다고 생각한다. 먹고 먹히는 정글 같은 세상에서 살아남으려면, 매순간 자신의 욕구와 이익을 먼저 챙겨야 한다고 믿는다.

두려움에 사로잡힌 사람은 언제나 팔짱을 끼고 갑옷을 두르고 '주먹'을 꼭 쥔다. 앞으로 나아갈 수 있는데도 불구하고 "거절당하면 어쩌지?", "안 될 거야!", "내가 뭘 할 수 있겠어?"와 같은 말만 반복한다.

그러나 다른 길이 있다. 당신이 보지 못했을 뿐, 언제나 있었다.

이 길을 택하면 삶에서 누군가를 만날 때마다 얼굴에 미소가 지어지고, 새로운 친구와 진정한 소통을 기대할 수 있다. 잘못될 일을 미리 걱정하기보다는, 아직 내게 오지 않은 인생의 최고의 순간에 한 걸음 더 다가갈 수 있다. 매 순간 삶의 놀라운 기적을 느낄 수 있다.

두려워하든, 사랑하든, 선택은 당신에게 달렸다.

자, 이제 무엇을 선택하겠는가?

의무감이라는 덫을 조심해라

흉터는 지울 수 없다. 수술을 하고 치료를 받아도, 시간이 지나면서 조금 옅어지고 크기가 줄어들 수는 있지만 완전히 사라지지는 않는다. 평생 함께해야 하는 것이다.

내 흉터는 너무 두꺼워서, 지금도 가끔 감염된다. 흉터 조직 깊숙이 종기가 생긴다. 처음에는 미열이 나고, 몸이 조금씩 쑤시면서, 감염 부위가 따끔거린다. 그러다 하루도 안 돼 열이 치솟고, 온몸이 얻어맞은 것처럼 아프고, 감염 부위가 부풀면서 욱신거리기 시작하면, 다음 날에 아침 일어나기조차 힘들어진다. 어릴 때 엄마는 어찌된 일인지 내 표정이나 걸음걸이, 행동만 보고도 내가 감염되었다는 걸 눈치 챘다. 마치 마약탐지견처럼 이 망할 질병을 미리 탐지해내는 능력은 이제 아내가 물려받았다. 베스는 가끔 내가 깨닫기도 전에 감염 사실을 알아챈다.

결혼한 지 겨우 몇 달이 지난 어느 날, 베스가 출근 준비를 할 때였다. 나는 계속 침대에 누워 이불을 뒤집어쓰고 늑장을 부리고 있었다. 내가 괜찮다고 말했는데도 아내는 문제를 감지했나 보다. 침대에 앉아 내 머리를 쓰다듬으며 흉터 부위가 또 따가운지 물었다.

나는 대답하지 않았다. 베스가 내 티셔츠를 올리자, 내 배에서 자라고 있는 커다란 종기가 모습을 드러냈다. 종기는 고약한 놈이다. 주변 부위까지 새빨갛게 만든다. 큰 놈은 손가락 마디보다 두껍게 튀어나오고, 곧 손바닥 크기만큼 퍼진다. 고통스러울 뿐 아니라 보기에도 흉측하다.

베스가 자신이 무엇을 해주면 좋겠느냐고 물었다. 그녀에게 얼음물과 약을 가져다주고, 목욕물을 준비해주면 좋겠다고 말했다. 따뜻한 물에 몸을 담그면 욱신거리는 통증이 줄어든다. 베스가 침실을 나가고, 곧이어 욕조에 물이 채워지는 소리가 들렸다. 몇 분 뒤 다시 베스가 얼음물이 든 컵과 약을 내려놓고 침대에 앉았다. 그녀는 조심스럽게 내 티셔츠를 올리고 빨간 종기를 내려다보았다. 그런 다음 나를 보며 말했다. "얘는 진짜 밉지만, 당신은 정말 사랑해." 그러고는 부드럽게 종기에 입을 맞추었다. 티셔츠를 내리면서 자기가 출근한 뒤에도 필요한 게 있으면 언제든지 전화하라고 말했다.

베스의 행동이 대단한 영웅 같은가? 아니다.

하지만 몸이 아플 때 누군가가 그걸 알아주고 말해주길 바란 적이 있는 사람이라면, 베스의 입맞춤이 지닌 힘을 이해할 것이다. 베스는 내 몸에서 내가 가장 싫어하는 부위에 입을 맞추었다.

베스는 고통스럽고 징그러운 그 흉터에 꼭 입을 맞춰야 했을까? 그럴 필요는 없었다. 하지만 그녀는 그러고 싶어 했다. 그럴 필요가 없는데도 그랬다.

결혼식 날 단상에서 신랑 신부는 무슨 말을 주고받는가?

"맹세합니다."

사랑에서 비롯된 이 말은 시간이 지나면서 흔히 공포로 바뀐다.

"해야 합니다." 정말 끔찍한 변화다.

우리는 하루에도 몇 번씩 선택의 기로에 선다.

어떤 일을 할 때, 의무감으로, 두려워서, '해야 한다'는 마음으로 할 수도 있고, 기쁘게 사랑하는 마음으로 '하고 싶다'는 마음으로 할 수도 있다.

잠시 생각해보자. 어떤 일을 하고 싶어 하는 사람은, 해야 하기 때문에 하는 사람보다 훨씬 자유롭다. '해야 한다'는 말에는 그 일을 하지 않으면 일어날지도 모를 일에 대한 두려움이 배어 있다. '하고 싶다'는 말은 그 일로 혜택을 받는 사람에게 건네는 아름다운 선물이다.

'출근해야 한다', '용서해야 한다', '성장해야 한다', '체중 관리를 해야 한다', '집 청소를 해야 한다', '아이들을 데리러 가야 한다', '저녁 식사 시간에 맞춰 집에 와야 한다' ……. 이 모든 말에 내재된 긴장감과 스트레스는 '하고 싶다'로 끝나는 문장으로 바꾸는 순간 사라진다. 한번 해봐라. '집 청소를 하고 싶다'는 말과 '집 청소를 해야 한다'는 말은 다르다.

'집 청소를 하고 싶다'는 말은 청소를 마쳤을 때 아름다워질 집의 모습과 깨끗한 집을 보고 기뻐하는 식구들의 표정을 빨리 보고 싶고, 청소를 완수했을 때의 성취감을 빨리 느끼고 싶다는 뜻이다. 하지만 '집 청소를 해야 한다'는 말은 힘들고 단조로운 일상에 따분한 일거리가 하나 더 늘어났다는 뜻이다.

'저녁 식사 시간에 맞춰 집에 가고 싶다'는 식구들이 빨리 보고 싶고, 어서 함께 맛있는 음식을 먹으며 오늘 있었던 일을 이야기하고 싶다는 뜻이고, '저녁 식사 시간에 맞춰 집에 가야 한다'는 일을 더 하거나 술을 한 잔 더 마시고 싶은데, 마지못해 짐을 싸 집에 간다는 뜻이다. 귀가해 가족과 저녁을 먹는 당연한 일이 귀찮게 느껴진다는 뜻이다.

단어 하나만 다를 뿐이다. 그러나 그 차이가 엄청난 변화를 불러온다.

모든 일에 사랑을 담아 동기로 삼으면 자유로워진다. 의무감은 사라지고 기쁨만 남는다. 나 자신보다 다른 사람이 더 중요해진다. 그리고 경험자로서 말하건대 사랑하는 마음으로 타인에게 관심을 기울이면, 없던 기쁨이 생기고 그 기쁨은 순식간에 주변에 퍼진다. (내 이야기뿐만이 아니다.)

끊임없이 내게 관심을 기울였던 잭 벅은 나를 꼭 도와야 했나?

아니다, 돕고 싶어서 도왔다.

앞서 말한 클렌 커닝햄은 9,000명의 아이를 돌봐야 해서 돌보았나?

아니다, 돌보고 싶어서 도왔다.

로이 간호사는 내가 다시 걸을 거라는 희망을 꼭 주어야 해서 주었나?

아니다. 주고 싶어서 주었다.

이것이 바로 인생을 바꿀, 미치도록 흥미진진하고 기쁨으로 가득한 삶에 시동을 걸 마지막 선택이다.

사랑을 막을 방법은 없다

비결을 하나 알려주겠다. 잇따른 의무를 다하기 위해 사는 삶이 아니라, 기쁨의 순간이 수없이 찾아오는 삶을 살고 싶은 사람은 이 비결을 꼭 배워야 한다.

사랑은 친구와 가족처럼 친밀한 사람들끼리만 나누는 것이 아니다. 온 세상에 통용되어야 할 화폐다. 만나는 모든 사람에게 건네야 할 화폐다. 이제부터 그 이유를 설명하겠다.

우리는 하루 종일, 매 순간 어떤 삶을 살지 선택할 수 있다.

두려움에 사로잡혀 살고 싶다면 언제든 그럴 수 있다. '저 남자는 나를 어떻게 이용하려 할까? 주먹을 날릴 준비를 해야겠어', '저 여자가 내 고객을 빼앗아갈지도 모르니 경계를 늦추면 안 돼', '이미 늦었으니 더 빨리 가야 해', '신경 쓰지 마. 계속 고개를 숙이고 걸어가', '나만 생각하며 살 거야' 등등. 나에게 필요한 것, 내가 원하는 것, 나의 인생, 내가 제일 중요하다. 상대방에게 선의를 보일 기회조차 주지 않고, 두려워하고 불평하고 짜증을 낸다. 그러나 그날 아침 아빠가 응급실에서 그랬듯, 누구나 문을 열고 가능성을 받아들일 힘을 지니고 있다.

자, 이제 비결을 배울 준비가 되었는가?

비결은 누군가를 만날 때마다, 속으로 어떤 말을 하는 것이다. 아마 내키지는 않을 것이다. 그걸 어떻게 아느냐고? 강연에서 이 비결을 가르쳐줄 때마다, 관객들이 늘 같은 반응을 보이기 때문이다.

시작은 이렇다. "여러분, 지금부터 옆에 있는 사람에게 '안녕하세요'라고 인사해보세요."

관객이 많든 적든, 이 말을 할 줄 모르는 사람은 없다. 모두가 함께 우렁차게 "안녕하세요"라고 외친다. 그러면 다시 내가, "잘하셨습니다. 이제 이렇게 말해보세요. '음, 저도 이 말을 하기가 어색합니다.'" 이때까지는 모두 웃으며 잘 따라한다.

"훌륭합니다! 아주 잘하시네요! 다음에 할 말은 이겁니다. '나는 당신을 사랑합니다. 당신이 그걸 막을 방법은 없습니다!'" 그러면 강당에는 어색한 침묵이 흐른다. 다들 앉은 자리에서 몸을 움찔거린다.

"좋습니다. 다시 한번 해보죠. '나는 당신을 사랑합니다. 당신이 그걸 막을 방법은 없습니다!'" 그제야 사람들은 천천히 중얼거리기 시작한다.

우리는 언제부터 이렇게 사랑을 표현하는 데 서툴게 됐을까?

왜 사랑이 귀중품이라도 되는 양, 한번 주면 다시는 돌려받지 못할 물건처럼 아끼고 또 아낄까? 사랑은 줄수록 더 늘어나는 법인데 말이다. 그래서 나는 이 시점에서 관객들을 다그친다. 웅얼웅얼 거리는 관객들에게 말한다. "아, 그게 아니죠. 사랑하는 사람에게 정말 그렇게 말하시나요? 큰 목소리로 확신을 갖고 말하세요! 나는 당신을 사랑합니다. 당신이 그걸 막을 방법은 없습니다!"

드디어 사람들이 모든 걸 다 걸고 큰소리로 외친다. 강당 가득 웃음이 터지고, *변화는 곧바로 시작된다.* 강당에 있는 모두가 쥐고 있던 주먹을 풀고, 자존심을 내려놓는다. 전혀 모르는 사람이라도 사랑의 시선으로 보면 다가갈 수 있으며, 그것이 얼마나 강력한 힘을 발휘하는지, 상대방뿐만 아니라 본인에게도 얼마나 큰 선물인지 깨닫기 시작한다.

내가 이 훈련을 하는 건 단순히 사람들을 웃기기 위해서가 아니다. 술집에서 이성을 유혹할 때 써먹으라고 권할 생각도 없다. 여러분은 수준 높은 독자들이 아닌가! 내가 이 훈련을 하는 건 다음의 질문을 유도하기 위해서다.

어떤 상황에서든 두려움이 아닌, 사랑의 시선으로 상대방을 바라보면 어떻게 될까?

아침에 배우자를 보고 말한다. *나는 당신을 사랑합니다. 당신이 그걸 막을 방법은 없습니다!*

통근 시간에 꽉 막힌 도로에서 내 앞으로 끼어드는 운전자에게 말한다. 나는 당신을 사랑합니다. 당신이 그걸 막을 방법은 없습니다!

무성의한 태도로 전화를 받는 교환원에게 말한다. 나는 당신을 사랑합니다. 당신이 그걸 막을 방법은 없습니다!

까다로운 직장 동료에게 말한다. 나는 당신을 사랑합니다. 당신이 그걸 막을 방법은 없습니다!

놀이터 저편에서 내 아이를 노려보고 있는 엄마에게 말한다. 나는 당신을 사랑합니다. 당신이 그걸 막을 방법은 없습니다!

이 말을 하면 내가 아닌 타인에게 관심을 돌리고, 그 사람의 입장에서 다시 한번 그의 말과 행동을 생각해볼 수 있다. 지금 이 순간 상대방이 나에게서 무엇을 빼앗아갈지보다, 무엇을 필요로 하는지 관심을 기울일 수 있다. 향기롭고, 성스러운 지금 이 순간이 품고 있는 가능성에 집중할 수 있다.

바쁘게 돌아가는 현실에 잠시나마 정지 버튼 역할을 하는 이 말을 자기 자신에게 건넬 수도 있다. 이 말은 나의 인생에서 누구보다 중요한 사람, 바로 '나 자신'에게 집중하게 해준다. 나 자신과 나의 건강, 나의 영혼을 위해 시간을 낼 수 있게 한다. 나 자신을 먼저 돌보지 않는 사람은 다른 사람을 진심으로 격려하고 돌보는 일이 어렵거나, 어쩌면 불가능할지도 모른다.

'사랑해'라는 말은 나의 벽을 무너뜨린 다음, 타인의 벽을 무너뜨린다.

이 말을 하는 사람은 작은 일에도 관심을 기울이므로 원대한 목표를 이룰 수 있다. 이 말을 하는 사람의 인생은 '하고 싶은 일'을 이어나가는 기쁨의 교향곡이 된다.

이제 세상에 교향곡이 울려퍼지게 해보자.

갓 뽑은 외제차를 박살냈다고는 말 못 해

"차 좀 빌려 써도 돼요?"

갓 성인이 된 아이들이 부모에게 자주 하는 질문이다. 대학교 4학년 봄, 나는 아빠에게 이 질문을 했다. 봄 방학을 맞아 친구들과 스키를 타러 가기로 했는데, 가는 길에 틀림없이 만날 눈밭을 안전하게 통과할 차가 필요했다. 아빠의 차는 구입한 지 얼마 안 된 토요타 포러너였다. CD 플레이어와 가죽 의자, 선루프가 장착된 사륜구동으로 주행 거리가 1,600킬로미터도 채 안 된 완벽한 차였다.

아빠는 그 아름다운 회갈색 SUV를 주고, 나의 낡은 고물차를 가져갔다. 나는 아빠를 끌어안고 감사 인사를 하며, 조심히 운전하겠다고 약속했다. 그러고는 아빠가 빌려준 차에 짐을 싣고, 친구 중 한 명인 로브를 태워 나머지 친구들과 만나기 위해 콜로라도주로 향했다.

해질 무렵 출발한 우리가 캔자스주를 지나 반쯤 갔을 때 자정이 됐고, 눈이 내리기 시작했다. 콜로라도주 경계선 근처에서 나는 너무 피곤해 차를 세웠고, 커피를 마신 후 카페인에 취해 눈빛을 반짝이는 친구가 운전대를 잡았다. 자기는 피곤하지 않으니 안심하라고 했다.

눈을 감고 내가 깨어난 건 10분 뒤, 조수석의 창문에 머리를 부딪칠 때였다. 차가 제멋대로 움직이면서 통제 불능 상태로 고속도로를 돌진했다.

차 뒷부분이 물고기가 꼬리치듯 좌우로 움직이는 바람에, 도로의 왼쪽 난간에 세게 부딪치고 튕겨 나와 360도로 회전했다. 드디어 차가 멈춘 순간…… 우리 쪽으로 다가오는 차들이 보였다.

우리 둘 다 몸은 무사했다. 그런데 시동이 걸리지 않았다. 거대한 트레일러 트럭들이 우리를 향해 요란한 경적을 울리고, 바퀴로는 눈보라를 잔뜩 일으키며, 우리 차를 아슬아슬하게 빗겨갔다.

"빨리 차부터 옮기자!" 내가 소리쳤다. 말 그대로 공포심에 온몸이 마비됐다. *여기서 어떻게 벗어나지?*

"내려서 미는 수밖에 없겠어." 로브가 자기도 내키지 않는다는 표정으로 말했다. 그러나 그대로 있는 건 죽음을 기다리는 것과 같았다. 우리는 차에서 내려 안전한 도로 밖 갓길을 향해, 눈발을 헤치며 힘껏 차를 밀었다. 한밤중인 데다 인적조차 없었다. 매서운 바람이 불고 눈이 내렸지만, 어쨌든 우리는 무사히 고속도로를 벗어났다. 몸을 녹이려 차에 탔는데, 그새 차도 얼어가고 있었다.

수차례 시도한 끝에, 드디어 시동이 걸렸다. 주행 모드로 기어를 넣고, 원래 가려던 방향으로 차를 돌려 천천히 고속도로를 탔다. 차는 덜컹거리고, 범퍼가 바닥에 끌리고, 양쪽 펜더가 둘 다 떨어져 앞바퀴에 쓸렸다. 콜로라도주 동부 어디쯤이었는데 마을에서 멀리 떨어진 외딴 곳이어서 고립될 우려도 있는 상황이었다.

조심스럽게 몇 킬로미터쯤 가니 멀리 희미한 빛이 보였다. 작은 마을이었다. 오아시스였다. 희망이 생겼다! 덜거덕거리며 빛이 있는 쪽으로 방향을 돌려 고속도로를 벗어나 마을로 들어가니 호텔이 하나 보였다.

새벽 3시 반쯤 방을 잡았다. 우리는 위층으로 올라가 각자 침대에 쓰러졌다. 친구는 눕자마자 코를 골았고, 나도 누웠지만 심장이 두근거리고 머릿속이 빙빙 돌아 그날 밤 한숨도 자지 못했다.

방금 전에 일어난 일 때문이 아니었다. 도로에서 튕겨 나가 어둠 속으로 굴러 떨어지지 않게 해준 두 개의 난간이 고마워서도 아니었다. 뼛속까지 오싹해지는 바람을 맞아 한기가 들어서도 아니었다. 다 아니었다. 내가 잠을 이루지 못한 건, 아빠에게 전화해 일어난 일을 말해야 한다는 생각 때문이었다.

포러너는 새 차였다. 게다가 나는 조심히 다루겠다는 약속을 어겼다. 콜로라도의 어느 작은 마을 근처에서 차가 찌그러졌다는 사실을 이제 곧 아빠에게 알려야 했다. 사랑하는 부모님을 실망시키기 싫었고, 부모님의 믿음을 저버린 나 자신이 싫었다.

오전 6시, 호텔 방을 나와 로비에서 커피를 한 잔 따른 뒤에 아빠에게 전화를 걸었다. 아빠는 아침형 인간이라 명랑한 목소리로 전화를 받았다.
"여보세요?"

나는 커피 한 모금을 길게 마시고 심호흡을 한 번 한 다음, 털어놓았다.
"저예요, 아빠. 로브랑 저는 괜찮은데…… 어젯밤에 콜로라도에서 자동차 사고가 났어요."

"저런, 괜찮니?"

"네, 아빠. 그런데 아빠 차가 심하게 망가졌어요. 기분이 정말 안 좋아요. 우리를 믿고 빌려주셨는데……."

"잠깐만, 존. 차는 중요하지 않아. 차는 고치면 되잖니. 난 그저 너희가 무사하기만 하면 돼. 다른 차를 구해줄까?"

"아니에요. 그건 저희가 알아볼게요, 아빠."

"정말 괜찮은 거 맞니?"

"네. 정말 괜찮아요. 마음이 안 좋을 뿐이에요. 정말 죄송해요. 꼭 보상할게요. 집에 가면……."

"존, 차는 고치면 돼. 그 차는 견인시키고 렌터카 빌려서 조심히 스키타고 와. 다치지 않았다니 다행이다. 재밌게 놀아라. 사랑해."

"저도 사랑해요."

우리는 전화를 끊었다. 그게 다였다. 아빠가 불같이 화낼 거라는 걱정은 괜한 기우였다.

그때와 같았다. 아빠는 사랑으로 반응했다. 또다시.

나는 당신을 사랑합니다. 당신이 그걸 막을 방법은 없습니다!

표현은 달랐지만, 차는 중요하지 않으며, 내가 무사하기만 하면 된다고 말할 때, 아빠는 이 말을 한 거나 다름없었다. 오래 전 응급실에 누워 있는 나에게 사랑한다고 말할 때도 마찬가지였다. 차고를 날리고, 죽을 뻔했고, 온 가족을 몇 개월 동안 집 없이 살게 했지만, 나는 너를 사랑해. 사랑한다. 네가 그걸 막을 방법은 없어.

출장이 잦아지고, 온몸에 힘이 빠져 터덜터덜 집에 돌아온 나를, 늘 웃

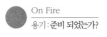

으며 반갑게 맞이하고 사랑해주는 베스도 이 말을 실천하는 사람이다. 나는 지친 몸을 이끌고 퇴근하는 완벽과는 거리가 먼 사람이다. 그런데도 베스는 '나는 당신을 사랑해. 당신이 그걸 막을 방법은 없어!'를 행동으로 옮긴다. 베스는 아이들을 키울 때도 이 말을 실천한다. (툭하면 아이들이 그 사랑을 시험하려 들지만 말이다!)

사랑을 하면 오직 진정으로 중요한 것에만 집중할 수 있다.

사랑을 하지 않는 사람은 어둠 속에 갇힌다.

사랑을 하는 사람은 온 세상을 밝힌다.

기적은 가까운 곳에서 일어난다

사랑은 지구상에서 가장 강력한 힘이다.

이 놀라운 힘이 또다시 밝게 빛난 일이 있었다.

아빠가 세인트존스 머시 병원의 응급실에 실려온 아들을 만나러 온 지 20년이 다 된 어느 날, 나는 똑같은 병원에서 아빠에게 전화를 걸어야 했다. 2005년 11월 14일 새벽 2시가 막 지났을 때였다. 집에 전화해 아빠를 깨웠다. 생전 처음 겪는 일이라 아빠가 한시라도 빨리 와주길 바랐다. 아빠는 분명 곧바로 손을 뻗어 엄마를 깨우고, 최대한 빨리 옷을 입고 차를 몰고 이곳에 와줄 것이다.

한 시간도 안 돼 병실 밖에서 익숙한 목소리가 들렸다.

"내 아들 어디 있나요? 존이요!"

나는 보지 않고도 아빠가 왔다는 걸 알았다. 어떻게 반응할지도 알았다. 드디어, 이제야 아빠를 이해할 수 있었다. 비로소 사랑을 알았다.

아빠는 병실에 들어서서, 베스가 누워 있는 침대로 걸어와 베스의 볼에 입을 맞추었다. 내가 앉아 있는 의자 쪽으로 다가왔다. 눈물이 가득 고인 눈으로 나를 내려다보던 아빠가 허리를 숙였다. 내 눈을 뚫어져라 바라보더니 이렇게 말했다. 너무나도 다정하게.

"존, 사랑한다. 네가 정말 자랑스럽구나."

그러고는 건강하게 태어난 내 아들 잭의 머리에, 부드러운 솜털에 입을 맞추었다. 나는 얼굴 가득 환한 미소를 지으며, 아빠처럼 눈물이 가득 고인 눈으로 가슴속 깊은 곳에서부터 가득 퍼지는 뿌듯함을 느끼며 아빠를 올려다보았다.

지금 아빠는 분명 내가 걸어온 길을 돌아보고 있을 것이다. 퇴원하기 전에 내가 느낀 두려움을 떠올리고 있을 것이다. 오랜 시간이 지난 지금, 나는 내 아들을 품에 안았다. 나도 아빠가 되었다.

기적이었다.

한때 이 병원에서 부모라면 누구나 가장 끔찍한 악몽으로 여길 순간과 마주했던 아빠가, 오늘은 부모라면 누구나 꿈꿀 순간을 맞이했다. 아빠와 나는 먼 길을 걸어왔다. 의료진과 형제자매, 부모, 유명 인사, 가족, 친구는 물론 내가 모르는 수많은 사람들까지 모두 이 순간을 위해 노력했다. 어린 소년은 이 순간을 위해 싸웠다. 하느님이 그 과정을 이끌었다. 그리고 사랑이 '연료'를 공급했다.

이토록 자유롭고 놀랍고 감동적인 힘이 또 있을까?

사랑은 연인이나 가족만을 위한 단어가 아니다. 단순히 가장 좋아하는 스포츠 팀이나 TV 프로그램, 휴양지를 볼 때 느끼는 감정이 아니다.

사랑은 인생을 바라보는 하나의 시선이다.

사랑의 시선을 가진 사람에게 인생은 기회와 기적의 연속이다. 그런 사람은 삶의 모퉁이를 돌 때마다 무엇이 나올까 두려워하는 비관적인 노인이 아니라, 삶을 사랑하는 혈기 왕성한 아이로 평생을 살 수 있다.

나와 함께 그런 삶을 살 준비가 되었는가?

두려움에 떨 것인가 VS 사랑에 빠질 것인가

나는 길을 비추는 빛을 사랑하지만,
별을 보여주는 어둠도 견딜 것이다.
– 오그 만디노

'사랑'과 '두려움'은 모두 우리를 행동하게 한다.
사랑은 나뿐이 아니라 타인을 생각하는 이타적인 마음이다.
사랑으로 움직이는 사람은 '하고 싶어서' 행동한다.
반대로 두려움은 어떤가?
의무감에 짓눌려 잔뜩 웅크린 채로 '해야 하니까' 행동한다.

두려워하겠는가, 사랑하겠는가?
'해야 하는 일'을 하겠는가, '하고 싶은 일'을 하겠는가?
언제까지 일어나지도 않은 일을 걱정하며,
눈앞에 아른거리는 가능성을 외면하고 살 텐가?

우리는 매일 선택의 기로에 선다.
주먹을 쥘 수도 있고, 먼저 손을 뻗어 악수를 청할 수도 있다.
어떤 선택을 하느냐에 따라 인생은 달라진다.

모퉁이를 돌면 무엇이 나올까 기대되는 두근두근한 삶을 살아라.
나의 삶과 타인의 삶까지 바꿀 힘이 스스로에게 있음을 깨달아라.
매일 사랑으로 불타오르는 능동적이고 활기찬 삶,
내일의 가능성을 꿈꾸며 반짝이는 삶을 살아라.

사랑으로 움직이는 삶을 선택해라.

이제 그만 눈을 뜨고 세상을 보아라

반쯤 깨는 것과
완전한 각성은 다르다.

처음, 그 설레는 순간을 기억해라

오늘 나는 멋진 선물을 받았다. 내게 꼭 필요한 선물이었다.

2주 전 의사들이 내 등에 피부를 이식한 이후로, 등에 압력이 가해지면 안 되기 때문에 그때부터 계속 엎드려 있었다. 14일째 침대에 뚫린 구멍과 늘 똑같은 회색 타일만 보고 있다. 그랬는데 그가 왔다.

내가 스포츠를 좋아한다고 했던 말을 기억하는가?

나는 야구뿐만 아니라 아이스하키도 엄청 좋아한다. 세인트루이스 블루스의 선수 중에는 '지노 카발리니'라는 선수가 있는데, 한 달 전부터 그가 가끔 나를 찾아온다! 정말 멋진 사람이다.

오늘도 그가 왔다. 무릎을 꿇고, 침대에 뚫린 구멍으로 나를 올려다보았다. 그는 나를 향해 미소를 지으며 물었다.

"기분이 어떠니, 슈퍼스타?"

몹시 아프고, 침대에 묶인 채로 구멍을 통해 바닥만 바라보고 있었고, 말도 제대로 할 수 없는 그런 모습이었다. 무려 2주째! 그래서 답했다. "최고예요."

진심이 아니라는 건 그도 알았을 거다.

"슈퍼스타, 오늘밤 시합에서 내가 널 위해 뭔가를 할게. 골을 넣을 거야. 널 위한 골."

말했지만 나는 아이스하키를 정말 좋아한다. 특히 블루스의 경기는 전부 다 찾아본다. 그래서 지노가 골을 넣는 공격수보다는 몸싸움에 능한 수비수라는 사실을 이미 잘 알고 있다. 나는 그가 괜한 시도를 했다가 실망하는 모습을 보기 싫어, 구멍을 통해 그의 눈을 바라보며 말했다. 사실 내가 실망하고 싶지 않았다.

"지노, 괜찮아요. 골은 됐고 대신 싸움이나 한 판 크게 벌여주세요."

무슨 이유에서인지 그가 웃었다. 여전히 바닥에 무릎을 꿇고 나를 올려다보는 그가 웃으며 말했다. "좋아, 슈퍼스타! 오늘 밤 경기에서 골 못 넣으면 크게 싸움이라도 벌일게!"

지노는 나와 좀 더 대화를 나누고는 시합을 준비하기 위해 떠났다.

그날 밤 엄마와 아빠가 내 침대 머리맡에 나란히 앉아, 다 함께 아이스하키 시합 중계방송을 들었다. 나는 바닥을 뚫어져라 보는 대신, 눈을 감고 내가 경기장에 있다고 상상했다. 아이스하키 라디오 중계방송의 분위기는 경매장과 비슷하다. 빠르고 흥미진진하지만, 하도 정신이 없어 무슨 상황인지 모를 때가 많다. 하지만 그 와중에도 그 일은 확실히 들렸다! 첫 번째 피리어드가 끝날 때쯤 1대 1 동점 상황에서, 내 친구 지노 카발리니가 나와의 약속을 지켰다! 정말 그걸 해내다니!

중앙의 빙판 위에서 격렬한 싸움이 일어난 것이다. 지노는 글러브를 벗고 싸움에 뛰어들었고, 나는 지노가 나와 한 약속을 지키기 위해 상대 팀의 싸움꾼 한 명과 뒤엉켜 있는 모습을 상상하며 입이 찢어져라 웃었다. *역시 지노야!*

잠시 침대 위로 붕 떠오른 기분이었다. 지노가 정말 약속을 지키다니! 친구들이 이 소식을 들으면 뭐라고 할까? 지노가 몸싸움을 했다. 나를 위해서!

지노가 벌칙으로 페널티 박스로 들어간 뒤, 경기는 재개되었다. 우리는 계속 중계방송을 들었다. 경기가 끝날 때쯤 지노는 내게 선물을 하나 더 줬다.

2대 2 동점, 시간이 얼마 안 남은 상황이었다. 그때 아나운서가 흥분해서 소리치기 시작했다. 커다란 나팔 소리가 아나운서의 목소리를 덮으며 날카롭게 울렸다. 이 나팔 소리는 득점할 때마다 울리는 소리다. 아나운서가 블루스팀이 3대 2로 역전했다고 외쳤다. 역전 골을 넣은 영광의 선수는…… 지노 카발리니였다!

아이스하키는 경기 중에 골을 넣으면, 팀원들끼리 득점 뒤풀이를 한다.

계속 흘러나오는 아나운서의 목소리에 따르면 블루스 선수들이 하이파이브를 하고, 껴안고, 울었다.

응? 울었다고?

조금 이상한 장면이었다. 지노가 골을 많이 넣는 선수가 아니라는 건 알았지만, 팀 선수들이 모두 모여 울 정도로 기뻐할 줄은 몰랐다. 엄마의 말에 따르면, 선수들이 운 건 너무 기쁘기 때문이었고, 그 골은 단순한 골이 아니었다고 한다. 내 이야기를 듣고 팀 전체가 그 골을 위해 달렸으며, 내가 포기하지 않고 계속 싸우길 기원하는 골이었다고 한다.

그때는 엄마의 말이 다 이해되지는 않았다. 나는 그저 지노가 내가 부탁한 몸싸움 한판을 벌인 게 기뻤다. 경기가 끝나고 잠자리에 들었는데, 몇 시간 뒤 복도에서 소란스러운 소리가 들렸다. 아이스하키 선수들은 경기에서 이기면 꼭 뒤풀이를 한다. 그리고 뒤풀이는 보통 술집에서 열리지만…… 그날 밤은 달랐다.

지노를 비롯한 세인트루이스 블루스의 선수들과, 키가 2미터가 넘는 파란색 마스코트 루이가 승리를 자축하러 길을 나섰다. 피자를 스무 판도 넘게 사고, 탄산음료도 잔뜩 샀다. 병원에 도착해 승강기를 타고 4층에 내렸다. 그리고 파티를 열기 위해 술집이 아닌 화상 센터로 향했다.

엄마가 병실에 들어와 무릎을 꿇고, 부드럽게 내 어깨를 두드리며 나를 깨웠다.

"오늘 경기를 뛴 선수들이 너를 보고 싶어 하는구나."

지노가 두 팔 가득 선물을 들고 들어왔다. 피자 한 판과 탄산음료가 든

커다란 컵, 그날 경기에서 골을 넣었을 때 썼던 스틱까지 들고, 2미터가 넘는 파란색 곰 인형과 함께 왔다. 그날 밤 우리의 파티는 새벽 2시까지 이어졌다. 간호사들이 지노와 다른 선수들을 쫓아낼 때까지 놀았다. 지노는 떠나기 전, 무릎을 꿇고 침대에 뚫은 구멍으로 나를 올려다보며 미소 지었다.

"이제 기분이 어떠니, 슈퍼스타?"

나는 내 친구를 바라보며 미소 지었다. 그리고 답했다. "최고예요."

◆ ◆ ◆

우리는 기차역 승강장에 서 있었다.

세 아들은 승강장의 선로 쪽 가장자리에서, 머리를 돌리고 서쪽 방향을 뚫어져라 바라보고 있었다. 다음 기차가 도착하길 목이 빠져라 기다리는 것이었다. 막내는 오빠들이 무엇을 그렇게 기다리는지 궁금해하며 내 품에 안겨 있었다.

느긋하고 약간은 쌀쌀한 토요일 아침, 우리는 모험을 떠났다. 네 아이를 데리고 집 근처에서 기차를 타고 시내에 가서 점심을 먹은 다음, 마지막으로 대망의 게이트웨이 아치를 보는 일정이었다. 며칠 동안 출장을 다녀온 터라 아이들은 아빠와의 시간을 보낼 필요가 있었다. 거의 일주일 동안 네 아이를 혼자 돌본, 나의 훌륭한 아내도 혼자만의 시간이 내심 반가웠을 것이다.

한 아이가 목이 터져라 외쳤다. "와, 저기 오는 것 같아! 온다, 와! 여러분, 기차가 오고 있어요!"

아들 셋이 승강장에서 개구리처럼 펄쩍 뛰어 안전문을 통과해 기차에 올랐다. 완전히 흥분 상태였다!

우리는 뒤쪽 칸에서 찾은 빈자리에 편하게 앉았다. 기차 안은 승객으로 가득했다. 눈을 감거나 엄지손가락으로 화면을 밀며 휴대전화에 눈을 고정한 사람도 있고, 창밖을 멍하니 바라보는 사람도 있었다. 모두들 지친 표정으로 힘겹게 각자가 내릴 역을 기다렸다. 피곤함과 지루함을 참고 그 시간을 인내했다. 하지만 아이들은 달랐다. 처음 타보는 기차에 환하게 웃고 있었고, 큰 건물을 지날 때마다 손가락으로 건물을 가리켰고, 터널을 통과할 때마다 눈을 동그랗게 떴으며, 다리를 건널 때마다 소리를 질렀다. 네 아이는 잔뜩 들떠 있었다. 신나 있었다. 깨어 있었다. 살아 있었다. 연신 감탄했다. 열정으로 불타올랐다.

왜 아이들은 완전히 다른 행동을 했을까?

우리는 모두 같은 기차를, 같이 타고 가며, 같은 건물을 지났다. 많은 승객들이 우리와 같은 역에 내렸다. 하지만 그들은 아이들과 완전히 다른 경험을 했다. 왜 그랬을까?

쉬운 답은 '아이니까', '처음 타보니까', '첫 경험은 늘 기억에 남으니까' 정도일 것이다. 그러나 진짜 답은 따로 있다.

그날 네 아이는 완전히 깨어 있었다. 모험을 하고 있다고 생각했다. 한 순간도 놓치기 싫어했다.

슬프게도 우리는 어른이 되면서, 해야 할 일이 반복되고 쌓여가면서, 기계적으로 사는 법을 터득하면서, 열정을 잃어버린다. 눈앞에 있는 아름다움조차 못 보고 지나치고, 몽유병 환자처럼 하루하루를 무기력하게 산다. 인생이라는 최고의 모험이 시시해진다.

아, 항상 그런 것은 아니다. 무언가를 처음 할 때, 몹시 설레던 순간이 기억나는가?

나이가 들수록 그런 순간은 기억에서 점점 멀어지지만 말이다. 기억의 서랍을 깊이 들춰봐라. 학교에 처음 간 날, 처음 운전대를 잡은 날, 첫 입맞춤, 첫 댄스, 첫 공연…… 활기가 넘치고, 그 순간에 완전히 집중하는 그런 순간이 있었을 것이다. 기대감과 흥분, 누구보다 강한 열정으로 불타올랐을 것이다.

그러나 곧 두 번째 등교, 두 번째 입맞춤, 두 번째 댄스를 맞는다. 그리고 세 번째를 맞는다. 얼마 지나지 않아 흥분이 가라앉고, 어느새 인생은 '가보고', '해본' 경험의 연속이 된다. 열정이 사그라진 자리에 권태가 스며든다.

그러나 꼭 그렇게 될 필요는 없다.

매일 활기 넘치게 살 수는 없을까? 열정적으로, 처음 사는 인생처럼 살 수는 없을까?

물론, 답이 뭔지는 이미 알 것이다.

지금 이 순간, 바로 여기, 오늘에 집중해라

내 사무실에는 편지를 꽂아두는 게시판이 있다. 그곳에는 의뢰인과 청중들, 친구들이 보낸 수백 통의 편지가 꽂혀 있다. 아이, 임원, 재소자, 간호사, 영업 사원, 환자, 트럭 운전사, 교사 등 수많은 사람들이 보낸 편지들을 볼 때마다, 나는 내가 하는 일이 얼마나 중요한지를, 그러기에 계속 정진해야 한다는 사실을 되새긴다.

미술 작품과 사진도 진열되어 있다. 그중에는 전봇대 위에서 일하는 전기 기술자가 만든 작품도 있는데, 그걸 보면 앨라배마 전력의 임직원들과 함께했던 시간과 그들이 준 아름다운 선물, 그러니까 로이와 재회했던 순간이 떠오른다. 잭 벅이 그린 그림도 있다. 그는 지금도 마이크 앞에서 야구 경기를 중계하고 있다. 내가 특히 소중히 여기는 크레용화도 몇 점 걸려 있다. 나와 성이 같은 젊은 화가들의 작품으로, 그들은…… 우리 집에 산다.

그리고 내가 제일 좋아하는 사진이 있다.

병실에서 어떤 할머니와 함께 찍은 사진인데, 할머니는 침대에 누워 있고 사진의 분위기로 볼 때 병상에 누운 지 오래되어 보인다. 사진 속에서 할머니는 단호한 표정으로 나에게 무언가를 말하고 있고, 나는 그 말을 진지하게 듣고 있다. 하지만 얼굴에는 미소가 가득하다.

사진 속 할머니는 거트루드 수녀님이다. 내가 그녀를 만난 건, 가톨릭 재단의 SSM 헬스 병원 임원들을 대상으로 하는 강연을 준비할 때였다.

당시 나는 병원 창립을 돕고 병원의 사명을 제일 먼저 실천한 수녀들을 만나고 싶어, 그들 대부분이 살고 있는 양로원으로 찾아갔다.

병실에 들어가자 한 수녀님이 침대 바로 옆으로 의자를 당겨 앉으라고 했다. 그런 다음 다시 말했다. "더 가까이."

그곳은 수녀님의 집이자 방이므로, 그분이 대장이었다. 그녀의 부탁으로 손을 내밀자 그녀는 내 손을 잡고 내 눈을 꿰뚫듯 바라보더니, 나에 대해 자세히 묻기 시작했다. 내가 하는 일과 신앙생활, 내 가족에 대해 알고 싶어 했다. 대화를 하며 곧 깨달은 사실이지만, 그녀는 6년째 병상에 누워 있는데도, 마치 우리 아이들이 기차를 처음 탔을 때 그랬듯, 활기차고 적극적이며 현재에 완전히 집중해 있었다. *거트루드 수녀님은 무려 105년 동안이나 그렇게 살아왔다!*

정말 멋진 만남이었다. 대화가 끝나고 내가 떠날 준비를 하자, 그녀는 파란 눈을 반짝이며 나에게 직설적으로 말했다. "존, 내 말 잘 들어요. 깨어나야 합니다. 앞장서서 가족을 인도하세요. 지금 당장 깨어나야 합니다. 더는 헛되이 시간을 보내지 말아요. 더는 변명하지 말아요. 몽유병 환자처럼 이리저리 휘둘리며 살지 말아요. 지금 당장 깨어나도록 해요!"

수녀님은 나에게 매일 기도하라고 하지 않았다. (물론 나는 매일 기도하려고 노력한다.)

기적을 약속하지도 않았다. (물론 나는 기적이 항상 찾아온다고 믿는다.)

내 운명을 내 손에 직접 쥐여주었을 뿐이다.

깨어나라.

어느 비범한 여인이 나에게 던진 화두다. 나는 거트루드 수녀님의 사진을 볼 때마다, 그녀의 열정과 용기, 깊은 신앙심을 떠올린다. 그리고 내게 똑같은 조언을 해준 다른 수많은 사람들도 떠올린다.

세인트루이스의 어느 추운 겨울 날 불길에 휩싸인 뒤, 눈밭에 누워 떨고 있는 나에게 짐 형이 뭐라고 말했던가? "존, 일어나! 정신 차려! 잠들면 안 돼!"

잭 벽이 병실에 찾아올 때마다 뭐라고 말했던가? "꼬맹이, 일어나!"

학창 시절에도 종종 같은 소리를 들었다. "오리어리, 정신 차려!" (수업 시간에 자주 딴 생각에 빠진 탓이다.)

위대한 정신적 스승들은 완전히 깨어 있는 것이 얼마나 중요한지 강조한다. 지금 이 순간에 몰입하는 법을 배우라고 말한다. 미래의 성공에 집착하지도, 과거의 일에서 얽매여 후회나 패배감에 사로잡히지도 말라고 한다.

바로 여기, 지금 이 순간, 오늘에 집중하라고 한다.

석가모니의 다른 이름인 붓다[Buddha]는 '깨어남', 혹은 '깨어난 자'를 뜻한다. 내가 믿는 종교의 핵심인 예수는 제자들에게 늘 깨어 있고, 경계를 늦추지 말고, 만반의 준비를 할 것을 촉구했다. 겟세마네 동산에서 마지막 말을 남길 때, 깨어 있는 정신을 강조하기도 했다.

'완전히 깨어 있는 삶을 살겠다는 선택'은 내가 앞서 말한 다른 선택들 못지않게 중요하다. 사실 무엇보다 먼저 두 눈을 크게 뜨고 깨어 있지 않다면, 일곱 가지 선택은 의미가 없다. 바로 지금이 생애 가장 중요한 순간임을 인식하고, 매 순간 적극적으로 변곡점을 찾지 않으면, 일곱 가지 선택을 할 기회조차 잡을 수 없다.

당신이 보내는 하루하루는 기적이 될 잠재력을 지니고 있다. 긍정적으로 보이든 부정적으로 보이든, 모든 순간은 가능성과 생의 아름다움을 볼 기회를 제공한다.

그러나 그것을 보려면 눈을 떠야 한다. 깨어나야 한다.

또다시 불타버린 집, 그리고 두 번째 기회

나는 곧장 차로 달려갔다. 최대한 빨리 차에 올라타 시동을 걸고, 후진으로 차고를 빠져나와 서둘러 차를 몰았다. 몇 분 전만 해도 자고 있던 나는, 일요일 새벽에 베스와 함께 전화벨 소리에 놀라 잠에서 깼다. 잠이 덜 깬 상태로 더듬더듬 수화기를 찾아 전화를 받았다.

"여보세요?"

엄마였다. 괴로움이 잔뜩 묻어 있는 조그마한 목소리였다.

"지금 바로 갈게요."

가는 내내 우리는 아무 말도 하지 않았다. 무슨 말을 해야 할지 몰랐다. 곧 근처에 도착했고 핸들을 돌려 익숙한 길로 들어섰다. 수도 없이 지나친 길이었다. 학교에 다녀오는 길, 교회에 다녀오는 길, 외식을 하고 들어오는 길, 친구네 집에서 놀다 오는 길, 가족 모임에 갔다 오는 길, 5개월간의 입원 치료를 마치고 돌아오는 길……. 너무나 익숙한 길이었다. 내가 사랑한 길이었다.

그러나 이번에는 달랐다. 두려웠다. 부모님 집이 가까워질수록 더욱 더 겁이 났다. 집이 보이기도 전에, 저 멀리 연기가 먼저 보였다. 노란 경찰 저지선이 둘러져 있어, 더 가까이는 갈 수 없었다. 커다란 소방차 몇 대가 집 앞에 대기하고 있고, 소화전에는 호스가 연결돼 있었다. 모두 부모님의 집 때문에 벌어진 일이었다. 집에 불이 났다. 또다시.

어떻게 이럴 수가 있지? 이럴 확률이 얼마나 되지?

믿을 수가 없었다. 차에서 내려 멍하니 집을 바라보았다. 고향 집에서 또다시 쏟아져나오는 자욱한 연기를 보니, 가슴이 무너져 내렸다. 소방관들이 창문을 깨고, 지붕에서 불길이 치솟고, 하늘로 솟구치는 연기를 보니 구역질이 났다.

엄마와 아빠는 집 옆에 있는 작은 언덕 위의 참나무 아래에 앉아 있었다. 서로에게 팔을 두르고, 집이 타는 걸 지켜보면서 그렇게 서 있었다. 또다시.

그날 아침, 부모님은 정원 일을 하고 있었다.

토스터에 빵을 넣고 일을 조금 더 하러 정원에 나갔는데, 빵이 박혀서 빠져나오지 못해 토스터에 불이 났다. 벽지에 옮겨 붙은 불길이 캐비닛으로, 주방으로 퍼졌다. 부모님이 화재경보기가 울리는 소리를 듣고 연기를 발견했을 때는, 이미 불길이 너무 많이 퍼져 집 안으로 들어갈 수 없었다. 이웃을 깨우고, 911에 신고하고, 소방차가 도착할 때쯤에는 돌이킬 수 없는 지경에 이르렀다. 부모님의 집은 완전히 불길에 휩싸였다.

정말 다행히도, 두 분은 무사했다. 아무도 다치지 않았다. 우리 모두가 그 사실에 감사했지만, 그래도 괴로웠다. 쓰라렸다. 뜨거웠다. 언덕 위에서 함께 눈물을 글썽이며 불타는 집을 바라보면서, 우리는 다음에 할 일을 의논하기 시작했다.

먼저 부모님이 지낼 곳을 찾아야 했다. 옷가지들과 아빠가 복용하는 약과 엄마가 쓸 화장품이 필요했다. 다시 한 번 삶을 바로 세워야 했다. 집을 다시 세워야 했다.

나는 두 분을 끌어안고 말했다.

"걱정 마세요. 다 괜찮을 거예요."

자신 있게 말했다.

수년 전 많은 사람이 부동산 개발업자가 되겠다는 나의 선택을 비웃었다. 손가락이 없고, 더위에 약하며, 대학에서 금융을 공부한 남자가 왜 흉터에 무리가 가고, 종일 비 오듯 땀을 흘리고, 매일 밤 지친 몸을 이끌고 퇴근해, 다음 날 다시 일찍 일어나 똑같은 일과를 반복해야 하는 직업을 택하느냐며 만류했다.

가끔은 나 자신도 내 선택에 확신이 없었다. 그러나 마음속 깊은 곳에서는 내가 왜 이 일을 선택했는지 알고 있었다.

그날의 화재 이후, 나는 한계를 극복하고 나도 무엇이든 할 수 있다는 걸 세상에 보여주기 위해 부단히 노력했다. 물론 사무직을 택할 수도 있었다. 그러나 나는 못을 박고 사다리를 오르고 다들 내가 하지 못하리라 생각하는 육체노동을 하기로 선택했다. 그리고 그날 언덕에 서서 고향 집이 또다시 불길에 휩싸인 걸 본 순간, 나는 내가 그런 선택을 한 진짜 이유가 따로 있었다는 사실을 드디어 깨달았다.

건설업자가 되었기에, 나는 마침내 진정으로 가치 있는 걸 만들 기회를 잡았다.

건설업자가 되었기에, 나는 내가 20년 전에 태워버린 그 집을 다시 세울 수 있었다.

건설업자가 되었기에, 나는 부모님이 감당해야 했을 스트레스와 슬픔, 부담을 대신 짊어질 수 있었다.

건설업자가 되었기에, 나는 집이라는 작은 선물을 부모님에게 드릴 수 있었다.

엄마와 아빠는 나에게 생명을 주었고, 어린 시절 나에게 애정을 쏟았으며, 그날의 화재 이후 회복을 도왔고, 그 이후에도 줄곧 나를 지지하고 응원했다. 한마디로 부모님은 나를 사랑했다.

그런데 두 분에게 받은 사랑을 조금이나마 돌려드릴 기회가 찾아온 것이다.

소방차가 떠난 뒤, 우리는 잔해를 헤치며 힘겹게 집 안으로 들어갔다.

온통 새까맣게 그을린 집 안은, 불에 탄 잔해에서 뿜어져 나오는 고약한 냄새 때문에 숨 쉬기가 어려웠다. 쓸 만한 물건을 찾아 잔해를 뒤졌다. 사진첩 몇 개는 무사했다. 가족과 친구들도 무사했다. 지금은 잿더미 속에 서 있지만 인생 최고의 순간은 아직 오지 않았다는 믿음도 굳건했다.

다시 세울 수 있다는 믿음.

괜찮을 거라는 믿음.

페르디낭 포슈 장군이 100여 년 전 한 말이 진실이라는 믿음이 있었다.

"지구상에서 가장 강력한 무기는 열정으로 불타오른 인간의 영혼이다."

인생이 아직 괜찮지 않다면, 괜찮은 날이 올 것이다

해외에서 하는 첫 강연이었다. 너무 떨렸고 자신도 없었다. 그때만 해도 나는 여전히 나의 이야기를 어떻게 전해야 할지, 혹은 그 이야기가 관객들에게 어떤 의미가 있을지 확신이 없었다. 나는 그들이 나를 인정해주길 바랐다. 지금에서야 깨달았지만, 그런 태도는 잘못된 삶의 태도일 뿐 아니라 특히 강연가가 가져서는 안 되는 사고방식이었다.

질의응답 시간에 강당의 뒤쪽에 앉아 있던 한 남자 관객이 일어났다. 그에게 마이크가 건네졌고, 그는 먼저 시간을 내 당신이 살아온 이야기를 들려주고, 용기를 내줘 고맙다는 인사를 했다.

그러고는 말했다. "하지만……"

아, 나는 '하지만'이 정말 싫다!

앞에서 무슨 말을 했든, 모두 삭제하고 무효화하는 단어가 아닌가!

"하지만, 강사님의 이야기가 저와 무슨 상관이 있죠?"

음……. 일리 있는 말이었다.

여기까지 읽은 독자들은 이제 이 질문에 스스로 답할 수 있을 것이다.

부디 자신의 선택이 얼마나 강력한 힘을 발휘하는지 이제는 이해했길 바란다. 자신의 삶이 얼마나 아름다운 이야기가 될 수 있는지도 깨달았길 빈다. 그러나 이 모든 걸 알아보려면 먼저 눈을 떠야 한다.

지금의 삶이 꿈꾸던 삶과 다를 수는 있지만, 그것이 나의 삶이라는 사실은 바뀌지 않는다. 오늘 이후의 삶이 어떻게 펼쳐질지는 온전히 나 자신에게 달렸다.

이제 다른 사람처럼 살고 싶은 마음을 버려라. 잠에서 깨어나 지금의 내 삶이 얼마나 아름다운지 보아라.

지노가 골을 넣고 승리를 거둔 뒤 의기양양하게 내 병실에 걸어들어올 때, 나의 삶은 완벽했나?

아니다! 손가락 하나도 까딱이지 못한 채로, 병원 침대에 뚫린 구멍에 얼굴을 대고 누워 있었다. 온몸의 피부가 벗겨져 있었고 극심한 통증에 시달렸다. 그런 상황에서도 내 눈에는 파티를 열 기회가 보였다.

지금 여러분의 삶도 완벽하지 않을 것이다. 세상에 완벽한 삶은 없다. 그렇다면 불완전한 대로의 삶을, 고통스럽고 부목을 대고 있어야만 하는 삶을, 침대에 묶여 있는 삶이라도, 춤추며 살아가기로 선택하는 수밖에 없다. 파티를 즐기기에 완벽한 때를 마냥 기다리고 있을 수만은 없다. 이제 그만 잠에서 깨어나 파티에 참여해라. 삶은 모든 순간이 중요하다. 하루하루가 중요하다. 매 순간이 기회다.

나의 이야기는 살면서 어떤 시련에 부딪치더라도 그것이 끝이 아님을 보여주는 증거다.

시련을 계기로 극복하고, 배우고, 성장을 위한 스트레칭을 하고, 깨어나고, '이 일이 나를 어떤 길로 안내할까?'라고 묻는 법을 배우면, 자신의 내면에 숨은 힘을 볼 수 있다. 그리고 그 힘은 충분하고도 남는다.

내가 좋아하는 말 중에, 존 레논이 한 말이 있다.

"결국에는 다 잘될 것이다. 인생이 아직 괜찮지 않다면, 괜찮은 날이 올 것이다."

'인생이 아직 괜찮지 않다면…… 괜찮은 날이 올 것이다.' 이게 바로 '믿음'이다.

불이 난 날 밤 병원 침대에 누운 내 모습을 보았다면, 내 인생은 비극이라고 생각했을 것이다. 그러나 20년 뒤 나는 결혼식장의 단상에 서서 평생의 반려자가 될 아름다운 여인이 걸어오는 모습을 바라보았다.

"인생이 아직 괜찮지 않다면, 괜찮은 날이 올 것이다."

내가 책상 앞에 서서 원고에 코를 박고 압박감에 짓눌린 표정으로 걸스

카우트 소녀 네 명에게 강연하는 모습을 보았다면, 저 불쌍한 남자는 곧 다른 일거리를 찾을 거라고 생각했을 것이다. 그러나 10년 뒤 나는 수천 명의 관객 앞에서 강연을 했다.

"인생이 아직 괜찮지 않다면, 괜찮은 날이 올 것이다."

손가락이 없는 두 손 사이에 서툴게 망치를 끼워 휘두르는 모습을 보았다면, 내가 어서 빨리 다른 진로를 찾아야 한다고 생각했을 것이다. 그러나 부모님의 집이 두 번째로 불에 탄 직후, 나는 불탄 집을 재건축하는 공사를 신속하고 단호하고 체계적으로 이끌었다.

"인생이 아직 괜찮지 않다면, 괜찮은 날이 올 것이다."

구원받을 기회는 언제나 있다. 인생을 다시 세울 기회는 언제나 있다. 기적은 늘 당신의 눈앞에 와 있다. 그러나 이 모든 걸 알아보려면 먼저 눈을 떠야 한다.

이 책은 여러분을 새로운 삶으로 안내하는 초대장이다.

이제 새로운 삶을 시작하는 방법을 알았을 것이다. 자신에게 그럴 힘이 있다는 것도 알았을 것이다. 그러나 자명종을 끄고 다시 눈을 붙이는, 좀비나 몽유병 환자의 삶을 이어갈 수도 있다.

반쯤 잠에서 깨는 것과 완전한 각성은 다르다.

바쁘기만 한 삶과 노력이 실제로 효과를 거두는 삶은 다르다.

지금이 기회다. 잠자리를 박차고 일어나, 눈앞의 변곡점을 알아보고, 어떤 길로 나아갈지 스스로 결정할 기회다. 그러기로 선택한다면 인생은 신나는 모험으로 가득차게 될 것이다.

인생에 불꽃을 일으킬 수 있다. 미치도록 흥미진진하고 기쁨으로 가득한 인생을 살 수 있다.

지금 당장 시작해라. 지금이 그 순간이다. 오늘이 그 날이다.

열정으로 불타오르는 삶을 살아라.

감사의 말

나로부터 시작되는 기적

나 혼자서 세상을 바꿀 수는 없다.
그러나 돌멩이를 하나 던져 수많은 잔물결을 일으킬 수는 있다.

– 테레사 수녀

때때로 우리는 한 번의 통화, 한 번의 대화, 한 사람의 영향력을 과소평가해서, 어떤 행동을 하지 않거나 성장을 위한 스트레칭을 무시하거나 위험을 감수하지 않는다.

온 세상은 물론, 주변의 세상조차 바꿀 수 없다고 믿는다.

『온 파이어』를 끝까지 읽은 독자라면 내 인생에 커다란 영향을 미친 여러 영웅들 중, 명예의 전당에 오른 사람이 아나운서 잭 벅이라는 사실을 알 것이다. 그의 인생은 분명 나의 인생을 바꿨다. 그러나 잭 벅이 어떻게 나를 알고 찾아왔는지 떠올려보자.

우리 가족의 친구였던 콜린 션딘스트가 아빠인 레드 션딘스트에게 전화를 걸어 그날의 화재에 대해 말했기 때문이다. 그녀는 아빠에게 나를 위해 기도해달라고 부탁했고, 그날 밤 그녀의 아빠는 자선 행사에 갔으며, 친구인 잭 벅의 옆자리에 앉았다. 그리고 딸에게 들은 이야기를 친구에게 전했다.

다음날 잭은 나를 찾아왔다. 어둠과 고통이 빛과 가능성으로 바뀌는 순간이었다. 그 순간 내 인생은 달라졌다. 한 통의 전화, 한 번의 말, 한 번의 만남 덕분이었다.

물론 내 인생을 바꾼 사람은 한두 명이 아니다. 그들 모두에게 찾아가 제대로 감사 인사를 하는 건 불가능할 정도다. 그러니 이 책을 빌려, 비로소 세상의 모든 콜린과 레드, 잭, 그리고 세상의 모든 학우와 동료, 친구에게 감사의 말을 전하고 싶다.

누구나, 단 한 사람의 힘만으로도 세상을 바꿀 수 있다.

나의 영웅들을 이야기 할 때, 멋진 우리 가족도 빼놓을 수 없다.

나의 엄마 수전과 아빠 데니, 짐 형과 케이디 누나, 에이미 누나, 여동생 수전과 로라는 나에게 생명을 주고 나를 살렸다. 내 머릿속에 남은 끔찍한 화재에 대한 기억을 기쁨과 믿음, 웃음으로 채워주었다. 그리고 여전히 나에게 용기와 사랑을 주고 있다.

나의 아름다운 아내, 베스에게도 감사의 말을 전한다.

아내는 내가 가능하리라 믿었던 것보다, 훨씬 더 큰 기쁨을 내 삶에 불어넣었다. 이런 여자를 만나고 사랑하고 함께 아이들을 키우다니, 나는 정말 복이 많은 남자다. 아내를 향한 나의 사랑은 날이 갈수록 커지고 있다. 그리고 나의 아이들, 잭과 패트릭, 헨리, 그레이스 덕분에 우리 부부는 늘 말로는 다 표현 못할 만큼의 뿌듯함과 행복과 사랑을 느낀다.

마지막으로 이 책의 출간을 적극적으로 도와준 분들이 있다. 대단한 분들이다!『온 파이어』의 출간으로 오랫동안 간직해온 나의 꿈이 현실이 되었다. 쟁쟁한 전문가들이 없었다면 불가능했을 일이다. 책이 나오기까지 나를 옳은 길로 이끌어준 그분들에게 깊이 감사한다.

우선 뉴욕 담당 출판 대리인 마이클 팰곤에게 감사의 뜻을 전한다.

그는 지난 3년 동안 끊임없는 노력으로 미국 중서부 출신의 애송이가 '자신만의 이야기'를 찾도록 이끌었다. 놀라운 집중력을 발휘해 내가 나만의 목소리를 내고, 모든 독자에게 영향을 미치도록, 방향을 잡을 수 있도록, 출판과 관련된 여러가지 일을 조율했다.

편집자이자 나의 부조종사였던 신시아 디티베리오에게도 고마움을 표하고 싶다.

책을 쓰는 건 때때로 힘들고 외로운 과정이다. 그러나 그녀가 함께해준 덕분에 나는 즐거운 마음으로 문제를 해결하고, 의미 있는 일화를 기억해내고, 이야기의 큰 줄기를 이어갈 수 있었다. 그녀의 노력이 없었다면『온 파이어』는 존재하지 않았을 것이다.

출판사 대표 미셸 마르탱과 헌신적인 편집자 미셸 하우리, 사이먼 & 슈스터 출판사의 노스 스타 웨이 팀원 모두에게 감사 인사를 하고 싶다. 내가 끝까지 책을 쓸 수 있었던 건 그들이 나의 가능성을 믿어주고, 나의 이야기가 독자들에게 감동을 주리라 확신했기 때문이다. 그들의 변함없는 지원과, 무서울 정도로 놀라운 선견지명, 그리고 불타오르는 열정에 감사와 경의를 표한다.

나는 세상에서 가장 좋은 일을 할 뿐 아니라, 그 일을 현실로 만드는 최고의 팀원들과 함께 일하고 있다.

누구보다 열정적인 'JohnOlearyInspires.com'의 식구들, 디애나 매클린톡 레스터와 애비 릭터, 몰리 프랭크, 샌디 몽고메리에게 고맙다는 말을 전하고 싶다. 직원들뿐 아니라 각계각층의 멘토와 의뢰인, 협력 단체, 이사진의 도움이 없었다면 많은 사람에게 이토록 열정적인 삶을 살 힘을 일깨울 수 없었을 것이다. 그들이 지혜를 나눠주고 응원해주고 시간을 내준 덕분에 나는 물론이고 수많은 사람의 인생이 달라졌다.

마지막으로 독자들에게 감사의 말을 전한다.

내가 이 책을 쓴 건 나에게 가장 극적이고, 긍정적인 방식으로 영향을 미치고, 매 순간 후회하지 않을 만큼 열정적인 삶을 사는 계기가 된 교훈을 독자에게 전하고 싶어서였다. 이 책이 열정으로 불타오르는 삶으로 안내하는 초대장이 되길 바란다.

부디 자신의 삶이 타인에게 얼마나 큰 영향을 미칠 수 있는지 깨달아, 무엇이든 가능한, 미치도록 흥미진진한 삶을 살길 바란다.

열정적인 삶의 흔적들

1980년 봄, 나를 살아 있게 한 영웅들. (왼쪽부터 차례로 짐, 에이미, 엄마, 나, 수전, 아빠, 케이디)

사고 당시의 상황

1987년 1월 17일, 폭발한 휘발유 통과 불타버린 차고, 그리고 화재 직후 전신 3도 화상으로 인해 모두가 포기하라 말했던 그때의 내 모습……

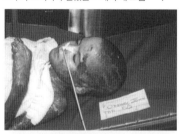

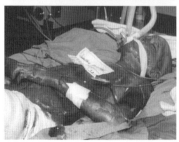

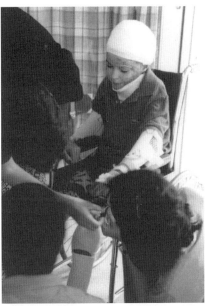

물리치료
고통스러운 물리치료를 견뎌낸 순간.

존 오리어리의 날
부시 스타디움에서 '존 오리어리의 날'을 축하하며 환하게 웃는 내 모습.

형은 나를 살렸어
나의 영웅, 우리 형. 화재 이후 가족끼리 산으로 여름휴가를 떠났을 때 찍은 사진이다.

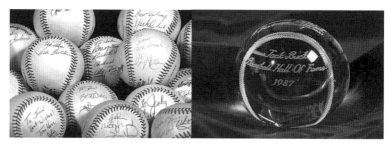

값을 매길 수 없는 선물
내가 다시 글을 쓸 수 있게 된 건 모두 이 사인볼 덕분이다. 세인트루이스 카디널스 선수들의 사인볼과,
대학 졸업식 때 잭 벅이 선물로 건넨 메이저리그 명예의 전당 크리스털 야구공.

졸업식
세인트루이스 대학의 존 쿡 경영대에
서 경영학과 금융 및 정보기술 관리
학으로 이학사 학위를 받았다. 졸업
식 때도 함께해준 나의 소중한 친구,
잭 벅.

기적의 순간
2003년 11월 22일, 베스 히틀러와 결혼하다.

로이 간호사
"꼬마야, 다시 걷고 있구나. 너와 같이 걸을 수 있어 영광이었다."
2011년, 로이 간호사를 다시 만났다.

강연

매년 5만 명이 넘는 관객 앞에서 강
연할 수 있다니! 정말 감사하다.

내가 살아가는 이유

2014년, 나와 아내, 그리고 사랑하는
아이들과 함께.

『온 파이어』에 쏟아진 뜨거운 찬사!

"이 책을 읽고 더 이상 어떤 핑계도 댈 수 없어졌다"

지금까지 정말 힘들고 고통스러운 삶을 살아왔고,

이 상처는 절대 치유되지 않을 거라 생각했는데…….

존은 이런 나의 사고방식을 부끄럽게 만들었다.

"가장 소중한 사람에게 선물하고 싶은 책"

무기력하고 따분한 인생을 변화시키고 싶다면, 지금 당장 이 책을 읽어라.

그리고 책을 덮고, 가장 소중한 누군가에게 이 책을 선물해라.

이 책이 당신의 인생을 바꾸고, 그들의 인생마저 바꿀 테니까!

"믿을 수 없을 만큼 눈부시고 솔직하게, 가혹한 비극을 극복하는 이야기"

웃음과 눈물, 그 말도 안 되는 조합을 느낄 수 있다.

존의 글은 솔직하고 섬세하며 감동적인 동시에,

이런 비극을 겪은 사람이라고는 느껴지지 않을 정도로 유쾌하다!

"어차피 우리 모두가 인생에서 반드시 해야 할 선택"

100권도 넘는 자기계발서를 읽었지만, 이 책이 가장 강력하다!

동전의 양면처럼 비극적이면서도 환희에 찬 그의 이야기는

우리 모두가 마주해야 할 인생의 중요한 선택들에 대한 것이다.

옮긴이 백지선

이화여자대학교 영어영문학과를 졸업하였다. KBS, EBS, 케이블 채널에서 다큐, 애니메이션, 외화를 번역하다 글밥 아카데미 수료 후 현재 바른번역 소속 번역가로 활동 중이다. 옮긴 책으로는 『곁에 없어도 함께할 거야』 『무엇이 평범한 그들을 최고로 만들었을까』 『내 아이를 위한 완벽한 교육법』 『이기적인 아이 행복하는 부모』 『시간을 내 편으로 만들라』 등이 있다.

온파이어

초판 1쇄 발행 2017년 11월 22일
초판 3쇄 발행 2020년 3월 30일

지은이 존 오리어리
옮긴이 백지선

발행인 이재진
본부장 김정현 편집인 김남연
편집 장자윤 마케팅 권영선 홍보 박현아
국제업무 최아림, 박나리, 이혜명 제작 류정옥

디자인 이석운, 김미연

주소 서울시 마포구 독막로 10 성지빌딩 4층 웅진씽크빅 갤리온
주문전화 02-3670-1595 팩스 02-3143-5508
문의전화 031-956-7491(편집) 031-956-7500(영업)
홈페이지 www.wjthinkbig.com/wjbooks 페이스북 www.facebook.com/wjbook
블로그 blog.naver.com/galleonbook 이메일 wjgalleon@gmail.com

발행처 ㈜웅진씽크빅
임프린트 갤리온
출판신고 1980년 3월 29일 제406-2007-00046호
한국어판 출판권 ⓒ웅진씽크빅, 2017
(저작권자와 맺은 특약에 따라 검인을 생략합니다.)
ISBN 978-89-01-22040-6 03190

• 갤리온은 ㈜웅진씽크빅 단행본사업본부의 임프린트입니다.
• 잘못된 책은 바꾸어 드립니다.
• 책값은 뒤표지에 있습니다.